KB270396

서울 읽기

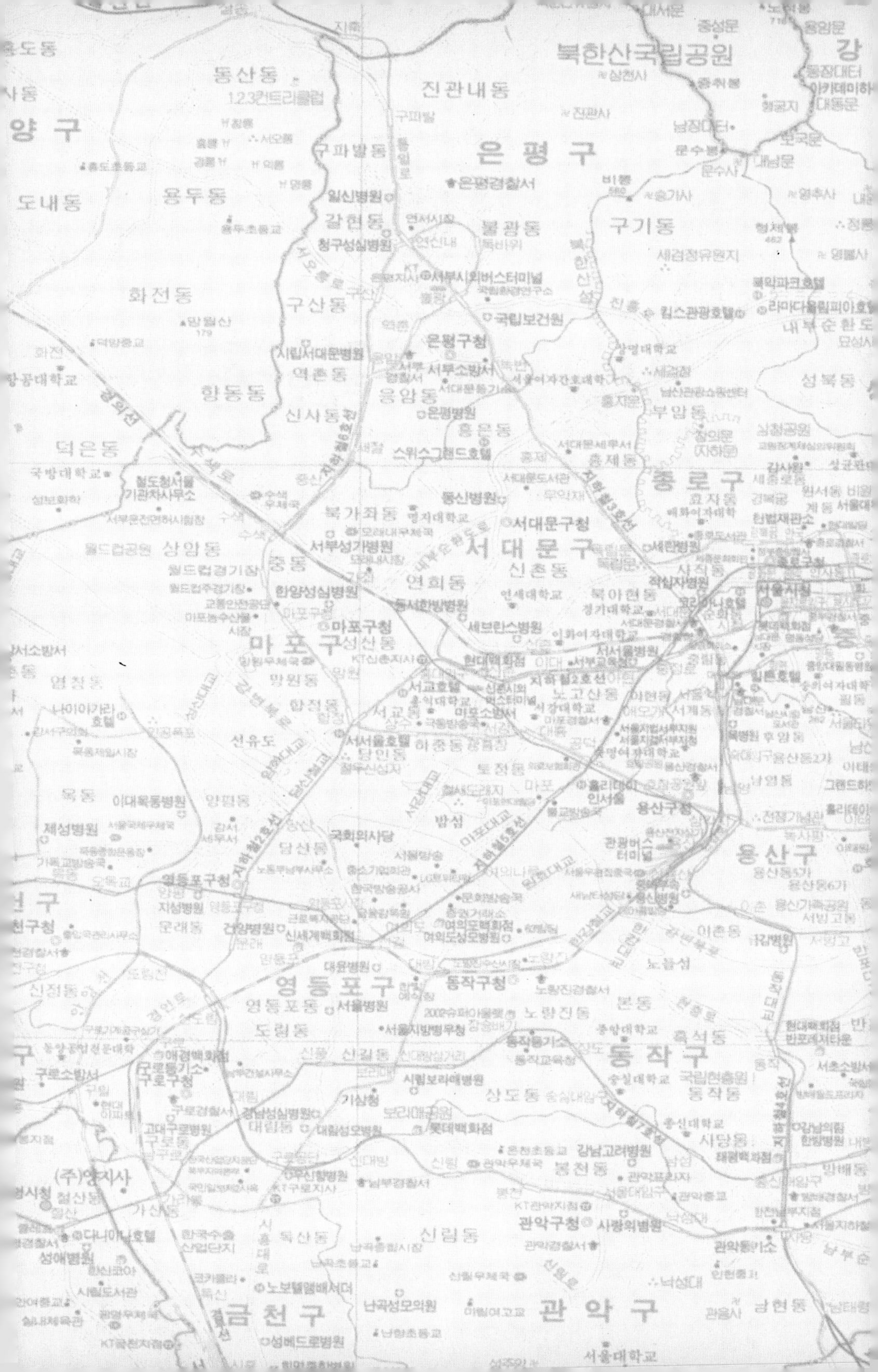

북한산국립공원

양구
동산동
1.2.3컨트리클럽
진관내동
은평구
구기동
강
도내동
용두동
구파발동
불광동
화전동
구산동
갈현동
은평구청
덕은동
역촌동
응암동
신사동
서대문구
항공대학교
상암동
월드컵공원
월드컵경기장
북가좌동
연희동
신촌동
중로구
마포구
성산동
망원동
연남동
서대문구청
연세대학교
이화여자대학교
세브란스병원
아현동
용산구
목동
양평동
당인동
하중동
공덕동
마포
용산구청
이촌동
영등포구청
당산동
국회의사당
밤섬
신정동
영등포구
도림동
동작구청
노량진동
본동
구로구청
구로동
신길동
신대방동
상도동
중앙대학교
흑석동
동작구
사당동
금천구
신림동
관악구
서울대학교

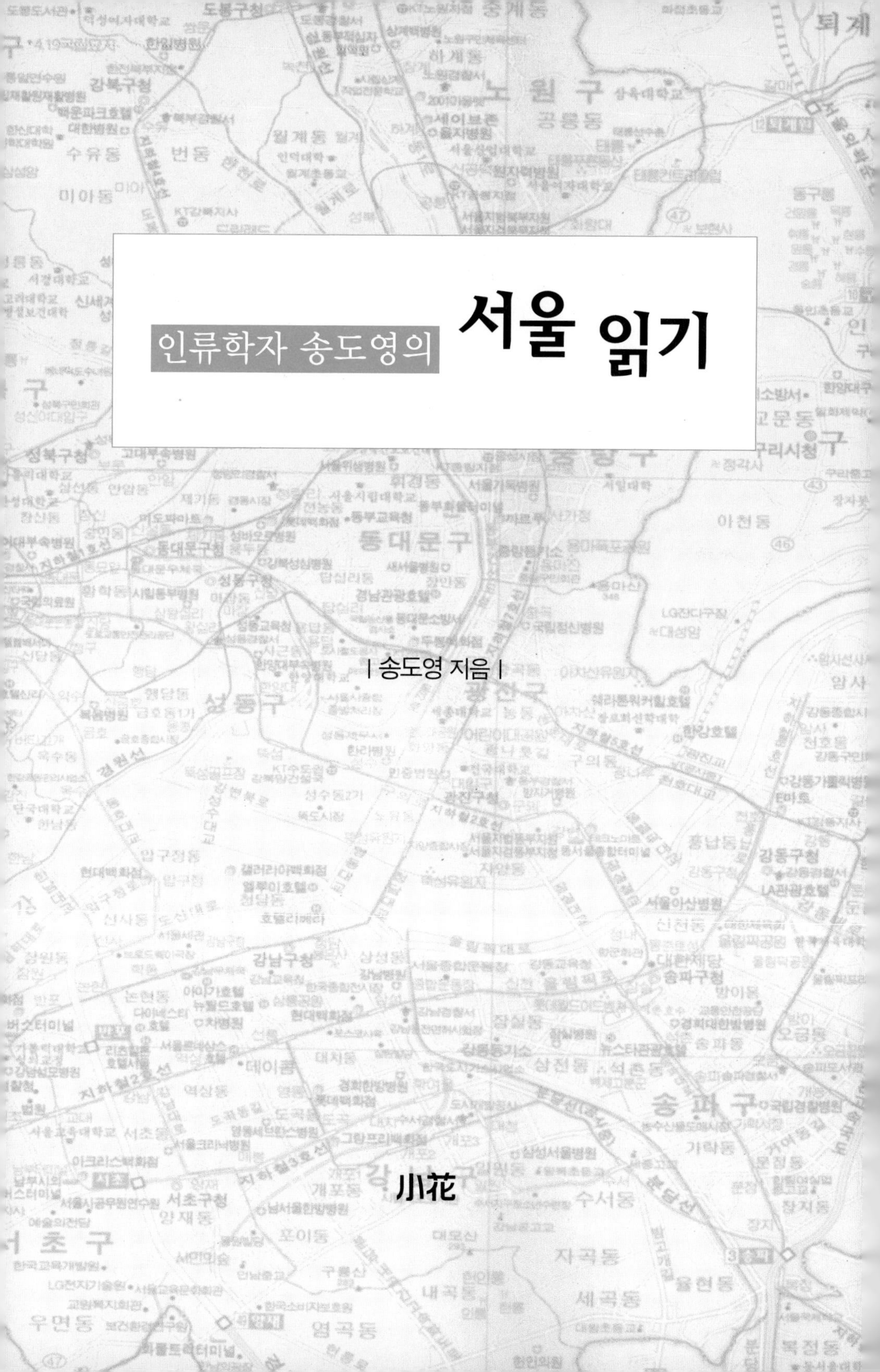

인류학자 송도영의 **서울 읽기**

| 송도영 지음 |

小花

· 인류학자 송도영의 **서울 읽기**

초판 1쇄 발행 | 2004년 12월 30일
초판 4쇄 발행 | 2011년 6월 16일

지은이 | 송도영
발행인 | 고화숙
발행처 | 도서출판 소화
등록 | 제13-412호
주소 | 서울시 영등포구 영등포동 94-97
전화 | 2677-5890(代)
팩스 | 2636-6393
홈페이지 www.sowha.com

ISBN 978-89-8410-265-1

값 12,000원

☆잘못된 책은 언제나 바꾸어 드립니다.

차례

　서울에 대한 나의 첫 기억은 한강 철교를 지나 서울역으로 들어오던 기찻간 차창 밖 풍경으로부터 시작된다. 초등학교 일학년이었던 나는 당시 무슨 신문사에서 주최하는 어린이 미술대회의 상을 받으러 처음 서울 나들이를 하는 길이었다. 나에게 서울구경을 시켜주시려고 아버지는 회사에서 하루 휴가를 얻으셨다. 아버지의 손을 잡고 올라탄 기차에서 나는 어머니가 싸 주신 삶은 계란을 까서 소금에 찍어 맛있게 먹었고, 차창 밖을 구경하느라 정신이 없었다.

　이윽고 한강 철교를 건너며 속도를 늦추기 시작한 창 밖으로 넓고 큰 강물 너머 보이는 도시의 건물들을 보면서, 나는 어린 심장이 쿵쾅쿵쾅 뛰는 것을 느꼈다. 서울역 역사를 빠져 나와 광장에 잠시 서서 함께 내린 많은 사람들이 각기 제 갈길로 흩어지며 멀어져 가는 것을 보면서, 나는 문득 저 사람들이 다 어디로 가는 것인지 궁금했고 그들을 따라가 보고 싶었다. 나만 이 광장에 남겨둔 채 모두 어딘가 대단한 곳으로 갈 것 같은 막연한 상상이었다. 그렇게 잠깐 멍하니 있던 어린 내 손을 잡아끌며 아버지는 다시 길을 재촉하셨다.

　그로부터 십여 년 후, 나는 대학 진학을 위해 보따리를 싸고 서울에 와서 본격적으로 살기 시작했다. 사회과학을 공부하는 전공 탓이 아니더라도 나는 세상에 대해 궁금했고 틈만 나면 여기저기 뒷골목을 혼자서 구경하며 다녔다. 때로는 최루탄 연기 자욱한 거리 뒤켠에 숨돌리고 앉아 잠시 멍하니 혼자만의 생각에 잠기기도 했다. 그 거리들 어딘가에는 밤새 목이 쉬도록 열을 올리던 토론이 지나갔고, 고통스럽던 첫사랑의 지워지지 않는 상처 자욱도 있었다. 그렇게 팔 년여의 시간이 지났다. 하지만 그 거리들은 내게 여전히 낯설고 또 낯설었다.

유학을 가서 나는 다른 나라의 도시들을 무척 많이 돌아다녔다. 자료수집과 연구, 그리고 여러 가지 여행을 포함해서 한 달 이상 머물며 지낸 도시들도 꽤 많았다. 북아프리카의 튀니지에서도 일년 반을 넘게 살았고, 프랑스의 수도 파리에서는 몇 년을 살았다. 차가운 겨울날 동구권 도시의 선술집에서 어디론가 보내는 엽서를 쓰고 나와 그대로 찢어 바람에 흩뿌려 버린 거리 모퉁이를 돌며 눈물이 핑 돌기도 했고, 걸프전쟁 직후 인적이 드문 알렉산드리아의 밤거리를 미친 사람마냥 무작정 헤매기도 했다. 그러고 나서 나는 다시 서울로 돌아왔다. 그 사이에 나의 대학 진학 이전부터 일찌감치 서울에서 지내던 누님은 이미 서울 사람이 되어 있었고, 끝내 서울로 올라오시지 않을 것이라 여겨졌던 아버지 어머니도 서울 근방 신도시의 주민이 되어 계셨다.

이제 내가 유학 후 서울로 돌아와 다시 지내기 시작한 지도 십년이 넘게 흘렀다. 합쳐서 지낸 시간이 이십여 년이 되어가는 이 도시의 일상 공간들은 내게 아직도 낯설고 생경하기만 하다. 깊은 경험과 추억이 배어 있을 법한 기억의 공간들을 찾아도, 그 공간들의 외형이 그대로 있는 곳이 없다. 그 냄새가 그대로 있는 곳이 없고, 그 곳의 사람들이 그대로 살고 있는 곳이 없다. 롤러코스터처럼 끊임없는 요동을 치며 달려온 서울의 거리거리가 빠르게 변하는 것도 그렇지만, 그 서울에 살고 있는 우리들도 어느 한 자리에서 진득하니 자기 일상의 기억과 느낌들을 푸근히 담지 못한 채 공간의 낯설음을 넘나들고 있다. 나는 그 동안 몇 번이나 이사를 다녔던가. 그리고 나는 앞으로 몇 번이나 더 이사를 갈 것인가. 나는 아침에 일어나 지하철 역으로 몇 구간이나 이동하고 몇 번을 갈아탔다가 또 몇 번을 내리고 또 탈 것인가. 나의 식구들은 몇 개의 구 단위를 통과하고 때로는 시 경계를 넘나들면서 오늘 하루를 지내다가 저녁 늦게 집에 모여 한 집에 잠들 것인가. (하지만 그 사이에 태어난 나의 아이는 자기가 태어나서 처음 삼 년을 지냈던 아파트와 그 주변 골목들을 자신의 '고향'으로 기억하며 그리워하고 있다…)

이 책에 담긴 글들은 지난 십년 동안 지내온 나의 서울 살이의 흔적들이기도 하다. 그것들은 북아프리카 이슬람 도시의 공간과 문화를 전공삼아 공부해 온 내가 그 비교의 준거삼아 다시 들여다보고 생각을 키워 온 서울의 일상공간들에 대한 고민을 담았다. 그중에는 본격적인 연구논문의 형태로 시작된 것들이 여럿 있지만, 처음부터 에세이 형태로 만들어졌던 것들도 몇 들어 있다. 이 책의 글들이 논문도, 에세이도 아닌 두루뭉실한 형태를 띤 것은 그런 때문이다.

대부분이 다른 책이나 잡지 등에 실렸던 글에서 기초하고 있지만,

한두 편을 빼고는 원래의 형태를 유지하고 있는 글도 드물다. 어떤 것은 그중에도 논문에 가깝게 딱딱한 편이고, 어떤 것은 또 짧기도 짧지만 휘휘 풀어지듯이 감정 흘러가는 대로 쓰여진 것도 있다. 이렇게 섞어 놓아도 되나? 대체 이 책의 성격을 어떻게 규정해야 하는가? 이렇게 애매한 글들을 모아 놓은 원고뭉치를 보고 책을 내주기로 한 소화출판사 담당자들께서는 난감한 표정을 감추지 못하셨다. 하지만 사회과학 논문을 읽는 한정된 독자들의 울타리를 넘어 좀더 많은 사람들이 이 글을 읽고 교감을 나누었으면 하는 무릇 허망할지도 모르는 소박한 바람과, 처음부터 논문으로 혹은 에세이로 각기 다른 형태로 태어났던 글들을 획기적으로 바꾸지 못하고 본래의 족적을 남기고야 만 나의 역량의 한계가 이 모호한 글 모음들을 세상에 던져 놓게 되었다.

이렇게 논문도 에세이도 아닌 모양의 원고들을 손에 들고 나는 고민이 많았다. 사실, 지난 십여 년간 내가 가장 심혈을 기울여 온 연구 결과물들은 이 책에 실려 있지 않다(북아프리카의 도시에 관한 여러 편의 논문들, 그리고 한국의 노래방 탄생에서부터 이후 전개와 핵분열과정까지 그 공간과 문화논리를 추적하고자 했던 논문들이 그것이다). 그것들은 또 다른 정리를 필요로 할 것이다. 나는 이 책에 실리기 전의 원고들을 들고 이리저리 헤매었고 때로는 책으로 묶어 내는 것을 아예 취소해 버릴까 생각도 여러 차례 거듭했다. 하지만 결국, 나는 현재의 내가 스스로에게 던지고 있는 그림자를 있는 그대로 껴안은 채, 이 어정쩡하게 고쳐 쓴 원고의 형태 그대로 유학 후 다시 시작한 나의 서울살이 십년과 한국 도시의 일상공간 문화에 대한 고민의 결과들을 내놓아 보기로 했다. 어쩌랴, 그것이 현재의 나인 것을. 그리고 서울의 공간과 문화가 내게 던져 준 혼돈의 잔영인 것을.

한국의 급속한 산업화와 현대화가 일차적인 마무리를 하고 다음 단계에 들어선 지금, 그리고 개발독재의 막강한 추진력과 함께 서울로 서울로 밀려들어오던 인구의 증가추세가 한풀 꺾이기 시작한 21세기의 초엽인 지금, 행정수도의 지방 이전에 대한 논의가 본격화되기 시작했다. 수많은 정부기관과 공기업들이 신행정수도 혹은 지방으로 이전되리라고 한다. 혹은 수도 이전은 말도 안 되는 일이라고 한다. 서울 안에서는 개발 시대의 상징이었던 청계천 고가도로가 철거되고, 그 자리에 하천공원이 들어서기 시작했다. 이십오 년간 방치된 채 규제 일변도로 처리되었던 가회동 한옥보존지구에 대해서 적극적인 복원과 정비작업이 시작되었다.

서울은 이렇게 그 파란만장했던 현대사의 한 단계를 마감하며 다음 시대로 들어서고 있다. 일상공간과 문화 사이의 역학, 그 작동방식에 대한 나의 관찰과 고민도 이제 한 매듭을 억지로라도 지으며 다음 단계로 나아가야 할 때가 되었다. 그런 매듭지음의 의미를 스스로 애써 곱씹으면서, 나는 이 어설픈 책을 감히 세상에 내어놓는다. 떠나라. 이제 이 책에 담긴 글들은 더 이상 내 것이 아니고 읽는 이들의 것이 될 것이다. 그들이 그것을 어떻게 읽고 받아들이건, 혹은 거부하건 혹은 즐거워하건, 그것은 또 다른 이야기가 되어갈 것이다. 서울의 시공간들이 새로운 그릇이 되고, 거기에 새로운 물들이 담기고 또 부어져 내리듯이.

감사의 글

　이 책은 지난 십여 년간 필자가 서울의 일상공간을 대상으로 고민하며 연구해 온 작업의 결과 중 일부이다. 그런 만큼 지난 십여 년 동안 많은 사람들이 베풀어 준 도움의 손길이 곳곳에 배어 있으니, 마땅히 이 자리를 빌려 감사를 드리지 않을 수 없다. 먼저 이 책에 실린 글들 중 상당수는 지금과 다른 논문의 형태로 다른 잡지들에 실렸었고, 그 논문들이 작성되는 과정에서 여러 분들의 정성어린 지원과 도움을 받았다.

　실린 글들 중 가장 먼저 준비되기 시작한 글은 세 번째로 실린 방문화에 관한 글로서, 이 글은 본래 필자가 1993년에 시작했던 노래방에 대한 연구에 그 먼 근원을 두고 있다. 연구를 어느 정도 진행하면서 얻게 된 중간결과물을 놓고는 당시 「또 하나의 문화」 내 '문화 · 권력 세미나' 공부모임에서 발표할 기회를 얻었으며, 그 자리에 참석했던 여러 선생님들로부터 귀중한 도움 말씀을 들을 수 있었다. 한편, 노래방에 관해 홀로 외롭게(?) 진행하던 연구는 이후 한국정신문화연구원의 공동연구비 지원을 받으면서 새로운 탄력을 얻게 되었다. 그 결과는 제법 많은 분량의 데이터를 담은 글로 정리된 바 있으며, 이 과정에서 문옥표, 김은실, 류정아, 이정덕, 황익주 선생님들과의 수차례에 걸친 워크숍과 토론으로부터 힘입은 바가 크다. 또 결과논문에 대해 귀중한 비평을 해 주셨으며, 애초에 이 문제에 대한 관심에 직접 간접적으로 영향을 끼쳤던 김창남 선생님께도 감사를 드리지 않을 수 없다. 당시의 노래방 연구결과는 문옥표 편, 『한국인의 소비와 여가생활』이라는 책에 수록되었으며, 이후 완전히 개정, 축약된 영문 버전이 1998년 10월에 *Korean Social Science Journal* vol.25, no.1에 "Noraebang: A Case Study of Cultural Industry and Mode of Cultural Consumption"이란 제목으로 실렸다.

이후 노래방을 포함한 PC방, 비디오방, DDR, 녹음방, 기타 수많은 방들의 전개를 놓고 '방문화 현상'이라는 문제의식하에 새로운 연구를 할 수 있게 되었다. 그 연구는 한국학술진흥재단의 기초학문분야 공동연구 기금의 지원을 받았다. 공동연구의 연구책임자셨던 김광억 선생님을 비롯해서 함께 연구에 참여하신 김춘동, 문옥표, 이철우, 표인주 선생님들께서 해 주신 비평과 토론은 이 연구를 완성시키는 데 귀중한 자원이 되었다. 이 공동연구의 결과논문("문화산업의 속도성과 도시적 일상문화 성격의 형성", 『한국문화인류학』 33집 2호)은 이 책에 실린 방문화에 관한 글의 모태가 되었다.

이 책에 두 번째로 실린 지하철에 관한 글 역시 상당히 다른 형태로 정리되었던 논문을 모태로 한다. 그 연구는 1997년 서울시립대학교 교내 학술진흥 연구비의 지원을 받았으며, 1998년 『도시과학논총』 24권 1호에 "서울 지하철 공간문화의 영역과 소비행태에 관한 연구"라는 제목으로 발표된 바 있다. 이 연구결과의 발표 이후에도 특히 서울시립대학교에서 강의한 필자의 「공간과 사회」 및 「참여관찰 방법론」 수업 수강생들과의 토론은 필자가 지하철에 대해 행하던 분석의 풍부함을 더할 수 있도록 도와주었다.

네 번째로 실린 코엑스몰에 관한 글은 서울시립대학교 내에서 함께 공간과 문화에 대한 공부를 하며 정기적으로 모여 책을 읽고 토론해 온 '도시문화 연구회' 회원들과의 공동작업의 결과물이다. 우리는 서울의 대형 상업공간들을 몇 개 정해 나누어 맡아서 연구하고 글을 써서 함께 발표하기로 했으며, 그 결과물은 건축 전문잡지인 『이상건축』 2001년 6월호에 함께 실렸다.

여섯 번째 글 또한 '도시문화 연구회'에서 함께한 시간의 산물이다. 즉, 연구모임 회원들이 함께 모여 공동의 주제를 놓고 글을 써보기로 한 작업의 일차적 결과물을 그 모태로 한다. 그 본래의 글은 대한건축학회지 『건축』 2004년 2월호의 특집 '도시풍경: show+window' 라는 제목 아래 실렸다. 이 작업들을 위해 함께 이야기를 나누며 공부해 온 김성홍, 김한배, 남기범, 박철수, 양승우, 이성호, 이승일, 이인성, 조경진, 진양교 선생님들께 깊은 학문적 동지애와 함께 감사의 마음을 표한다.

다섯 번째 실린 예식장에 관한 글은 필자 본인의 결혼식과 관련이 있다. 즉 필자 스스로 결혼을 준비하는 과정에서 '뭔가 문제가 있다' 는 것을 절실히 느끼면서 연구가 시작되었다고 할 수 있다. 이 과정에서 사진 자료와 문헌을 함께 모으고 고민을 나누며 토론한 조경진 님은 사실상 공동연구자의 역할을 담당해 주었다(그리고 그는 1994년 겨울에 필자와 결혼식을 치렀다). 이 글의 모태가 되었던 당시의 연구논문은 1995년 『한국문화인류학』 제28호에 "의례공간 소비의 '키치(Kitsch)화' —예식장"이란 제목으로 실렸다.

일곱 번째, 가회동에 관한 글은 1999년 서울시립대학교 교내 학술진흥 연구비의 지원을 받아 연구된 결과논문을 모태로 한다. 당시의 연구결과는 *International Journal of Urban Sciences,* vol.5, no.1에 "A Socio-cultural Interpretation on the Conservation Policies of Urban Symbolic Space"란 제목으로 실렸다. 연구결과에 이르기까지 자료제공과 기타 관련되는 의견교환 및 토론 과정에서 서울시정개발연구원의 정석 박사, 서울시립대학교 건축도시조경학부의 송인호, 양승우, 김기호 선생님들의 작업결과와 의견이 커다란 도움이 되었다. 특히 송인호 선생님은 현재도 북촌마을의 한옥보존 사업을 적극적으로 되살리고 추진하는 작업에 정성을 쏟고 있어 추후 새로운 연구를 이어가는 데 중요한 지지대가 되고 있다.

여덟 번째로 실린 서울의 식민지 양평군에 관한 글은 당시 필자에게 너무나도 소중하고 새로운 경험을 통해 이루어진 산물이다. 1999년 4월에 시작된 기획에 의해 열세 명의 건축가 및 건축학자들과 한 명의 문화인류학자가 모였다. 우리 열네 명은 경기문화재단과 두물워크숍의 지원을 받으면서 경기도 양평군 양평읍내를 하나의 새로운 자기중심적 건강성을 지닌 도시로 다시 살리기 위한 공간적 프로젝트의 고민을 시작했다. 그것은 마침 20세기를 마감하고 21세기를 맞이하는 시점에서 우리 나름대로 한국 도시공간 논리의 성격을 새롭게 보고자 하는 각오의 표현이기도 했다. "역사의 향기를 느끼면서 일상의 삶이 여전히 전개되는" 그리고 주민이 주민으로서의 주인의식을 충만히 갖는 지방 중소도시가 존재하기를 바라는 소박한 마음이 그러한 생각을 대변하는 말이었다. 그 결과물은 1999년 12월 12일에 두물워크숍에서 건축전시회 및 토론회로 발표되었고, 이듬해 3월에 『99양평00』이라는 이름의 책으로 출간되었다. 밤샘토론과 현장 드나들이가 거듭된 8개월에 걸친 작업기간 내내 참여하면서 필자는 참으로 많은 것을 배웠고, 처음으로 건축전시회 판넬을 꾸며 보는 경험도 해볼 수 있었다. 기획단계에서부터 모든 것을 이끌어간 메타 건축의 이종호 소장님과 김성홍 교수, 그리고 함께하며 많은 것을 가르쳐 주신 김영준, 김종규, 김헌, 민선주, 박철수, 송인호, 이종건, 전봉희, 주대관, 최욱, 허서구 선생님들께 깊은 감사를 드린다.

아홉 번째와 열 번째에 배치된 청계천 공구상가에 대한 글은 1998년 서울시립대학교 부설 서울학연구소 소장을 맡고 있던 강홍빈 선생님의 기획안에 따라 서울의 주요 길들에 대한 다학문적인 연구를 축적해 가고자 했던 야심적인 연구작업의 산물 중 하나이다. 1998년에 「청계천과 천변: 시간, 장소, 사람」이란 이름으로 수행되기 시작한 공동연구에는 강우원, 김기호, 송인호, 오유석, 전우용, 진양교 선생님들이 함께 참여해서 각기 자신의 관심 주제와 대상블록을 맡아 연구를 진행했다. 그 과정에서 정기적으로 모여 토론과 비평을 주고받았으며, 같은 해 11월에는 심포지엄을 통해 남기범, 정기용, 최영준, 최종현 선생님들의 비평과 도움을 받을 수 있었다. 직접 면담에 응하고 자료를 제공해 주신 청계천 공구상가의 상인들께도 심심한 감사의 말씀을 드린다. 당시의 연구결과물은 서울학 연구총서 『청계천: 시간, 장소, 사람』이라는 제목의 책에 수록되었으며, 이후 '청계천 복원사업'이라는 새로운 상황전개에 따라 자료가 첨가되고 새로운 분석을 더하면서 2003년 6월 『환경사회학 연구, ECO』 제4권에 "청계천 공구상가의 공간구조와 사회적 성격"이라는 제목으로 글이 실리게 되었다. 그 글을 다시 고쳐 쓴 것이 이 책의 아홉 번째와 열 번째에 실린 글이 되었다.

이 책의 가장 앞부분에 배치된 '강남'에 관한 글은 가장 최근에 쓰여진 글이다. 2004년 『황해문화』 봄호에서 특집으로 준비한 '강남 현상'이라는 큰 제목 아래 "내 아이만큼은 무슨 일이 있더라도!—교육과 강남 부동산 문제"라는 제목으로 실린 글을 일부 수정해서 다시 여기에 싣게 된 것이다. 이 글은 가장 최근에 쓰여진 것이면서 동시에 그 내용에 있어서 가장 빠른 변화의 물결을 타고 있는 내용을 담았다. 정부의 강력한 대책이 이어지고 국내 소비의 경기가 침체하면서 강남의 주택가격, 특히 재건축가격이 하락하기 시작했다는 뉴스가 신문을 장식하기 시작했다. 그만큼 한국의 부동산 현상, 그리고 공간현상의 속도는 점점 빨라지고 있다는 말이 실감이 난다. 그러나 내가 주목하고자 하는 바는 표면적 현상을 넘어선 구조와 문화논리의 맥락에 관한 것이었으며, 그 맥락은 표면의 빠른 움직임과는 또 다른 나름의 도도한 흐름을 형성하고 있다고 본다. 비록 짧은 시간이었지만 이 글을 쓸 기회를 주신 황해문화의 편집진께 이 자리를 빌려 감사를 드린다.

이 책이 오늘 이렇게 빛을 볼 수 있기까지는 또한 도서출판 소화 여러분의 노고가 크다고 하지 않을 수 없다. 필자가 처음 책을 낼 의도를 전했을 때, 어려운 출판계 사정에도 불구하고 흔쾌히 응락해 주신 옥명희 주간께서 이후 매끄러운 에세이 문체도 아니고 명쾌한 논문형태도 아닌 애매하게 고쳐진 원고를 받아들고 난감해 하셨을 것을 생각하면! 편집부는 그 틈바구니에서 또한 마음고생이 적지 않았을 것으로 안다. 하지만 어쩔 것인가! 본인이 직접 뛰어다니며 연구한 결과물인 논문에서 출발되었던 글들을 마음껏 자유롭게 고칠 수 없었던 필자 스스로의 한계가 이러한 것을! 다만 이 자리를 빌려 마음 깊은 곳으로부터의 인사를 드리는 것으로 감사한 마음을 표할 따름이다.

그리고, 필자가 이렇게 서울의 일상공간들을 연구하고 가르치는 데 마음껏 몰두할 수 있도록 훌륭한 연구와 교육환경을 제공해 주신 서울시립대학교 관계자 여러분, 서울학연구소, 도시과학연구원과 도시과학대학의 동료교수 선생님들, 특히 항상 허심탄회하게 모든 일을 상의하며 함께 일해 온 최고의 동료들인 도시사회학과 이병혁, 남기범, 서우석, 이건, 이윤석, 장원호 선생님들, 그리고 항상 즐겁고 반가운 '도시문화 연구회' 회원 선생님들께 마음 깊은 곳으로부터 감사한 마음을 표하지 않을 수 없다.

끝으로 지난 십여 년간 때로 서울의 골목길들을 이리저리 쏘다니는 것을 자신들과 함께하는 시간보다 더 소중히 여기는 것은 아닌가 오해하기도 했을 사랑하는 나의 가족들, 특히 아내 조경진과 아들 송인경, 일산의 부모님과 누님 내외분, 용인의 장인장모님께 깊은 감사의 말씀을 전한다.

스피드

지구 반대편에 떨어져 있는 두 지점 사이의 정보 흐름이 하도 빨라서 거의 실시간에 가깝게 정보소통이 될 수 있는 경우, 두 지점 사이의 시간과 공간의 장벽은 무너진다.

제1부

강남
─교육·계급재생산을 향한 꿈과 좌절

1. 바람은 지나갔는가?

다시 강남에 광풍이 한차례 불고 지나갔다. 나는 그것을 일부 몰지각한 사람들의 '투기' 라고만 부르지는 않겠다. 실은 우리 모두가 자신의 역할들을 일부분씩 담당하고 있었다. 2002년부터 2003년 두 해 동안에 강남의 집값은 천정부지로 솟아만 갔다. 강남 재건축 대상 아파트들이 가격상승을 주도했다. 재건축 대상 아파트 가격은 그 두 해 사이에 100% 이상 오른 것이 대다수였다. 건축된 지 25여 년이 넘는 도곡동 무슨무슨 아파트 13평형의 시가가 8억 원 이상 한다는 이야기가 심심치 않게 신문기사를 장식했다. 사람들은 강남 집값이 "미쳤다", "말도 안 되는 값이다" 하면서도, 다른 한편에서는 강남의 아파트 가격은 영원히 내리지 않을 것이고, 그래서 거기에 투자하는 것이 가장 확실하게 높은 투자수익을 얻을 수 있을 것이라는 '강남불패론'을 믿었다. 문제는 거기서 그치지 않았다. 서울 사람뿐 아니라 전 국민이 강남의 부동산 가격을 두고 난리를 쳤다. 저 집값을 어서 잡으라고 정부는 강남 아파트 가격을 안정시키기 위해 정책에 또 다른 정책들을 줄줄이 내놓았다. 하지만 제시된 정책들은 계속해서 또 다른 방식으로 강남의 아파트 값을 밀어 올리는 효과만 낳았다.

솔직히, 서울 어느 한 지역의 집값이 오르는 것 자체가 무에 그리 대수로운 일인가. 그곳의 집값이 말도 안 될 만큼 비싸다면, 그 집을 사지 않으면 되고, 거기에 들어가서 살지 않으면 되는 것 아닌가. 비교해서 예를 들면 미국 서부 캘리포니아 해안의 베벌리 힐즈 펜트하우스 집값이 천정부지로 오른다고 해서 그것이 대다수 미국인들의 삶에 어떤 커다란 영향을 미칠 것인가. 그것은 각자의 경제력과 취향의 문제일 뿐이다. 내가 돈이 안 되면 그곳에 가서 살지 않으면 그만이다. 하지만 서울의 강남 집값이 갖는 의미는 그게 아니었다. 거기에는 한국 현대사를 작동시켜 온 어떤 원리가 숨어 있다. 거기에는 누적된 현대 한국사회를 사는 주민들의 심리와 열망과 삶의 동기와 지향점들이 얽히고설킨 모습으로 응어리져 담겨 있다. 현단계 한국 자본주의 문화의 종합적인 모습을 하나의 단면으로 보여주는 매우 이상하고 특별한 지점인 것이다.

2003년 10월 29일에 발표된 정책은 한없이 치솟아 오르기만 하던 강남의 아파트 값을 조금씩 잠재우기 시작했다. 먼저 가격상승의 광풍을 일으켰던 재건축 아파트 가격이 내리기 시작했다. 그와 함께 기존 아파트 가격의 멈출 줄 모르던 상승세도 멈칫거리기 시작했다. 강남 아파트 가격을 따라 계속 올랐던 전국의 아파트 가격 상승세도 주춤거리기 시작했다. 2002년과 2003년의 서울 시내 아파트 값은 평균 15퍼센트 내외의 높은 상승률을 기록했다. 2004년의 전망은 평균 3퍼센트에서 5퍼센트 내외의 가격 하락이다. 그럼 이제 강남의 아파트값 상승을 낳았던 그 기이한 바람은 완전히 지나갔다고 보아도 좋을 듯하다! 그런데, 과연 그럴까?

당연한 얘기지만, 강남의 아파트들이 모두 동질적인 것은 아니다. 때로는 강북의 새로 지은 아파트에 비해 건물이 낡고 주차장도 좁으며 공간도 불편한 아파트들도 강남의 한복판에 존재한다. 그래도 강북 아파트를 버리고 훨씬 많은 비용을 지불하면서 강남의 낡은 아파트로 들어가려는 사람들이 있다. 또는 같은 강남지역에 살면서도 더 나은 어떤 조건을 찾아 강남 내의 다른 곳으로 이주를 시도하는 사람들이 적지 않다. 물론 그중에는 이미 확보한 재산을 더 빨리 손쉽게 불리기 위해 소위 '작전세력' 으로 나서는 사람들이 있다. 반면 엄청난 빚을 안고서라도 강남의 아파트로 이주해 들어가려는 사람들도 있다.

회오리의 중심에 서 있는 강남 아파트 현상의 내용과 실체는 과연 무엇이란 말인가? 우선 한국 자본주의가 후기산업사회 단계로 진입하면서 더 많은 사람들이 새로운 도시적 생활양식에 이미 적응하게 되었다는 현실과 사회 전체의 재화량이 일정 부분을 넘어서서 자산의 재투자, 재생산을 모색하는 인구도 늘어났다는 사실이 존재한다. 다른 한편 1998년 초 IMF 관리하에 들어간 한국의 금융위기 이래, 하루 빨리 경기부양을 하기 위해 정부가 적극적인 부동산 수요 확산과 건설 장려정책을 추진해 왔다는 사실 또한 중요하다. 각종 특별조치들이 부동산 구입이나 매각시의 세금을 없애거나 대폭 줄이는 방향으로 전개되었다. 부동산 거래를 위한 은행 대출을 대폭 늘리고 이자율을 낮추었다. 그리고 소비를 진작시키며 거래를 투명화 한다는 명목하에 각종 신용카드의 사용을 장려하고, 심지어 길거리와 지하철 역 구내에서까지 장사진을 친 채 행해지는 카드 남발을 묵과해 왔다. 그 와중에 일반 제조업과 생산경제는 전반적으로 여전히 불황 상태였고 자본시장의 핵심인 주식시장 또한 불투명성과 불확실성의 불신 상태에서 쉽사리 벗어나지 못하고 있었다. 이런 상황에서, 사람들이 직접 먹고 쓰는 데 들어가는 생활비 이외의 유휴자금은 부동산으로 몰려 들어갈 수밖에 없었다. 집값이 여러 단계를 거치면서 계속 오르게 되었다. 특히 강남의 요지에 자리 잡은 재건축 아파트들은 그 상승을 주도하기 시작했다.

2003년은 정부가 그 동안 스스로 부추겨 놓은 정책의 '성공적인 결과'를 다시 스스로 뒤집어엎는 정책들을 잇달아 내놓은 시기다. 즉 '부동산 경기 안정화', 다른 말로 가격 상승억제 또는 하락을 위해 십여 차례가 넘는 정책들을 쏟아 놓은 한 해로 기록된다. 더 이상 다른 정책을 내놓기 어려울 정도의 강력한 조치인 2003년 10월 29일의 정부 정책이 현재 아파트 가격 상승을 억누르고 있는 것은 사

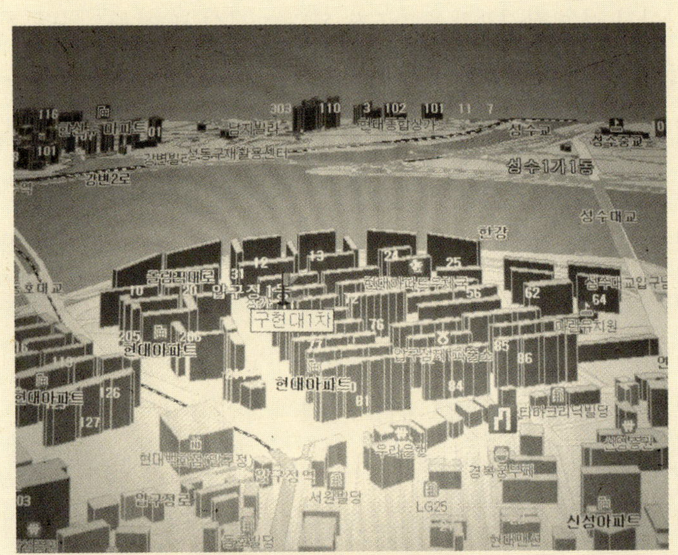

압구정동 부근 인터넷 입체지도

실이다. 하지만, 강남 주요 아파트들의 시장 가격이 그리 호락호락 가라앉지는 않았다. 그것은 강남 아파트들이 한국 현대 자본주의사에서 갖는 위치와 의미, 조건과 논리의 틀이 크게 변하지 않은 채 그대로 있기 때문이다. 거기에는 경제적 계산 이상의 문제가 존재한다. 사람들이 그저 좀더 좋은 주거환경을 찾아 강남으로 가려고 하는 것만은 아니다. 거기에는 한국 현대사를 살아온 주민들을 이끌어온 힘, 즉 "나도 한 번 잘살아 보자"와 "우리 자식만은 번듯하게 살 수 있게 최선을 다하자"는 구호를 실현시킬 수단으로 가장 중요시 되어온 '교육' 즉 '교육문제'가 그 한가운데에 버티고 서 있다.

이 글은 강남문화의 전체적인 측면을 다루지 않는다. 계층문화의 자세한 양상들도 다루지 않을 것이다. 강남의 생활을 자본주의 소비문화 비판의 차원에서 공격하거나 이론적으로 분석하지도 않을 것이다. 그것은 어쩌면 너무 쉽게 내뱉어져 온 이야기인지도 모른다. 하지만 아무리 이론적으로 논의하고 현대 자본주의의 소비사회적 속성이나 새로운 계층분화를 비판해도, 강남의 아파트를 휩쓸고 간 부동산의 회오리와 아직도 사그라지지 않은 교육문제의 연결고리는 그리 쉽게 풀리지 않는다.

여기서는 차라리 지난 2003년에 특별히 부각되어 나타난 강남 아파트 가격의 상승현상을 둘러싼 강남 주민들과 강남 외부 주민들, 그리고 부동산 작전세력을 포함한 활동 주체들의 생생한 목소리들을 한 번 들어 볼 것이다. 거기서 사람들은 강남의 아파트를 구입하거나 거기에서 전세를 얻는다는 것이 자신들에게 무엇을 의미하는지를 토로한다.

2. 맹모삼천지교(孟母三遷之敎)

    먼저 한 인터넷 부동산 사이트에서 '퍼온 글'을 여기 그대로 옮겨 본다. 웹 사이트에 글을 올린 원 저자들의 양해를 구하며, 그들의 목소리를 생생하게 옮기고 느낌을 전달하기 위해 글의 내용과 맞춤법 등에는 되도록 손을 대지 않고 원래 모양대로 옮긴다. 필자명으로 쓴 ID는 실명으로 사용되었을 경우 임의로 바꾸었고 그렇지 않은 별명은 그대로 두었다. 글들은 강남구의 한 지역으로 전세를 얻어 들어가려는 한 어머니의 문의에서 시작된다. 글 올린 날짜는 2003년 10월 29일의 특별조치로 인해 강남 아파트 가격 상승세가 주춤거리고 있다고 보도된 2004년 1월 14일이다. 집값은 이제 하락하는 추세에 있다는 뉴스가 나오고 있는데, 이 어머니가 여전히 강남으로의 이주를 꿈꾸고 있는 이유는 무엇인가? 게다가 주거 불안정과 남편의 출근거리 증가, 돈의 기회비용 상실이라는 적지 않은 대가까지 치를 각오를 하면서 그가 원하는 것은 무엇인가?

제 목	압구정동? 청담동?
글쓴이	아이맘(lovemin2000)
아파트	서울특별시 강남구 압구정동 구현대5차 아파트
조회수 1165	추천수 0 작성일 2004/01/14

저는 성수동 사는 아이엄만데요~

아무래도 아이학군 땜에 강남으로 옮겨보고 싶어서요

형편상 전세로 가야할 거 같은데

구현대 30평대, 또는 한양 30평대, 미성, 아님 청담동쪽

다세대나 아파트 30평대… 관심이 있습니다.

아는 엄마 애기들을 들어보니, 압구정은 압구정초등학교

청담동은 청담초등학교가 좋다는데

압구정동은 엄마들 치맛바람이 너무너무 심하니

웬만하면 청담동이 낫다하더라구요~

직장이 남편직장이 행당동이라

성수대교 남단이 훨씬 유리한데

구현대 30평대 전세는 얼마나 할까요?

또 혹시 치맛바람 때문에 아이가 크게 기죽거나 하지 않을까요?

첨 질문 올려보는데 좋은 고견들 부탁드립니다.

참 미성아파트는 어디로 배정받나요?

제 목	도움이 되었으면 합니다…
글쓴이	랠리(Junepark76)
아파트	서울특별시 강남구 압구정동 구현대5차 아파트
조회수	1149 · 추천수 0 · 작성일 2004/01/14

미성은 주로 신구초등학교로 갑니다.

압구정 신현대와 미성 사이 길 건너편에 신사동에 위치합니다.

미성과 신현대는 주로 신구… 구현대는 주로 구정을 가거든요
가끔 신현대에서도 구정가는 아이들도 있구요. 참… 지금은 압
구정초등학교라고 하나요?

압구정에서 가까운 논현동쪽이요.

그리고… 논현동쪽에… 학동초가 있구요…그 외엔 초등학교
가 없는 걸로 알고 있습니다. 이 3학교에 다니지 않는 학생들은
주로 사립을 다니구요… 압구정에서 가까운 논현동쪽이요…
엄마들 치맛바람이야… 아마 구정이 제일 거셀겁니다.

초등학교 말구도… 중학교나 고등학교 배정까지 신경쓰셔서
가십시요… 물론 압구정 살아도 경기나 영동쪽으로도 많이 가
구요…

주로 구정, 현대, 청담, 경기, 영동을 가구요… 좀 재수가 없으
면 강북 명문 용산고로도 갑니다. 하지만, 주로 위에 있는 5개
고등학교에서 벗어나는 일은 거의 없습니다.

중학교는 압구정이나 논현쪽(구정, 청담, 신사, 언북), 삼성이
나 역삼쪽(역삼, 영동, 언주 등등) 입니다.

조금이라도 도움이 되었으면 하는 바램입니다.

제 목	요즘은 그렇게 고등학교 안가는데…
글쓴이	정답(cibalnam)
아파트	서울특별시 강남구 압구정동 구현대5차 아파트
조회수 880	추천수 0 작성일 2004/01/14

구정, 현대, 청담 3중 하나라고 보시면 됩니다. 다른곳으로 배정안됩니다

<table>
<tr><td>제 목</td><td>도움말씀 감사합니다…</td></tr>
<tr><td>글쓴이</td><td>아이맘(lovemin2000)</td></tr>
<tr><td>아파트</td><td>서울특별시 강남구 압구정동 구현대5차 아파트</td></tr>
<tr><td>조회수 296</td><td>추천수 0   작성일 2004/01/15</td></tr>
</table>

정말 생생한 정보들 감사합니다.

사실 친정이 대치동이라 그쪽은 잘 알지만 엄두도 못내고요

남편 직장이 가까우면서도 학군도 좋은 곳이 압구정동이라

이쪽에 많은 관심이 가는 형편인데요

주변 아는 사람들이 기왕 옮길거면

아예 유치원서부터 시작하라구 하더라구요…

유치원 친구가 초등학교까지 이어지니

초등학교때 전학가던가 하면 좀 힘드니 미리 준비하라구…

아직은 아이가 어려 당장 급하진 않지만(5살, 유치원 안다님…)

어서 이사하고 싶은 맘은 굴뚝같습니다.

지금 살고 있는 집을 전세 놓고 저희도 전세로 가야 하는데

도무지 만만한 곳이 없군요~

죄송하지만 유치원 정보도 아시는 분 계시면 큰 도움 되겠습니다.

남편 출퇴근에는 성수대교 남단의 구현대가 좋구,

들어본바 아이들 학교는 청담초등학교가 맘에 듭니다.
가능하다면 올 하반기 내지는 내년 상반기쯤 생각하고 있구
요…?

이 글을 읽고 낯설어 하는 사람은 있으되 무슨 소리인지 모르겠
다고 생각하는 서울 사람은 그리 많지 않을 것 같다. 학령기에 있는
자녀를 둔 서울의 학부모들 사이에서는 금세 이해가 가는 내용이다.
이 글을 올려 아이가 갈 학교에 대한 정보를 문의한 어머니는 압구
정동이나 청담동에 집을 구입해서 이사가려는 것이 아니라, 전세로
집을 얻어 '아이가 학교에 다닐 동안' 이사가려는 것이다. 물론, 집
을 살 만큼 돈이 충분하다면 집을 사서 이사갈 용의도 있을 것이다.
하지만 그런 방식이 아니더라도 강남구로 이사가려는 사람은 항상
대기하고 있다.

"아이학군 땜에 강남으로 옮겨보고 싶"은 것은 아이가 강남에 있
는 학교에 다니도록 하고 싶다는 이야기다. 그것도 "기왕 옮길 거면
아예 유치원서부터 시작"해서 "초등학교 말구도… 중학교나 고등
학교 배정까지 신경쓰"면서 이사가려고 한다. 이 어머니들의 목표
는 물론 자신의 아이가 '좋은 교육'을 받고 자라 '좋은 대학'에 합
격한 다음 '좋은 직장'을 얻어 사회적으로 성공하고 잘살게 되는 것
이다. 그리고 자신의 아이를 강남의 압구정동 혹은 청담동 등지에
있는 초등학교, 나아가 그 초등학교에서 제대로 생활하도록 하기
위해 친구를 사귀도록 유치원부터 그 동네로 이사가는 것이 그 첫

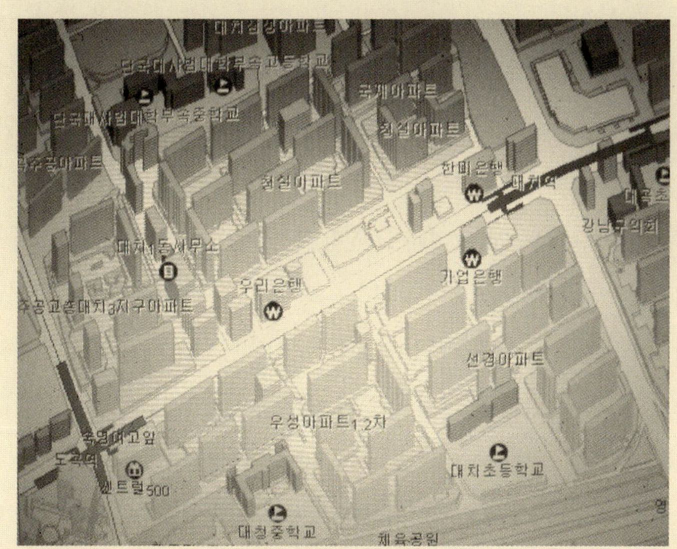

대치동 부근 인터넷 입체지도

단추를 꿰는 일이라고 생각한다.

　우선 주목되는 것은 사회적 신분상승의 기회가 거주지의 지리적 구분과 관계된다고 믿는 생각이다. 그곳에 특별한 사람들이 모여 있으며, 거기서 기회가 배가된다는 생각이다. 그리고 이런 이야기들은 사회적 이동의 가능성이 아직 열려 있는 사회의 현상이기도 하다. 따지고 보면 강남구 중심부의 아파트 촌은 서울 사람들이 자신들의 꿈에서—혹은 자기 자녀들을 위한 자신의 꿈에서—가능성을 완전히 배제하지 않은 하나의 희망으로 남아 있는 장소다. 비록 현재는 다른 곳에 살더라도 언젠가 여건이 되면 자신은 그곳으로 이주하리라, 아니면 자기 자녀는 그곳에서 학교를 다니게 하리라는 생각이 서울의 다른 지역 주민들을 포함해 한국의 다른 지역주민들 사이에서 완전히 포기되지는 않았다. 강남은 '아직도 열려 있는 기회의 땅'인 셈이다. 돈만 있다면~ 돈만 좀 벌어서 충당할 수 있다면~… 그런데 그 꿈의 가능성에서 멀어지게 만드는 것이 강남 아파트 가격의 상승이기 때문에 서울의 다른 지역 주민들은 그토록 분통을 터뜨리는 것이다. 나도 거기에 들어가야 하겠는데, 내 자식을 어떻게든 그 지역에 진입시켜야 하겠는데, 그 가능성이 하루가 다르게 희박해져 가는 것이 강남 아파트 가격 상승인 셈이다.

　물론 이런 논리에 대한 비판과 반성의 목소리가 존재하지 않는 것은 아니다.

제 목　이런 경우도…

글쓴이　교육인(sc5000)

아파트　서울특별시 강남구 압구정동 구현대5차 아파트

조회수　214　　추천수　1　　작성일　2004/01/15

강북에서 공부 잘하던 애도 강남으로 전학와서 강북과는 다르게 저보다 잘하는 애들이 훨씬 많고 심한 견제로 주눅 들어 공부에 흥미를 잃을 수도 있읍니다.

전학 후 1~2년은 종전보다 2~3배 더 관심을 갖고 애들을 지도해야 합니다.

공부 잘하는 애들이 많은 곳이 반드시 공부 환경이 좋은 곳이란 등식으로 생각하시면 큰코 다칠 수도 있습니다.

중학교 때 전교 1~2등 하던 애들도 과고나 외고 가서는 실의에 빠지고 낙오되는 경우가 의외로 많습니다. 잘하는 애는 자랑스러워서 밖으로 드러내게 되지만 실패의 경험은 세상에 드러나지 않습니다.

어디에서 공부하느냐 보다는 애가 얼마나 적응 잘하면서 공부에 집중하느냐가 더욱 중요하다고 봅니다.

제 목　치맛바람과 대학에 입학하는 것은 상관 관계가 없습니다

글쓴이　김00(htrew000)

아파트　서울특별시 강남구 압구정동 구현대5차 아파트

청담초등학교는 압구정동 성수현대 · 한양아파트 청담동 연립, 빌라, 건영 · 삼성아파트 등의 거주학생이 다니는 곳입니다.

제 둘째애가 6학년이 되고 한 학급당 35명 학급수가 다섯이니 그리 학생수가 많지 않는 학교이고 시설이나 주위환경은 비교적 양호합니다. 구정초등학교와 비교하면 청담초등학교가 경제적으로 스펙트럼이 넓어요. 청담동의 특별한 부자 애들도 있고 조금 어려운 학생도 간혹 있습니다. 대략 두 학교의 부모의 경제력은 비슷합니다.

구정초등학교의 치맛바람이 세다는 것은 잘못된 기우일 것입니다.

아마 정확히 알지 못하지만 구정, 청담 두 학교 인간 사회가 그러하듯 모두 치맛바람은 어느 정도 있습니다.

하지만 청담 · 구정 선생님들은 어느 학생에게도 공평하게 교육시킬려고 노력하실 것이라고 저는 믿습니다.

이제 지금부터 쓰는 글이 역겨운 글이 된다면 양해를 구하며 처조카와 치맛바람에 대해 말씀드리겠습니다.

제 동서 형님이 지방 근무가 잦아 조카는 지방 중소도시의 유치원을 다녔고 청담초등학교로 전학와서 올해 구정고를 졸업하며 오늘 논술시험을 치렀습니다. 부모가 아주 학교에 안 찾아간 것은 아니지만 치맛바람과는 거리를 두었지요. 치맛바람에 대해 약간 서운한 점은 부모가 기대한 만큼 중학교 때 음미

체 성적이 약간 안 나왔다고 착각할 수도 있는 정도이고 그 외 대체적으로 신경쓸 만한 것은 없습니다.

그 애가 무척 열심히 하였고 부모가 성심껏 사교육도 시켰고 운도 좋아 수능에서 이 동네 재학생 문과 수석했지요. 물론 고3 모의고사에서 강남구 최우등 성적을 낸 청담고등학교 한 학생과 경시 수상경력이 있는 구정고등학교 두 학생은 이미 서울 법대에 수시로 합격했지만, 저는 처조카도 합격하리라고 기대합니다.

결론적으로 치맛바람으로 대학가는 것은 아닙니다.

오직 대학에 가는 것은 학생은 초등학교 때부터 꾸준히 열심히 하고 부모도 애에 맞는 공부를 열심이 시키는 것이라고 믿으면서 이만 줄입니다.

추신
아이맘님 애 아빠가 출근하기에 가장 편한 곳을 권합니다.

강남으로 이주해 간다고 아이가 꼭 공부를 잘하리라는 보장이 없다는 이야기, 그래서 강남 학군이 좋은 대학에 가는 것이 필요충분조건이 아니라는 이야기는 왠지 허망하게 들린다. 이미 좋은 대학을 향해 가야 한다는 전제는 공유되어 있다. 더군다나, "치맛바람과 대학에 입학하는 것은 상관관계가 없"다는 제목의 글은 처음부터 강남 교육문화의 '우수성'을 대전제로 하고 있다. 학부모가 학교에

자주 찾아가 담임선생님과 다른 교사들을 소위 '열심히 받들어 모시기'를 하지는 않았지만 "성심껏 사교육을 시켰고" 아이도 공부를 잘해서 "서울법대" 혹은 이에 준하는 '좋은 대학 좋은 학과'에 합격할 것이라는 이야기다. 자녀가 청담초등학교에 다닌다는 글쓴이는 그 학교에 다니는 아이들 중 부잣집 자녀들만 있는게 아니고 "조금 어려운 학생도 간혹 있"다고 말하고 있다. 그 조금 어려운 집안의 학생은 어느 정도 형편이 어려운 집안의 학생일까? 이제 이야기는 본격적으로 '교육과 계급재생산' 차원으로 들어간다.

제 목	옳소…근데…공부 잘하는 것도 집안 내력인듯.
글쓴이	순풍(prince2)
아파트	서울특별시 강남구 압구정동 구현대5차 아파트
조회수	681 추천수 2 작성일 2004/01/14

한의사선생님 저 순풍이에요.
엄마들 치맛바람 아무리 날려도 공부잘하는 애는 따로 있는 것 같습니다.
괜히 엄마들 오바하는 것 같아요
제일 중요한 것은 치맛바람 날리기보다는 아이들에게 공부의 흥미를 붙여주는 게 제일 좋을 것 같은데 공부에 관심없는 애한테 맨날 공부해라 공부해라 하면 뭐합니까, 책상 앞에서 딴 생각하는데.

근데…학교 다닐 때 최상위권 아이들 보면 부모님들이 서울, 연, 고대 출신이라던가.

그런 애들이 많았던 것 같아요.

엄마는 이대 가정과, 영문과 출신들…

아버지는 의사, 변호사, 모기업 사장단… 등등 교수…

제 친구들 중에서도, 압구정에서 중, 고교시절 공부 좀 한다는 애들은 대부분 부모님의 학벌이 장난이 아닙니다. 거기다 사촌들도 명문대 출신들이 많고

머리가 나빠도, 공부 열심히 하면, 어느 정도까지는 성적향상 기대할 수 있습니다. 하지만, 부모로부터 물려받은 우수두뇌를 가진 아이들한테는 비할 수 없지요.

부모님들. 아이들 공부 안한다고 으빡 지르지 말고, 부모 자신의 학창시절 한번 돌이켜보세요.

분명 비슷할 겁니다. 아이는 부모를 닮거든요.

그렇다고 해서 교수아들이라고 해서 공부 다 잘 하는 것도 아니더라구요. 하지만 대체적으로 명문대 출신이 많은 집안에서는 명문대 입학확률이 높은 것 같습니다.

두뇌의 유전적 우수성에 대한 이론이 펼쳐지는 참이다. 여기에 한몫 거들면서 '환경 결정론'이 다시 계급재생산과 교육의 상관관계를 튼튼히 엮는다는 '상식'이 전개된다.

※인테리어 ※셀프등기 ※주택자금 대출 ※포장이사 ※부동산 서점 ※주택복권
개포시영, 개포6차 우성
02)572-6090
대치점
02-555-7474 click!!
은마아파트 매매
전,월세 전문 취급
현재위치 : Home > 아파트 홈 > 현재시세 > 서울 강남구
조사일 : 2004.05.5
현재시세
서울특별시 강남구
읍/면/동
아파트명
검색
개포동
논현동
대치동
도곡동
삼성동
수서동
신사동
압구정동
역삼동
일원동
청담동
※ 해당 동/마을을 선택하시면 아파트별 상세 시세정보를 확인하실 수 있습니다.
서울특별시 강남구 우리아파트 게시판
글쓰기
번호
제목
글쓴이
조회
추천
등록일
2982
압구정동? 청담동?
아미맘
1869
1
2004/01/14
2981
이런경우도..
교육인
845
2
2004/01/15
2980
치맛바람과 대학에 입학하는 것은 상관 관계가 없습...
김현식
1285
3
2004/01/14
2979
도움말씀 감사합니다...
아미맘
488
0
2004/01/15
2978
홍소..근데..공부잘하는 것도 집안 내력인듯.
순풍
1160
4
2004/01/14
2977
어쩔 수 없죠....^^
조상민
721
1
2004/01/15
[1] <<이전 [201] [202] [203] 【204】 [205] [206] [207] [208] [209] [210] 다음>> [700]

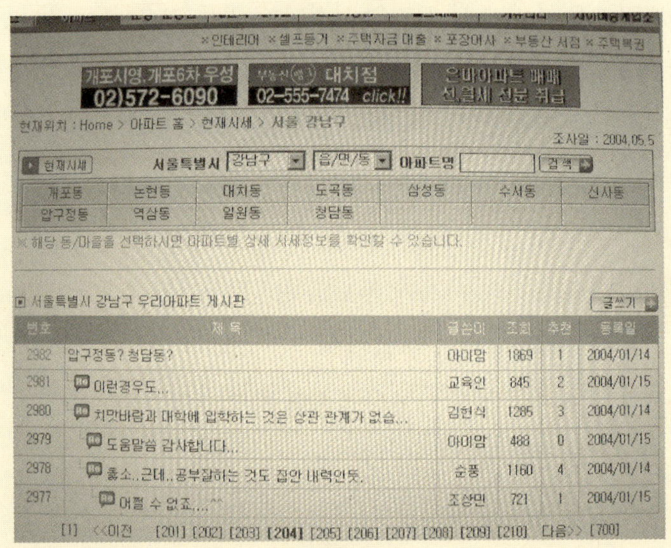

강남학군

뉘집 아들은 집에 들어가면 어머니가 간식해주시고.

아버지는 서재에서 책 읽고 계시고…

동네에 유해환경도 없고… 주변에 공부하는 친구들이고.

반면 어떤 집 자식은… 부모는 맞벌이 하면서…

아버지란 작자는 술마시고 와서 행패고…

용돈도 안주고… 동네에는 양아치 천국이고 …

이래서 강남, 목동, 잠실 등이 좋더라구여… 쩝…

단순무식하게 말씀드리자면…

강서구의 k고교…(저 고등학생 때 모의고사 서울시 꼴찌)

강남구의 d대학부속고(모의고사 1등 수차례) 서로 학생들을

바꿔논다 해도… 결과는 같을겁니다. 그만큼 동네 환경과 집안

분위기가 학생들 학업에 미치는 영향은 상당한 것이죠…

이상 강북 모지역과 영등포에서 우울한 학창시절을 보낸 한 젊

은이의 주절주절이었습니다. ^^

여기에 대해, 위에서 자녀를 청담초등학교에 보내면서 이미 강남

문화를 몸에 담고 그 논리의 대전제를 공유하며 의심하지 않던 글

쓴이가 놀랍게도 자신의 입지전적 과거와 함께 '어떻게 해서라도 자식들만은 명문대학에 입학시키고야 말리라' 는 결연한 의지를 자못 '감동적인' 어조로 적기 시작했다. 지금 강남의 주민들 중 적지 않은 수가 '본래부터 강남인' 은 아니었다는 것을 보여 주는 것이기도 하다. 그들의 결연한 의지와 그들을 강남에 '입성시킨' 에너지는 무엇이었을까?

제 목	그렇다고 우리네 삶을 포기할 수는 없지요
글쓴이	김00(htrew000)
아파트	서울특별시 강남구 구현대5차 아파트
조회수	310 추천수 2 작성일 2004/01/15

영등포에서 태어나 홍은 2동 산등성이에서 자라면서 군에 입대했습니다.

아버님은 약주를 좋아하셨고 어머님은 국수를 맛있게 잘 삶아 주셨고 용돈이라는 단어는 기억이 희미하고 동네에는 가끔 양아치 비스무리한 양반이 있었습니다. 그때의 일반적인 약간 가난한 모습이지요 편한 점은 단지 친구가 포방터 · 독박골에 있어서 학교 친구들이 쉽게 보지는 않았지요

저는 자본주의와 도시의 현실만을 탓하지 않겠습니다.

그냥, 이상향이 있다면 성인이 게으르거나 병이 있거나 운이 없거나 방탕하게 생활하여

가난한 것은 그 당신 세대로 끝나는 세상입니다.

애들이 공부를 통해 꼭 일어나야 됩니다.

아이큐가 90이상이면 서울대에 갈 수 있습니다.

과외도 안 받는데 어떻게 되냐고요!

소형 아파트에 살아도 동네 보습학원에 다닐 수 있을 정도면 분명히 할 수 있습니다.

바로 공부에 대한 집중력입니다.

상대적 빈곤에 절망하기보다 그것을 이겨내려는 헝그리 정신과 집념으로 뭉쳐 책이 눈빛으로 타 없어질 정도로 공부를 들고 파면 꼭 됩니다.

애들한테 동기가 부여되도록 꼭 노력합시다.

그렇다면 술도 절제하고 눈꺼풀이 내려와도 퇴근해서 애들의 손을 잡고 가끔 삶에 대한 격의 없는 격려와 사랑을 보냅시다.

성실하면 누구나 행복한 사회가 되기를 꿈꾸며.

제 목	님의 글에 감동먹었습니다….
글쓴이	조OO(artcc)
아파트	서울특별시 강남구 압구정동 구현대5차 아파트
조회수 251	추천수 0　작성일 2004/01/15

좋은 글 보게 해주셔서 감사합니다…^^

그런데 나는 왜 여기서 막막하고 허탈한 느낌을 갖게 되는 것일까? 다음 글은 이런 허탈함을 기다리기라도 했다는 듯, 강남문화를 따라가는 주민 중 한 사람이 동시에 자기가 추종하고 있는 강남의 교육환경조차도 기초가 없고 불안하고 막막할 뿐이라는 의심 속에 회의하는 것을 보여 준다. '원정출산' 과 '조기유학' 에 대한 유혹이 거기에 배어 있다. 그리고 물론, '조기유학' 을 떠나는 비율이 가장 높은 것 또한 서울의 강남지역에서 학교를 다니던 학생들이다. 남들이 그렇게 입성을 꿈꾸는 강남지역의 한복판에서 그 좋다는 학교에 다니고 있는 '좋은 환경' 속의 행운아들이, 이제 교육을 통한 계급재생산의 길로 당당히 들어서지 못하고 조기유학을 꿈꾸는 것은 또 무슨 모순이란 말인가?

제 목	우리나라의 교육제도는
글쓴이	순풍(prince2)
아파트	서울특별시 강남구 압구정동 구현대5차 아파트
조회수 47	추천수 0　작성일 2004/01/15

우리나라 교육제도 보면 머리가 아무리 좋고 뛰어나도 시험 당일 컨디션이 좋지 못하면 실패할 수 있고, 따라서 메이크업 하려면 일년을 다시 재수해야 하는 일도 많지요

따라서 대한민국에서 명문대를 가려면 실력과 두뇌, 운도 따라 주어야 하는 게 너무 가슴 아픕니다.

미국 같은 경우만 하더라도, 지금 당장 아이비리그를 못가더라도 커뮤니티 칼리지를 들어가서 전학할 수 있는 기회도 많이 주어지잖아요. 운이 아니라 노력에 의한 실력으로 들어가는데…

민족사관고 교장선생님이신가 하시는 분 말씀이 기억나네요. 아이비리그 대학 보내는 것보다 서울대 보내는 게 더 어렵다구. 전 솔직히 가끔 원정출산에 대한 문제가 텔레비를 통해 방영되는 것 보면 다른 분들한테 돌팔매 맞을지 모르겠지만 일부분은 이해가 갑니다.

원정출산을 통해서 자기아이들을 선진국의 시민을 만들기 위해서 미국으로 원정가는 사람 없을 것입니다. 다 교육문제 운운하지요.

우리나라는 왜 자립형 사립고의 규제가 심한지 이해가 안가요. 가까운 나라 중국도 자립형 사립고가 있다던데.

우리나라에서는 십년 전에 삼성재단에서 강남의 중동고교를 영국의 이튼스쿨처럼 만들려고 하다가 실패했잖아요. 각종 규제 때문에…

지금 교대나 사범대에 진학하려고 하는 학생들이 많답니다.

그 이유가 일단 학교선생되면 짤릴 염려는 없거든요.

그러니 선생들이 공부를 할 필요가 없으니 학생들한테 무시당하고 학원강사들한테 밀리죠.

우리나라에 능력없는 학교선생들부터 짤라야 된다고 생각합니다.

앞으로 향후 10년 동안 중, 고교가 들어선다고 하는 데, 학교만 들어서면 뭐하나요. 아직도 공립학교는 이십년 전에 쓰던 책걸상 쓰고 있던데…

이렇게 정리할 수 있을까? 그러니까 교육환경과 교육기회를 통한 계급재생산을 지향하며 배치되는 한국의 공간 논리는 다음과 같은 위계를 갖는다는 것이다:

대체로… 서울이 아닌 지방에 살고 있는 사람들은 가능하면, 무슨 수를 쓰든 자녀를 서울에 있는 학교에 보내려 한다. 그리고 자신도 서울로 이주하는 것이 중요한 목표다. 그것이 어려운 경우는 시초부터 좌절한다.

→ 서울로 이주한 사람들, 즉 서울 사람이 된 이들은 다시 강남 진입을 꿈꾼다. 강남이야말로 자녀들의 교육적 성공의 기회 확률이 가장 높은 땅으로 인식된다. 강남에 있는 학교에서 소위 명문대학에 합격하는 비율은 갈수록 높아진다. 공교육 현장의 환경뿐 아니라, 이미 형식적 평등주의의 구호 아래 헛돌고 있는 공교육에는 별로 의존하지 않고 있는 현실 때문이다. 그리고 강남 '지역문화' 의 분위기 또한 그것을 강화한다.

→ 한강의 이남이 모두 강남은 아닌 것처럼, 강남구라고 모두 알짜배기 강남인 것은 아니다. 특히 교육환경의 지리적 근접성 차원에서는 '명문 학원가' 와 '유명 과외교습소' 의 중요성이 학교의 그것을 앞선다. 그래서 신사동보다는 청담동, 청담동보다는 압구정동,

강남의 학원가

압구정동보다는 대치동의 위계가 더 높다. 이런 구별짓기는 역동적인 움직임을 갖고 있거니와, 그 사이의 구별짓기도 그만큼 어지럽게 세분화된다.

→ 그러나, 그렇게 어렵게 공부해도 한국의 명문대학 가기는 어렵다. 설령 한국의 명문대학을 가도 한국 대학교육의 질적 수준 또한 문제가 많다. 소위 서울대학교를 나와도 취직하기가 어려운 현실이다. 오늘날 전지구화 시대를 맞은 세계에서 안정적이면서도 우월한 지위를 누리며 직업 활동을 하고 살아가는 것은 점점 더 어려워진다. 기대수준들은 모두 높아졌는데, 그리고 각종 문명의 이기를 누리며 성장한 세대는 힘든 일을 하는 것에 적응조차 잘 되지 않는데, 현실이 그런 세대의 직업적 요구조건을 충족시켜주지 못한다. 높아진 기대수준을 충족시키려면 아예 외국의 명문대학을 나와야 한다. 그래서 '외국어 고등학교' 들을 위시한 몇몇 사립 고등학교의 우등생들은 곧바로 외국 대학, 그중에서도 미국 명문대학 진학을 목표로 삼는다. 그 기회를 일찍부터 더 넓힐 수 있는 길은 아예 대학 시절 이전부터 부모 중 일부와 함께 해외 우수 고등학교를 다니는 것이다. 조기유학은 그래서 강남사람들 중 적지 않은 이들의 지향점이다. '조기유학' 에 유리한 조건을 만들기 위해 '원정출산' 도 유행한다. 어차피 문제 많고 한계가 많은 한국의 시스템을 벗어나, 아예 처음부터 자녀들, 또는 자신들이 '이 땅을 떠나는' 길을 고려하는 것이다.

→ 결론적으로, 이 땅에는 이런 중심성을 향한 끝없는 지리적 이동의 목적지가 존재하지 않는다. 그토록 있는 힘을 다해 진입하고

자 한 강남, 그토록 많은 사람들의 한 맺힌 지향점인 강남의 한가운데는 궁극적인 실체가 없이 횅뎅그레하니 비어 있다.

3. 에필로그

제 목	비교적 그렇다는 거지요~··;
글쓴이	조OO(artcc)
아파트	서울특별시 강남구 압구정동 구현대5차 아파트
조회수 318	추천수 1　　작성일 2004/01/15

제 글이 너무 편협했지요? ^^;

제 말은 그만큼 동네 환경과 주민 수준이 중요하단걸 말씀드리는 겁니다.

사실 까놓고 보면 그렇잖아여..^^

물론 님의 말씀에도 공감을 합니다. 저 역시 영등포 소재의 모 고교출신이지만 강남권학생 부럽지 않았습니다.

(에구…이거 자기 자랑하냐고 욕하지 마셔여~^^;)

그런데 고교 때 제 주위의 친구들을 보면…좀 안타까운 녀석들이 몇몇 있었구여…

지금도 그 친구들과 만나면 이런 얘기를 하곤 합니다.

"그때 우리가 저쪽 지역에서 학교를 다녔다면 어떻게 되었을

솔직히 말하겠다. 현재 강북에 살고 있는 나, 글쓴이도 강남을 꿈
꾼다. 사실 나는 강남문화가 은근히 무섭다. 내가 적응하기에 만만
치 않은 생경한 분위기가 느껴진다. 소위 대학에서 교수질을 하는
내가 그렇게 느낀다면, 얼마나 많은 다른 사람들이 혹은 신비감과
혹은 거부감으로 강남문화를 볼 것인가. 하지만, 나도 할 수만 있다
면 강남으로 이사를 가고 싶다. 내가 일하는 대학의 교수들이 거주
하는 곳을 행정구역으로 나누어 보면 강남구 거주자의 비율이 가장
높다. 그 다음은 서초구와 송파구다. 소위 "뭐라고 떠들어도… 그들
도 결국은 강남인들…"이다.

　강남문화를 비판하는 글을 쓸 것이라 기대한 편집자와 독자들이
배신감을 느낄지 모른다. 사실 나 혼자 몸이라면 어디 산들 큰 문제
가 없다고 생각한다. 결혼을 하지 않았고 아이를 낳지 않았다면, 나
는 북한산이 가까운 한 동네에서 아담한 작은 방 한 칸을 얻어 아주
행복하게 살았을 것이다. 하지만 결혼을 하고 또 아이를 낳으면서,
그리고 그 아이의 장래를 생각하면서, 가능하다면 확률적으로나마
더 좋은 교육환경을 아이에게 제공해 주고 싶어하는 것이 모든 부

모의 솔직한 바람이다. 경제적으로 그런 여건이 허락한다면 말이다. 그리고 그런 여건을 마련하기 위해서 많은 사람들이 돈을 벌려고 죽어라 일을 한다…내가 지금 열심히 절약하고 저축하는 돈도 어쩌면 그 상당 부분이 나중에 강남에 집을 마련하기 위한 자금으로 들어갈지 모른다. 그러던 참에 강남의 집값이 하루가 다르게 치솟는다는 소식을 들으며, 나는 좌절감에 분통이 터졌고 입에서 욕설이 쏟아져 나왔다. "저놈의 집값을 잡지 않으면 이 나라가 망할거야!"라고 그런데, 돌아보면 사실 우스운 이야기가 아닌가. 모두가 기를 쓰면서 그곳으로 들어갈 생각을 하지 않는다면야, 한 동네의 집값 상승과 국가경제 전체와 무슨 관계가 있는가. 사람 살 곳이 그곳뿐이겠는가.

오늘 아침 라디오 뉴스에서 들었다. 심각할 만큼 빠르게 진행되는 출산율 저하 문제를 극복하기 위해 정부가 특별정책을 강구중이란다. 아이가 태어나면 무조건 20만 원의 축하금을 주고, 둘째 아이부터는 교육비의 일부를 보조하는 방안을 모색한단다. 신문을 펼치니 신문만화가 걸작이다. 실업난과 치솟는 생활비, 집값, 사교육비들이 죽음을 뜻하는 해골로 그려져 있다. 그 앞에서 정부는 아이를 "낳아라, 낳아라" 외치면서 출산 축하금 20만 원과 교육비 일부 보조라는 지푸라기 몇 개를 잡고 흔들어댄다. 나는 그보다 더 무서운 것이 시한폭탄처럼 다가와 있는 환경문제라고 생각했는데… 역시 신문만화는 정부더러 경기부양을 하라고 외치기만 하고 더 큰 지구 생태계의 근본적 환경의 붕괴는 도외시하고 있다.

강남에는 교육문제의 해결책이 없다. 강남에는 교육문제의 또 다른 파국이 기다리고 있다. 한국 현대사의 좁은 울타리 속에서 한계가 뻔한 절벽이 막혀 있다. 허나 사람들이, 나를 포함해서 많은 사람들이, 그곳에서 아이를 키우는 것이 확률적으로, 그리고 적어도 당장 단기적으로는, 더 나은 교육기회를 아이에게 주는 것이라고 믿는 한, 많은 사람들은 '무슨 일이 있더라도 내 아이만은' 강남에서 키우고 싶어할 것이다. 그래서 강남은 무슨 부동산 정책이 나오건 여전히 사람들의 피땀 어린 돈과 한숨과 노력을 빨아들이는 자석 역할을 계속할 것이며, 권력과 위계의 중심지 — 실은 궁극적으로 그 내용이 텅 빈 허망한 중심지인데도! — 역할을 계속할 것이다. 현재의 강남이 아니라 판교 신도시 혹은 또 다른 어떤 새로운 강남이 생긴다 하더라도 말이다. 보다 장기적이고 보다 대국적인 시각과 방안은 요원하다. 그것이 현단계 한국사회의 수준이 감당하는 스케일의 한계다.

대안의 희망을 섣부르게 찾지 않겠다. 어떤 '정책'이나 계몽적 리더십에도 의존할 필요가 없다. (아니, 사람들이 모두 교육을 통한 계급이동과 계급재생산의 꿈을 버린다면 문제는 해결될 테지만 말이다… 그게 아니면, 인간이 아예 차별성을 추구하지 않는다면, 그래서 외형적으로는 지독한 평등주의를 강요하고 도덕적으로 그것만이 옳다고 하면서 개별적으로는 모두가 차별적 우월성 확보를 꿈꾸는 한국문화의 이중논리를 넘어선다면 문제가 해결될지도 모른다! 정말 대낮의 몽상들이다…)

사람들은 눈앞에 보이는 개별적인 이익의 단기적이고 근시안적 결과를 결코 쉽게 포기할 수 없다(나도 마찬가지다!). 보다 처절하게

절망하고 상처들이 곪아터져 문제를 낱낱이 정면으로 직시하는 상
황에 이른 뒤에야 비로소 다른 물결이 꿈틀거리기 시작할 것이다.
거기에 이르기에는… 아직도 한참 멀었다. 사회구조는 다시 그 영
향을 받아 이동하기 시작한 것 같다. 당장 사람들이 아이를 낳지 않
기 시작했다. 지극히 이기적이고 현실주의적인 계산에 의해 출현한
아이 없는 웰빙(well being)족들이 오히려 실질적인 사회변화를 만들
기 시작했다. 이것이 사물 그 자체의 힘이다.

1. 지하철형 문화의 탄생

당신은 하루에 얼마만큼의 시간을 지하공간에서 보내는가? 나는 직장과 집을 오가면서 하루 평균 한 시간 이상을 지하에서 보낸다. 서울이라는 대도시에서 이곳저곳을 움직일 때 내가 가장 많이 이용하는 이동수단은 바로 지하의 통로를 따라 움직이는 시스템이다. 2004년 현재, 서울에 지하철이 없다면 어떻게 될까? 지하철이 부분적으로만 파업을 해도 서울시 전역에서 교통대란이 일어난다. 지하철이 없어진다면 여러 가지 복잡한 문제가 야기될 것이 분명하다.

지상 도로가 지하철을 대체하는 온갖 자동차들로 혼잡을 더할 것은 차치하고라도, 많은 사람들이 도시 공간을 움직이기 위한 방향감각을 상실하고 혼돈을 겪게 될 것이다. 직선거리의 개념보다도 지하철을 타고 이동하는 시간 개념에 의해 동네 사이의 거리감각을 익히게 된 많은 이들은 서울이라는 도시를 인지하고 생활하는 방식에서 혼란에 빠질 것이다. 그리고 주거 선택기준과 상업망 형성방식도 대폭 바뀌기 시작할 것이다.

1975년에 지하철 1호선이 개통된 이래 서울의 지하철은 이미 그렇게 우리의 일상적 생활의 시공간과 지각영역, 행동방식을 재편성해 놓았다. 그렇게 보면 지하철은 우선 사람들이 타고 이동하는 교통수단인 동시에, 교통수단 이상의 그 무엇으로서 도시인들의 시공간 행위 논리를 바꾸어 놓았다. 그냥 바꾸어 놓기만 한 것이 아니라 '지하철형'이라는 새로운 시공간 행위 양식을 만들었다. 그리고 그것을 먼저 이해한 사람들은 다시 지하철의 시공간을 둘러싸고 경제적 이익과 정치적 영향력을 얻기 위해 경쟁한다. 각 개인들도 나름대로 이익과 효용을 추구하며 작은 대응논리들을 개발해서 지하철이란 환경을 그들의 몸에 익혀 왔다. 그렇다면 서울의 '지하철형 문화'는 어떤 것인가?

현대 산업사회가 되면서 도시의 공간 범주는 현대 이전과는 비교할 수 없을 정도로 확산되었다. 현대 이전 시대에 도시에서 생활하던 사람들은 기본적으로 보행을 할 수 있는 거리 안에서 도시생활을 했다. 따라서 도시의 크기는 성인 남자가 하루 동안에 간단히 일을 보고 돌아올 수 있는 거리를 크게 벗어나지 않는 규모로 건설되었다. 서울의 사대문 안도 아마 그런 거리를 전제로 한 영역일 것이다. 반면 현대 산업사회의 대도시는 인간의 보행을 뛰어넘는 특별한 시공간의 이동수단에 기반을 두고 한 도시의 공간영역을 극적으로 넓혀 놓았다. 보행을 통해 움직일 수 있는 거리라 해도 하루 동안 많은 곳을 이리저리 움직여야 하기 때문에 그 거리가 갖는 상대적인 의미 또한 변하지 않을 수 없다. 하루에 한 곳만 다녀올 수는 없기 때문이다. 직장과 학교도 가야 하지만 시장도 가야 하고 친구도 만나야 한다. 이제는 이런 모든 일들이 '동네' 안에서 처리되지 않는다. 하루의 행동반경은 급격하게 넓어진 도시 전체 영역에 펼쳐진다.

이렇게 수시로 움직이며 하루를 보내는 현대 거대도시의 주민들이 이용하기에 기존 지상도로망은 너무나 좁고 혼잡하다. 그렇게 보면 서울에 지하철 1호선이 개통된 시기가 1975년이라는 것은 우연한 일이 아니다. 영등포 등을 제외하고는 대부분이 한강 이북 지역에 한정되어 있던 서울은 전국 인구의 급속한 서울 집중현상으로 인해 기존 서울의 도시경계 안에서 더 이상 주거를 마련할 여력도 없고 교통혼잡도 해결하기 어려운 상황이었다. "서울은 만원이다"라는 비명이 울리고 있었고, 그에 따라 강남개발이 모색되고 있던 시기였다. 교통문제 해결을 위해서는 뭔가 아주 특별한 방법이 있어야만 하는 시기였던 것이다. 물론 지하철은 교통수단이다. 그렇지만 한꺼번에 많은 사람들을 일정한 간격으로 실어 나르는 지하철은 교통수단으로서의 의미를 갖는 데 그치지 않는다. 지하철 노선은 그 자체로 빠른 이동성과 함께 고정된 철로의 안정성, 그리고 이

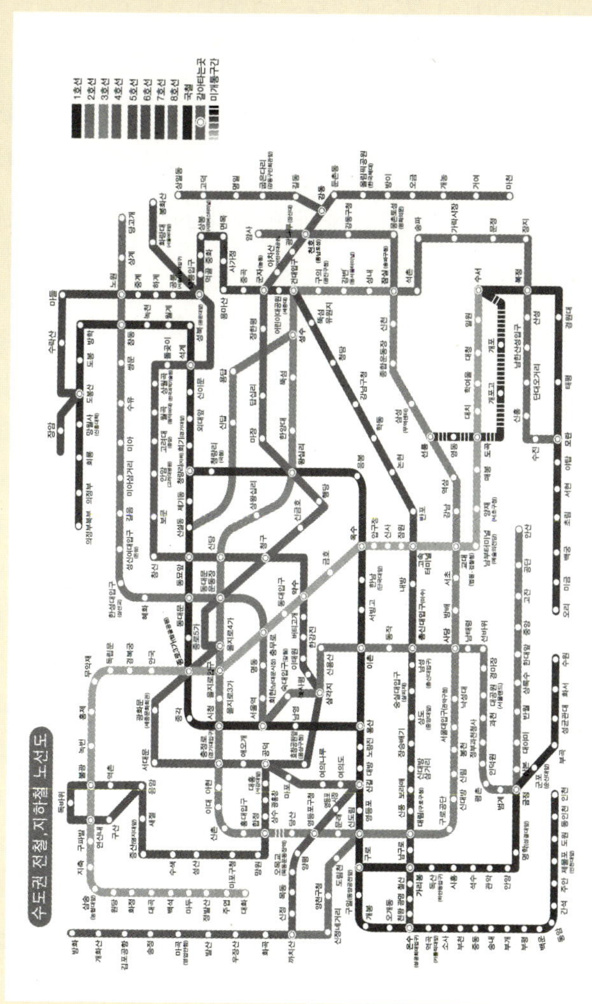
수도권 전철,지하철 노선도
서울의 지하철 노선도
1호선
2호선
3호선
4호선
5호선
6호선
7호선
8호선
국철
길이터는곳
미개통구간

동시간의 일정성을 보장하는 일상적 시스템이 된다. 게다가 지하철은 이러한 독립적 이동통로이자 속도성과 안정성에 더하여 교통망의 주변 공간을 새롭게 재편성하는 보다 적극적인 공간형성의 주체 역할도 하기 시작한다.

안정성을 갖는다는 점, 이동이 지상교통 사정에 관계없이 독자적으로 이루어진다는 점, 대도시 주민 상당수가 지속적이면서 반복적으로 이용한다는 점, 거의 완전한 익명성의 공간이라는 점, 그러면서도 사람들이 밀착하여 접촉하고 상호작용하게 되는 영역이라는 점 등을 배경으로 이제 지하철 나름대로의 공간 내 행위가 누적된다. 그러면서 지하철 이용과 관련된 또 다른 하나의 ‘사회적 행동규칙과 논리’가 만들어진다. 그것은 행동의 의식적, 무의식적 규범과 코드들을 만들며, 나아가 지하철을 둘러싼 새로운 경제행위의 논리와 공간행위, 그리고 인식 체계를 만든다.

2. 이동성과 안정성

서울 지하철을 비롯한 대도시의 지하철이 만들어 내는 문화논리는 여러 가지 시공간적 전제를 바탕으로 독특한 성격을 엮어내기 시작한다. 그 시공간적 전제 중 먼저 거론할 것은 교통수단으로서의 지하철, 즉 ‘이동성’이다. 이동성은 지하철이 사람들을 도시 안에서 빠르게 움직일 수 있게 해 주는 교통수단이라는 기본적 사실에서 연유한다. 지하철 열차들은 노선을 따라 종일 돌아다니고 있다. 사람들은 그렇게 종일 움직이는 지하철 열차에 올라타서 목적지 가까운 곳으로 이동한 다음, 다시 열차에서 내려 자신의 최종 목적지를 향해 간다. 새벽부터 한밤중까지 움직인다는 점에서 지하철은 쉬지 않고 움직이는 도시의 이동 시스템 중 대표적인 것으로 꼽을 만하다.

그런데 이렇게 쉬지 않고 움직이는 지하철의 특성을 좀더 자세히 보면 그 이동성, 즉 움직임에는 다른 어떤 교통수단보다도 고정적이고 규칙적인 성격, 즉 안정성이 있다는 것을 발견하게 된다. 지하철 열차들은 일정한 시간에 맞추어서 역사에 들어와 일정한 시간 동안 멈춰선 다음 다시 떠난다. 멈추고 떠나는 시간을 맞추기 위해서는 운행하는 속도도 일정하게 관리될 필요가 있다. 서울 지하철 역의 승강장 어느 곳엔가는 시작부터 끝까지 그 역에 열차가 들어오는 시간이 요일별로 그리고 분, 초 단위로 적혀 있다. 인구 천만이 넘는 대혼잡 도시, 세계에서 인구밀도가 가장 높은 도시 중 하나인 서울의 시민들이 하루 종일 도시의 이곳저곳을 돌아다니면서도 약속시간을 지킬 수 있는 그나마 유일한 수단이 지하철인 것은 바로 이 같은 안정성과 예측가능성 덕분이다. 일정한 노선을 쉬지 않고 달리는 지하철 열차가 있다는 것을 알고서 대도시 주민들은 하루의 공간이동을 설계하고 시간표를 짤 수 있다.

이처럼 일정한 노선들 위를 일정한 시간에 맞추어 종일 움직이는 지하철을 이용하는 사람들은 각기 다른 목적과 다른 행선지, 다른 직업과 다른 행태들을 가진 다양한 주민들이다. 그 사람들은 부분적으로 집합적 경향성을 보이는 경우도 있지만, 본질적으로는 서로

지하철은 이동성과 함께 안정성, 그리고 규칙성을 보장하는 일상적 공간 시스템
중 하나이다.

아무런 상관이 없는 존재들로서 지하철 주변에서 움직이는 수많은 불규칙적 행동 개체들이다. 한 사람 한 사람의 이동통로와 갈아타고 옮겨타고 또 내리는 곳들이 다르다. 지하철의 영역 안으로 들어섰다가 나가는 복잡한 움직임의 경로와 동기들이 제각각이다. 보행, 정지, 승하차, 방향전환, 행태들이 제멋대로다. 지하철의 같은 칸에 탔다 해도, 처음부터 만나 같이 열차에 탄 사람이 아니라면 서로 아는 사람인 경우가 드물다. 한 마디로 지하철 안에서는 모두가 남이고, 대개가 처음 보는 얼굴들이다. 비슷한 시간대에 같은 버스를 타는 과정에서 잘 모르지만 익숙해지는 얼굴이 있다는 유행가 가사는 있어도 지하철 열차 안에서 같은 시간에 자주 보아서 낯이 익은 사람이 있다는 이야기는 별로 들어 보지 못했다.

이렇게 철저하게 익명적인 관계의 사람들이 제각기 개별적으로 움직이는 공간이지만 지하철 열차 안은 그런 남들이 아주 가까운 거리에서 밀착한 채로 시간을 보내야 하는 공간이다. 물론 서울의 시내버스도 그런 익명성과 밀착성을 가지고 있다. 하지만 지하철의 익명성과 밀착성은 그 정도가 다르다. 좌석과 입석, 그리고 동선의 구조로 볼 때 지하철 열차 칸에 올라탄 승객들은 전후 좌우 모든 방향에서 남들과 밀착된 채 앉거나 서서 일정 시간을 보낼 가능성이 높다. 평소에 잘 아는 사람과도 갖기 어려운 가까운 거리에서 말이다. 그 결과 지하철 열차 안은 난생 처음 보는 수많은 남들과의 밀착된 거리를 강제하는 공간임에 따라 나름의 특별한 시각, 청각, 후각, 촉각 전략과 경험의 장이 된다. 그것이 곧 지하철형 문화 영역을 구성하는 또 다른 요소다.

한편 이동성, 안정성, 익명성, 밀착성과 함께 지하철형 문화를 구성하는 요소들이 있다. 그것은 열차만이 아니라 지하철 역사를 구성하는 여러 공간들, 그리고 지하철역 밖으로 나가 만나게 되는 지상의 영역들과 관계있다. 지하철 열차와 역사의 각 공간들에 나름대로 부여되는 각기의 시간 논리와도 관계가 있다. 이제 이런 것들을 함께 고려하면서 서울 지하철의 문화적 영역과 행위, 성격을 구체적으로 들여다보자.

3. 도시의 새로운 이정표

이동성과 안정성을 동시에 확보하는 지하철을 타고 내리는 곳이라는 점에서 지하철역은 도시 내에서 새로운 공간적 의미를 획득했다. 그 대표적인 것은 급변하는 도시의 공간들 틈에서 지하철역이 거리와 방향감각을 찾도록 도와주는 이정표 역할을 하는 것이다. 대도시 내의 건축물들 중 이전의 것이 없어지고 새로운 것이 올라가는 주기는 전보다 훨씬 빨라졌다. 워낙 인구가 급격하게 증가하고 건축행위도 시간을 다투고 벌어져서, 어느 동네를 찾아갈 때 5, 6년 전의 기억만으로는 목표하는 곳을 되찾기 어렵다. 새로 생기는 동네도 많고 없어지는 동네도 있다. 그런 곳에서는 동네에 대한 정보와 기억이 만들어질 시간의 축적도 부족하다. 한동안은 간판에 쓰여 있는 업소 이름들이 길을 찾는 정보 역할을 했지만, 업소 이름과 업종이 바뀌는 주기마저 짧아지다 보니 그것도 그리 안전한 장치가 못된다.

　도시 내 이곳저곳을 찾아가는 교통로와 수단도 애매하다. 이러한 불확실성 속에서 지하철 노선도는 가장 확실한 지도이자 지표이며, 지하철역의 존재를 가리키는 표석은 걷는 사람이나 자동차를 타고 가는 사람들에게 가장 분명한 이정표다. 사람들이 약속장소를 정하거나 길을 가르쳐 줄 때도 지하철 역사는 중요한 역할을 한다. 그래서 지하철역에서 가까운 서점이나 백화점 로비, 쇼핑몰 광장, 패스트푸드점은 약속시간 즈음에 만날 사람들을 기다리는 인파로 북적인다. 지하철 몇 호선을 타고 와서 어느 역에서 내리라고 하는 것이 가장 보편적인 약속장소 정보이기 때문이다. 어느 지하철역이라는 말만 하면 설명이 필요없이 누구나 한 장의 노선도에서 목적지를 손쉽게 찾을 수 있을 만큼 정보가 보편화되어 있다.

　이렇게 혼잡하고 급변하는 대도시의 시공간 속에서 상대적인 안정성과 정보의 보편성, 교통의 확실성이 보장되는 지하철의 역사는 '지하철 역세권'을 형성한다. 도시 각 곳으로 이동해 갈 수 있으며, 이동해 오는 사람들이 쏟아져 나오는 지하철역 부근은 주거지와 근린 상업시설들을 발전시킨다. 그렇지만 그 결과 만들어지는 지하철역 주변 동네는 하나의 독자적인 영토를 가진 예전의 마을 공동체가 될 수 없다. 같은 지하철역 주변의 아파트와 주택에 사는 사람들은 지하철역을 통과해 도시의 곳곳으로 흩어져 간다. 그리고 저녁이면 다시 곳곳에서 모여 들어와 지하철역을 거쳐 각자의 집으로 흩어져 들어간다. 어차피 이사가 잦은 현대 도시인의 생활패턴까지 감안하면, 한 동네에 산다는 것의 의미는 더욱 감소된다.

지하철 역사라는 구조물은 그 자체로서도 적지 않은 새로운 행위 패턴을 만들어 낸다. 그 행위 패턴은 각 공간영역을 옮겨 가면서 움직이는 사람들의 속도를 결정지으며 지향성과 정보 송수신 형태를 변화시킨다.

지하철 역사에 접근해 안으로 들어가려면 우선 위로 올라가거나 아래로 내려가야 한다. 대개 지표면의 도로에서 계단 등을 통해 땅 속으로 내려가고, 보다 드물게 육교 등을 통해 올라가는 역사도 있다. 한 차례 상승 혹은 하강이라는 층위 이동을 한 다음에 만나는 것은 매표소와 역사 로비다. 아직 표를 구입하지 않은 사람들도 접근이 가능하기 때문에 이곳은 여러 행위주체들의 '만남의 광장' 역할도 한다. 주변을 이동하는 사람들에게는 지하통로 역할을 한다. 지하철과 관련되든 되지 않든 많은 사람들이 움직이는 공간인 까닭에 지하철 매표소가 있는 층에는 여러 가지 가게들이 자리를 잡는 경우도 많다. 공중전화 박스도 여기에 놓여 있고, 커피와 스낵코너도 이 층에 있다. 현금인출기와 수족관, 작은 식물원과 무인 독서대도 이 층에 위치한다.

이 공간에서 경계를 지워주는 것은 승차권 개찰구다. 경로우대증을 가진 노인과 유소아기 어린아이들을 제외하고는 일정한 금액을 지불한 사람들만이 통과할 수 있는 곳이다. 본격적으로 열차를 타는 곳, 목적이 분명하고 움직임의 방향성이 명확해진 사람들이 통과하는 곳이다. 그래서 개찰구를 통과한 뒤의 사람들은 매표소가 있는 로비 층에서 움직이는 사람들에 비해 움직임의 속도가 빨라진다. 이렇게 분주해진 발걸음은 승강장에 도착할 때까지 멈추지 않는다.

하지만 일단 승강장에 도착해서 자리를 잡으면, 그때까지 급하게 뛰던 사람이나 잰걸음으로 움직이던 사람들 모두가 갑자기 느긋해진다. 열차가 아직 도착하지 않았을 때는 뛰어보아야 소용이 없다. 더 이상 나아갈 곳도 없다. 그래서 사람들은 다시 정신을 가다듬고 자판기에서 커피를 한 잔 뽑아 마시거나, 주변을 둘러본다. 승강장 좌석에 앉아 잠깐 눈을 붙이기도 하고 책도 꺼내 읽는다. 특히 신문 가판대로 다가가 그날의 신문기사 제목들을 훑어본다. 이때는 사람들의 눈길을 단번에 잡아끌기 위해 경쟁하는 충격적이고 선정적인 제목들이 한 몫을 한다. 승강장에서의 이 몇 분간의 머무름은 새로운 형태의 신문들을 탄생시키고 새로운 업종들의 마케팅 공간들을 만들어 냈다. 지하철 역사 내에서 움직이는 사람들이 보여 주는 리듬, 이 행동의 흐름과 규칙이 도시 정보경제에 다시 영향을 미치는 것이다.

이윽고 열차가 다가오면 승강장 일대는 갑자기 부산해진다. 뒤늦게 계단을 내려오던 사람들이 달리기 시작하는 것도 이때다. 열차를 기다리던 사람들이 열차에 올라타고, 내리는 사람들은 그들대로 인파를 헤치고 바삐 걸어 나간다. 열차에서 내리는 사람들 중 승강장 부근에서 머뭇거리는 사람은 많지 않다. 그들이 여기에서 더 이상 기다리거나 머물러 있을 이유는 없다. 부지런히 걸어 역사의 각 단계를 통과해 밖으로 나가는 일만이 남아 있다. 개찰구까지 거의 멈추지 않고 이동하는 하차객들은 개찰구를 빠져 나와 목적지로 직행하거나 개찰구가 있는 역사의 로비에서 전화를 걸기도 하고 다시

이정표를 따라 각자의 목적지를 향해 가는 사람들

만날 사람을 기다리기도 한다. 역사 바깥의 이른바 '역세권'을 향해 각기 흩어져 나갈 준비를 하는 것이다.

4. 객차 안의 역설

지하철 역사의 각 단계를 각기 그에 맞는 속도와 행동방식을 취하며 이동해 온 승객들이 지하철 열차에 올라타면, 거기서는 또 다른 형태의 시공간 논리가 펼쳐지기 시작한다. 대략 1분 30초에서 3분여 사이에 한 번씩 열리고 닫히는 출입문들이 사방에 배치되어 있는 지하철 열차 안은 달리다 서다를 반복하는 이동 공간이다. 새벽부터 한밤중까지 노선을 따라 계속 움직이고 있는 이 열차의 객차에서 수시로 열리는 문을 통해 사람들은 아무 역에서나 올라타고 또 내린다.

움직이는 열차는 움직임의 규칙성으로 인해 안정적인 곳이다. 그 속도의 규칙성과 배치간격, 정차규칙 등에 관해 일년 열두 달의 모든 운행계획이 정해져 있을 정도로 안정적이다. 천재지변이나 심각한 예외가 없는 한 항상 예측이 가능한 세계인 것이다. 그러나 한편 지하철 열차는 어떤 사람들이 어떤 역에서 어떻게 올라타고 또 내릴 것인지가 각 승객의 완전한 자유에 맡겨져 있어서 불확실성과 익명성이 높은 공간이다. 열차의 움직임 자체가 역설의 공존 형태로 이루어져 있다. 열차의 움직임이 멈추어진 정차 시간 동안 사람들의 움직임과 불규칙성이 가장 높고, 열차가 빠른 속도로 움직이고 있는 이동시간 동안 사람들은 객차 밖으로 움직일 수 있는 가능성이 없이 가장 안정적인 형태로 머물러 있다.

5. 시선 처리 대작전

사람들이 비교적 좁은 공간에 밀착되어 머물지만 그들 사이의 관계는 일면식도 없다. 이곳은 면식을 틀 동기도 존재하지 않는 완전한 익명성의 공간이다. 따라서 긴장이 감돌고, 그 긴장을 처리하기 위한 새로운 작전들이 전개되기 시작한다. 가까운 거리에서 얼굴을 마주대하게 되는 물리적 조건을 '처리' 하기 위해, 우선 시선을 교묘히 돌리거나 눈을 감는 등 다양한 방법들이 개발된다. 그래서 지하철 객차 안에서는 간단한 독서행위와 신문읽기, 음악듣기, 눈감기, 객차 안 여러 곳에 배치된 광고물들 바라보기 등이 만발한다. 지하철 객차 안만큼 내가 평소에 관심을 두지 않던 광고물을 열심히 곱씹어 가며 읽는 곳이 또 있을까?

그런데 지하철 객차 안에서의 시선처리는 시선을 피하기 위한 것만으로 일관되지 않는다. 주위에 있는 사람들과 물건들에 대한 호기심 또한 어쩔 수 없기 때문이다. 그래서 흘끔흘끔 쳐다보기, 맞은편 쪽의 유리창을 통해 비친 옆자리의 승객 훔쳐보기, 옆 사람이나 맞은편에 선 사람이 펼쳐 읽는 신문기사 넘겨다보기 등을 수시로 구사한다. 시선처리의 고통, 시간 때우기의 절박함에 대한 동병상련이 있는 것일까? 서울 지하철에서 신문을 읽는 사람들 중 적지 않은 이들이 열차에서 내릴 때 읽던 신문을 좌석 위쪽 짐칸 위에 올려 놓는다. 그것은 지하철 객차 안에서 시선처리와 시간처리를 위해 기능했던 신문이 열차를 내리는 사람에게 제 역할을 다 마쳐 버렸다는 것을 뜻한다. 그리고 자기처럼 시선처리와 시간처리를 위해 그 무언가를 원하게 될 다른 승객에게 시선과 시간처리의 기구를 넘겨주는 것을 뜻한다. 그것은 익명성으로 가득 찬 지하철에서 알지 못하는 그 누군가에게 넘겨지는 것으로 그나마 '공동운명 의식'을 느끼게 하는 것 같아 왠지 쓸쓸하면서도 모호하게 따뜻한 여운을 남긴다. 마치 공중전화에서 잔돈이 남았을 때 전화를 끊지 않고 그 돈을 다른 사람이 이용할 수 있도록 수화기를 전화기 위쪽에 올려놓는 행동과 비슷하다. 또는, 고속도로를 달릴 때 맞은편에서 오는 자동차가 저 앞에 교통경찰이 속도단속을 하고 있다는 것을 알려주기 위해 헤드라이트 불빛을 깜박여 주는, 알지 못하는 운전자들 사이의 애매한 공존공생 의식과도 연결되는 것인지 모른다.

6. 객차 안 '명당자리' 차지하기

좁은 익명성의 공간에서 발생하는 또 다른 역설은 공공성의 원리와 개인성 추구 사이의 대립적 공존이다. 지하철 열차 안은 공간으로 치면 가장 공공적인 곳 중 하나일 것이다. 승객 중 그 누구도 열차 안의 어느 한 귀퉁이를 자신의 독점적인 영역으로 확보할 수 없고, 그런 권리를 주장할 수 없다. 여러 사람들이 같이 쓰는 공간, 그것도

지하철 객차 안에서 사람들은 좁은 공간에 서로 밀착되어 머물지만, 그들의 관계
는 일면식도 없는 철저한 익명성이다.

혈연이나 지연, 학연 등 흔히 이용되는 관계망의 내용에 따른 특수성과 예외가 개입되지 않은 채 가장 일반적이고 보편적인 차원에서의 공공성이 전제되어야 하는 공공 공간이다. 그런데 그런 공공 공간 안에서도 사람들은 보다 많은 개인적 이익과 독점성을 향해 야금야금 자기 나름의 방책을 모색한다.

그 대표적인 것이 바로 좋은 자리차지하기 작전이다. 승강장에서 열차에 올라탄 승객들은 열차를 타고 가는 동안 의식적으로나 무의식적으로 자신이 위치할 최상의 자리를 탐색한 뒤 그리로 접근한다. 승객이 상대적으로 적어 좌석에 여유가 있을 때도 사람들은 아무 곳에나 걸터앉지 않는다. 가만히 보면 지하철 객차 안에 널려 있는 좌석들 중에서도 거의 예외 없이 선호되는 곳은 길게 놓여진 의자의 양쪽 끝자리들이다. 사람이 적은 지하철 열차에 타 보면 의자의 양쪽 끝자리부터 채워지는 것을 볼 수 있다. 심지어 끝자리 옆에 앉아 있던 사람들도 끝자리에 앉은 사람이 하차한 다음에는 끝자리로 옮겨가 앉는다. 의자의 양 끝자리에는 대체 무엇이 있는 것일까? 누가 거기다 꿀을 발라 놓았나? 그렇다. 일종의 꿀이 있다! 우선 끝자리는 좌석 중에서도 출입문에서 가장 가깝다. 따라서 열차에서 내릴 때 쉽게 내릴 수 있고, 지하철이 붐빌 때도 빠져 나가기에 용이하다. 그뿐 아니라 양 끝자리는 한 사람과만 어깨를 나란히 하게 되고, 나머지 한쪽은 손과 어깨를 비교적 자유롭게 움직일 수 있는 곳이다. 의자 끝에 배치된 팔 받침에 팔을 걸쳐 놓고 그쪽으로 마음 놓고 기대앉아도 되고, 기댄 채 잠이 들어도 별 문제가 없는 곳이다. 물론 지하철 객차는 잠을 자는 사람들을 위해 마련된 공간은 아니다. 그렇지만 익명성과 공공성이 가장 극명하게 주장되는 지하철 열차 안에서 승객들은 상대적으로 편안한 자세와 행동을 취할 수 있는 공간, 달리 말하면 개인성이 최대로 현현될 수 있는 공간을 추구하게 된다. 그래서 입석보다는 좌석, 좌석 중에서는 다른 사람과의 접촉이 가장 적고 개인성은 가장 안전하게 확보되는 양 끝자리가 최고의 '명당'이 되는 것이다.

서 있는 승객까지 빼꼭한 만원 지하철에서는 물론 굳이 명당이 아니라도 좌석을 차지하는 것 자체가 고마운 일이다. 그렇기 때문에 입석들 중에는 선택의 여지가 최소한으로 줄어든다. 그렇지만 입석들 중에서도 선호되는 자리는 따로 있다. 사람들은 그런 자리에 대한 탐색을 포기하지 않는다. 예를 들면, 서 있는 동안이라도 좀 편안하게 몸을 기댈 수 있으면서 내리는 곳에 가면 내리기도 편리한 장소인 의자와 출입문 사이의 틈새 공간이 그런 곳이다. 그곳은 손잡이를 잡을 때도 팔을 높이 올리지 않고 철봉을 가볍게 잡거나, 아예 손잡이를 잡지 않고 등을 철봉에 기대는 방식으로 몸의 편안함을 유지할 수 있다. 좌석들 중에서 끝자리가 개인적인 행동과 몸의 편안함, 그리고 이동의 용이함을 제공해 주어서 '명당'이 되는 것과 마찬가지 이치다. 그래서 한산한 지하철에서 좌석이 모두 차고 난 다음 서서 가는 사람이 두어 명 있을 경우, 그들은 거의 예외 없이 출입문 옆, 좌석 끝 부분에 연결되는 자리를 차지하는 것이다.

7. 익명성 속의 은밀함

지하철 객차 안의 또 하나의 역설은 가장 익명적이고 공개적이며 공공성이 강조되는 공간에 은밀함과 내면적이고 개인적인 차원의 이미지와 정보들이 가득하다는 점이다. 지하철 객차 안에 배치되는 광고들을 보면 학원과 잡지의 기사들 등 일반적으로 제공되는 정보들 외에도 속옷, 화장품, 의약품, 식품에 관한 선전물들이 많다. 화장품 중에도 향수 등 냄새와 관련되는 것들, 그리고 식품과 의약품도 향기 나는 껌이나 가그린 등의 선전이 자주 등장한다. 땀냄새를 없애거나 향기 나는 속옷도 마찬가지다.

화장품과 남녀 속옷 광고들이 지하철 열차 안에 유난히 많은 이유는 무엇일까? 한 연구에 따르면 지하철이 움직이는 지하라는 공간 특성상 인공조명이 객차 안을 밝히고 있는 것이 이유로 지적된다. 그것은 시간적으로는 '밤중' 의 상황을 만들며, 사람들이 상대적으로 밀착되어 한 방안에 머무름으로써 경우에 따라 '은밀한' 정서적 분위기를 연출할 수 있다는 것이다. 게다가 초면의 수많은 이성들이 만나고 스치며 지나는 곳이기 때문에 감도는 알 수 없는 기대감과 긴장이 그러한 은밀성의 심리적 효과를 제공한다는 해석이 가능하다. 알지 못하던 이성들과 함께 바깥이 어두워서 인공조명이 비춰지는 방안과 흡사한 공간에서 일정한 시간 머물면서 공존하는 공간에서는 자신의 용모와 이미지, 냄새—그곳은 특히 냄새가 활발히 전달될 수 있는 정도의 밀착된 공간인 것이다—들이 유난히 신경 쓰일 수 있다는 것이다. 이 또한 공공적이며 공개적인 성격과 개인적이며 내밀한 성격이라는 모순된 요소들이 공존함으로써 만들어지는 긴장이다.

이러한 모순 요소의 공존현상이 파행적인 형태로 발전할 경우, 지하철 열차 내에서 성희롱이 발생할 수 있다. 특히 만원 지하철에서 공공연하게 자행되는 성희롱은 익명성과 이동중의 일시성, 그러면서도 공간 조명의 은밀성과 사람들간의 밀착성이 그에 관한 도시의 문화적 규칙을 정비하지 못한 상태에서 나타나는 파행의 극단적 사례일 것이다.

8. 이행기의 혼돈

일견 모순되어 보이는 온갖 요소들이 중첩되어 형성된 지하철 열차 내의 공간은 그에 따른 사람들의 행위양식에 관한 문화적 규칙을 완전히 안정시키지 못했다. 모르는 사람들과 시선을 마주치는 것을 피하면서 동시에 적절한 상호작용을 어떻게 할 것인지가 정리되지 않았다. 지하철 열차 안을 제 집 안방처럼 사용하는 방만한 자세와 소음에 가까운 큰 목소리로 휴대전화를 하는 행동, 또는 친구들과 떠드는 것, 아는 사람끼리 자리를 맡아두고 서로를 불러 앉힘으로써 옆 자리의 익명의 사람들에게는 아랑곳없이 끼리끼리의 이익을 독점하려는 횡포, 그리고 특히 자리양보와 관련된 문화적 규칙은 문화이행기의 혼란들을 여실히 드러낸다.

그중 가장 대표적인 것은 자리양보와 노약자석에 관한 것이다.

사실 지하철과 시내버스의 노약자석이 우리 앞에 모습을 드러낸 것은 그리 오래 전의 일이 아니다. 전차와 시내버스가 등장한 이후 몇십 년간, 그리고 지하철이 달리기 시작한 이후로도 오랫동안 노약자석은 따로 필요하지 않았다. 빈 좌석이 있으면 젊은이건 늙은이건 어디나 앉아 가다가 노인이나 어린아이, 임산부 등이 타면 모두가 금세 일어서서 자리를 양보했다. 그래서 어느 자리나 노약자석이 될 수 있었다. 예전 사람들이 모두 착했고 지금 사람들의 인심이 고약해졌기 때문일까? 사실은 이전의 사회적 규칙에는 보이지 않는 공동체적 논리의 강제가 있었다. 사람들의 시선과 체면, 호통이 그것을 떠받치고 있었다. 그러나 군중사회, 익명성의 논리가 확산되고, 학생이나 청년들의 생활도 피곤에 찌든 경우가 적지 않은 것이 도시 대중교통수단의 외적 조건이다.

서로 서로 알아서 노약자에게 자리를 양보하면 좋겠지만, 사실 이제 외모만으로는 노인인지 아닌지를 구분하기 어려운 애매한 연령층도 있게 마련이다. 밤새 공부하거나 일하고 난 뒤 지친 상태에서 지하철에서 잠깐 단잠이 드는 젊은이들도 있다. 그런데 그것을 그냥 보아 넘기지 못하고 삿대질하며 한 마디 일장 연설을 해야 직성이 풀리는 노인들도 있다. 실은 앞에 서 있는 사람이 몸이 불편한 노약자인 것을 분명히 인식한 다음에도 나 몰라라 눈을 감은 채 내색도 않고 앉아 있는 청장년들도 적지 않다. 급기야는 이런 저런 이유로 지하철 객차 안에서 큰소리가 나고 짜증과 갈등들이 빈번히 일어난다. 청장년층에서 자리 양보를 해주고도 기분이 나쁜 경우 또한 적지 않다. 자리 양보를 받으면서 고맙다거나 미안하다는 한 마디의 말 혹은 가벼운 눈인사도 없이, 당연한 것을 취한다는 듯 그냥 밀치고 앉는 행동. 자신이 앉은 옆 자리가 비었을 때 가까운 거리에 있는 입석자가 앉지 못하도록 손바닥을 좌석 위에 펼쳐 자리를 '맡아두면서' 저 편에 있는 일행에게 얼른 이리로 와서 앉으라고 큰 소리를 질러대는 아주머니들. 이런 것들은 앞서 이야기된 공공성과 개인성 사이의 협상과 조절에 대한 문화적 규칙들이 정착되지 않은 데서 연유한다.

　이런 문제를 해결하기 위해 등장한 장치의 하나가 바로 지정 노약자석이다. 일단 노약자들, 혹은 스스로 노약자라고 생각하는 사람들이 우선적으로 앉을 수 있는 곳이라는 표시가 된 자리이다. 건강한 청장년은 그곳에 자리가 비더라도 앉지 말고 서서가거나, 혹은 앉게 되더라도 자기 앞에 새로 노약자를 발견할 경우에는 언제든지 일어설 준비를 하라는 뜻으로 노약자석을 지정한 것이다. 노약자의 의미와 지하철 내 성희롱 문제를 함께 염두에 둔 것으로 출퇴근 시간에 '여성·노약자 전용칸'을 지정해 놓은 것도 그런 발상 중 하나다. 이것은 사람들 사이의 눈치와 인지방식, 관계에 관한 혈연 공동체적 규칙과 코드가 더 이상 제대로 작동하지 않게 된 현대 한국 대도시의 현상을 반영한다. 인간관계에 대한 인지와 행동방식에 대한 지식이 감소하고 규칙이 더 이상 잘 작동하지 않게 된 오늘에 이르러 등장하는 해결책이 바로 별도의 공간들을 따로 지정해 놓고, 사람들이 각자 알아서 그렇게 따로 지정된 물리적 공간영역을 차지함으로써 관계와 공공성의 문제를 해결하려는 것이다.

　그것은 달리 말하자면 한국의 공간 문화적 논리가 각 상황에 따라 물리적 공간을 따로 배치하는 방식으로 이동하고 있다는 것을 뜻한다. 그렇다고 문제가 금세 해결되는 것은 아니다. 새로운 시스템이 정착되기 위한 혼돈은 한동안 여전할 것이다. 그리고 새 체계가 갖는 비효율성 측면도 무시하지 못할 수준이다. 경우에 따라서는 아무도 사용하지 않는 텅 빈 공간, 즉 공간의 낭비가 발생할 수 있다. 물리적 공간 자체가 각 상황과 독립되어 스스로 사회적 의미를 부여받게 됨에 따라서, 그 물리적 공간이 사회적 관계의 인식과 협상에 대처하는 탄력적인 활용도를 보이지 못하는 것이다. 그 결과 막상 꼭 필요한 경우에 대처하지 못하는 물리적 공간의 경직성 문제도 발생한다. 이 같은 새로운 논리의 경직성은 지하철뿐 아니라 주거공간인 주택 안에서도 진행된다. 침대와 책상, 붙박이장 등 가구가 각 방의 용도를 전문화, 분화된 형태로 결정한다. 필요와 상황에 따라 이불을 폈다 밥상을 놓았다 요강을 들여놓았다 또 짚신을 꼬고 새끼를 삼는 등 인간의 행동상황에 의해 공간의미를 결정할 수 있는 여지를 극단적으로 감소시켰다. 인간이 자기 수요와 상황에 따라 물리적 공간의 의미와 용도를 바꾸는 것이 어려워졌다. 그 대신에 물리적 공간의 규정과 미리 부여된 의미를 좇아 사람들은 공간들 사이를 이동하면서 거기에 자신의 몸과 활용을 끼워 맞추는 방식으로 나아가는 것이다.

여기서 나타나는 비효율성과 경직성, 그에 따른 공간 비용의 문제에도 불구하고, 새로운 공간규칙의 추세는 강화되어 나간다. 단독거주 가구, 이혼율, 독신자의 증가를 비롯한 개인성 강화에서 비롯된 인구학적 변수들과 현대도시의 공공 공간이 제시하는 일상적 시공간 체계가 그것을 요구한다. 일상적 시공간의 문화규칙이 이동하고 있는 것이다. 이렇게 본다면 "노약자에게 자리를 양보합시다"라고 하는 공공 질서 캠페인은 지하철이라는 공공 공간 안에서의 행위양식에 대한 규칙, 즉 문화논리가 어떤 한 가지 방식에서 다른 방식으로 이동하고 있는 이행기의 혼돈 현상을 대변하는 사례의 하나로 해석되는 것이다.

9. 공공 예술 무대가 된 지하철

몇 년 전부터 시행된 서울시민의 문화 수요에 대한 조사통계는 서울의 주민들이 이제 더 이상 고도성장 시대의 생계 지향적 욕구에 머무르지 않고 있음을 여실히 보여 준다. 즉, 서울시민들 중 절대다수는 자신들의 일상생활 속에서 더 많은 문화예술을 향유하고 경험하기를 원하고 있으며, 그에 대한 욕구가 점차 구체화되고 있다. 자신들이 문화예술에 대한 향유 욕구를 제대로 충족시키지 못하고 있다고 생각하는 서울 시민들은 문화예술 향유를 제대로 하지 못하는 대표적인 이유로 두 가지를 꼽고 있다. 돈이 없다는 것, 그리고 시간이 없다는 것이다. 그것은 곧바로 공공의 문화적 향유를 위해 보다 가까운 곳에서 손쉽고 저렴하게 문화예술을 누릴 수 있는 도시 환경에 대한 절실한 바람으로 이어진다.

현대 물질문명 사회에서 시간은 곧 돈을 뜻하는 경우가 많으므로, 돈의 부족과 시간의 부족을 외치는 것은 금세 돈의 문제로 귀결되

지하철역, 이제는 공공 예술 무대가 되다.

는 것처럼 여겨질지 모른다. 그런데 좀더 자세히 들어가 구체적인 면접조사를 해 보면 문제는 그렇게 간단하지 않다. 예를 들면 미술관의 전시회 입장권이나 음악 연주회 티켓을 구했다고 하더라도 식구들이 그곳까지 갔다 오는 것이 만만치 않다. 특정한 지역에 문화예술 이벤트 공간이 몰려 있기 때문에 거대도시 서울의 여기저기에 흩어져 사는 주민들에게는 그곳에 접근하는 것 자체가 쉽지 않은 과제다. 그뿐이 아니다. 직업에 따라서는 소득이 많은 만큼이나 주말도 없이 밤을 새워가며 정신없이 일해야 하는 직업들도 적지 않다. 한 마디로 돈은 있어도, 그것을 쓸 시간이 없는 사람들이다. 문화예술을 함께 향유할 사람을 만나는 일, 가장 가깝게는 가족들이 공동의 시간을 마련해서 한 공간으로 움직여 가는 것도 그냥 얼마의 돈으로 해결되는 일은 아니다. 고등학교 3학년 입시 준비생이라도 있는 집에서는 집안이 넉넉할수록 많은 과외비를 들여 가며 학생의 여유시간을 없애기도 한다.

접근성의 문제, 향유 집단의 형성 문제도 있고 도시 주민들의 일상적 생활영역, 하루에도 여러 곳을 옮겨 다니는 유목민과 같이 분산되고 흩어져 있다는 사실도 주목된다. 어느 일정한 장소에서 벌이는 공공 문화예술 이벤트는 결국 상대적으로 한정된 사람들에게만 혜택을 주는 한계에서 벗어날 수 없다. 각 구청의 문화교실에는 노인과 주부들만 북적거리고, 그것도 오는 사람들만 오는 경향이 강하다. 도시의 중심부에서 마음먹고 거대한 문화이벤트를 마련해도, 그것을 즐길 수 있는 시민들을 모으는 것, 즉 관중동원을 하는 것은 항상 공무원들의 골치 아픈 과제에 속한다. 문화예술 이벤트가 없는 것도 문제지만, 즐길 사람을 모으는 것이 그에 못지않은 문제로 대두된다. 그래서 이벤트가 문화적 차원에서 공동체를 구성하는 것은 어렵다. 우리가 얼마 전에 경험한 2002년 월드컵 행사가 모두에게 충격을 준 것은 그 같은 현대 도시문화의 한계를 일반적으로 깨뜨린 경험이기 때문이다.

이 같은 일반적인 문제점과 한계 속에서 서울의 도시정부가 생각해 낸 절묘한 방안 중 하나는 바로 시민들을 '찾아가는 문화이벤트'다. '찾아간다' 니? 그럼 각 동네마다, 마을마다 찾아다니면서 문화예술 이벤트를 연다는 뜻인가? 그런 것은 아니다. 사실은 어느 특정 공간에서 문화예술 이벤트를 여는 것이다. 그러하되, 그 공간은 하루 종일 이리저리 이동하며 움직이는 도시의 주민들이 가는 길들을 따라다니고, 그 길목 위에서 사람들을 맞이하면서 문화이벤트를 제공한다. 그것이 다름아닌 '문화 지하철' 프로젝트다. 실질적인 의미에서 '문화 지하철' 프로젝트는 지하철 역사들에 미술적인 요소들을 이전보다 적극적으로 가미하여 환경을 조성하는 일에서 시작된다. 그리고 보다 본격적인 '문화 지하철' 프로젝트는 지하철 열차를 문화공간으로 설정해서 그 안에서 각종 행사와 이벤트를 차려놓는 것이다. 그렇게 되면 대도시 안의 가장 규칙적인 이동성으로 인해 사실상 가장 안정적인 시공간의 영역이 되어 버린 지하철을 문화이벤트 공간화 하는 것이고, 그에 따라 일상적인 이동을 하는 도시의 다수 주민들에게 문화 예술적 행사를 공유할 수 있는 기회를 제공하는 셈이다.

새로운 일을 할 때 항상 그렇듯, '문화 지하철' 프로젝트에 대해서도 비판의 목소리가 적지 않다. 교통수단은 교통수단으로 이용하게 해야지, 거기다가 무슨 공연이나 전시회 등을 차려놓아서 복잡하고 골치 아프게 만드느냐는 것이다. 그리고 이벤트의 수준이나 대중성, 전문성—이것들은 그 개념들 사이에서 서로 상충되고 모순되는 것들이기도 하다—이 제대로 안 되어 있다는 지적들도 많다. 매일 지하철을 이용하는 시민의 하나인 나는 그럼에도 불구하고 문화 지하철 프로젝트를 매우 환영한다. '이동 공간과 도시주민의 유목민적 시공간 일상에 대한 새로운 해석' 이 이제야 이루어지기 시작했다고 보기 때문이다. 물론 문제도 많을 것이고, 불완전한 것도 많아서 시행착오들이 계속되어야 할 것이다. 그렇지 않은 일이 어디에 있는가. 하지만, 이제 도시의 공공 영역에서 비로소 대도시 주민들의 일상적 움직임과 그들 생활의 실질적인 시공간 영역의 성격을 이해하기 시작했다는 것, 그리고 그러한 새로운 시공간 인식에 기초해서 공공 영역이 자신들의 복지활동을 전개하기 시작했다는 것을 환영하는 것이다.

사실, 신문사들을 비롯하여 각 기업의 광고주와 광고기획자들은 일찌감치부터 지하철의 안정성과 이동성, 익명성과 개인성들을 나름대로 파악하고 해석하여 자신들의 경제적 이익 극대화를 위해 그것들을 적극적으로 활용해 왔다. 그리고 많은 수익을 낳았다. 앞에서 살펴본 승강장 내의 신문판매와 새로운 장르의 신문, 잡지, 기타 매체들의 탄생, 그리고 지하철형 문학작품들의 탄생과 성공이 그것을 말한다. 지하철 생활을 전제로 한 각종 제품과 광고를 통한 마케팅이 그것을 말한다. 그리고 지하철 승객들을 대상으로 한 불법 판매원들과 소위 '앵벌이' 즉 시각장애인이나 지체부자유자의 모습으로 동정을 구하면서 껌을 팔거나 구걸하는 사람들의 활동마저도 그것을 말한다. 거기서 창출된 수익들은 공공의 이익으로 나누어지기보다는 각 기업과 각 개인의 호주머니를 불리는 데로 갔다. 이제는 공공 영역에서 지하철이라는 시공간 영역의 막대한 잠재적 가능성과 그를 통해 나타나는 대도시 주민들의 시공간 생활의 논리, 구조를 파악하고, 그런 지식을 공공의 이익이 늘어나는 방향으로 발전시킬 때가 되었다. 때늦은 감이 없지 않지만 말이다. 30여 년 전 서울 한복판에 새롭게 등장했던 지하철은 새로운 시공간의 영역을 만들어 냄으로써 사회를 구성하는 사람들의 문화논리에 적지 않은 변화를 가져왔다. 이제 사회가 그 시공간 영역을 어떻게 재해석하고 의미를 새롭게 부여하느냐에 따라서 시공간 영역의 의미와 성격은 혹은 긍정적인 방향으로 혹은 부정적인 방향으로 다시 변화해 갈 것이다. 여기에 도시의 물리적 공간과 인간 주체들 사이의 역동적인 변증법이 숨쉬고 있다.

'방문화'
–질주하는 대중문화 소비

1. 스피드 문화

　문화는 어떤 형태로든 정치와 관련을 맺는다. 그것은 문화가 어떻게든 권력 현상과 연결되게 마련이라는 뜻이다. 사실 정치의 탄생은 문화에서 비롯되었다. 고대정치가 제사와 정치가 하나였던 종합축제, 즉 페스티벌을 뿌리로 한다는 사실이 그것을 잘 보여 준다. 아득한 고대문명 단계에서는 여러 영역들이 분화되기보다는 하나로 통합된 측면이 강했다. 그 단계에서 문화 혹은 문화예술은 곧 종교이고 정치였다. 이후로 역사가 흐르면서 각 부문들이 전문화되었고 전문화 경향도 늘어났다.

그렇게 각 영역의 분화가 거듭되다가 20세기 중반에 접어들면서 문화는 다시 새삼스럽게 경제라는 개념과 결합된 것으로 인식되기 시작했다. 사실 문화활동을 하기 위해서는 등이 따습고 배가 불러야 한다는 것은 당연한 이야기다. 하지만 20세기 중반에 발전하기 시작한 문화와 경제의 결합은 성격이 좀 다르다. 문화 자체가 직접 경제적 소비의 대상이 된 것이다. 그것도 사회 일부 계층이 소비하는 특별한 상품이 아니라 문화는 사회 대다수 구성원들이 추구하는 소비재의 중요한 부분을 구성하기 시작했다. 문화산업, 문화상품이란 용어는 고대문명 이래 계속 각 분야가 전문화, 분화되어 온 것을 전제로 한다. 그러니까 이미 나뉘고 전문화되었던 문화와 경제 각각의 차원들이 다시 결합되어 표현되는 것이다.

그런 새로운 결합이 나타난 배경 중 하나는 현대사회가 '대중 사회'가 되었다는 사실이다. 경제적 생산양식 차원에서는 자본주의가 자리를 잡았다. 신분제에 의한 계급구분이 문화예술품의 소비 자격을 구분 짓던 시대는 일찌감치 지나갔다. 사실 옛날 조선 시대에는 아무리 부자라고 하더라도 아흔 아홉 칸이 넘는 집을 지으면 대역 죄인이 된다. 조선의 왕조차 자기가 입고 싶은 옷의 색깔을 마음대로 고를 수 없다. 특히 황제를 뜻하는 노란색 옷은 절대 금지였다.

이제 그런 시대는 역사의 뒤편으로 사라져 버렸다. 말 그대로 '돈만 있으면 누구나' 자신이 원하는 문화를 소비할 수 있는 단계가 인류 역사상 최초로 이루어졌다. 그리고 그것이—자본주의의 전 지구적 확산과 함께—전 지구적으로 보편화되기 시작했다.

자본주의적 양식이 경제와 산업의 틀을 만들고, 국민국가라는 형식이 정치의 기본 환경을 형성했다. 기술적으로는 대량생산과 대량소비가 이루어진 지 오래다. 그런 기술장치 중에 특히 문화적 요소를 동시다발적으로 전달하는 정보 장치를 '대중 미디어'라고 부른다. 대중 미디어는 20세기에서 21세기로 넘어오는 과정에서 또 한 가지 중요한 변화를 초래했다. 우리가 경험해 오던 시간과 공간의 의미를 완전히 재편성해 버린 것이다. 사실 시간과 공간은 서로 긴밀하게 맞물려 있는 짝이다. 두 지점 사이의 거리는 물리적 공간으로서의 거리 못지않게 두 지점 사이를 사람과 사물, 정보가 이동하는 데 걸리는 시간으로 측정된다. 비행기 직항로가 개설되어 있는 미국 뉴욕이 교통이 불편한 중국의 벽촌 마을보다 서울에서 훨씬 가까운 이유는 사람과 사물, 정보의 유통속도와 편이성이 시공간의 실제를 바꾸는 틀이 되었기 때문이다.

특히, 문화에 있어서는 적지 않은 문화향유 내용의 한가운데 '속도성' 그 자체가 자리잡기 시작했다. 지구 반대편에 떨어져 있는 두 지점 사이의 정보 흐름이 하도 빨라서 거의 실시간에 가깝게 정보 소통이 될 수 있는 경우, 두 지점 사이의 시간과 공간의 장벽은 무너진다. 초고속 통신망도 IDSN에서 ADSL, VDSL 등으로 계속 진화한다. 마치 컴퓨터의 중앙연산장치 속도를 놓고 8088, 80286, 80386 80486, 펜티엄들이 순식간에 등장해 온 것과 같다.

속도성은 또한 대중미디어의 동시다발적인 통로를 타고 움직이는 힘의 근간에 서서 그 스스로 열광의 대상이자 열렬히 추구되는 수단이다. 빠른 속도는 곧 권력이 된다. 시장 판세를 쓸어 담게 해주고, 정치적 권력을 거머쥐게 만든다. 그래서 이제 속도성은 대중사회에서 어떤 문화적 내용물을 전달하는 데 고려되는 수단적 요소에서 그치지 않는다. 속도 즉 스피드라는 것 자체가 스스로 중요한 문화적 내용을 구성한다. 이미지는 다시 속도성을 모방한다. 포뮬라원(Formula 1) 자동차 경주는 그 속도에의 도전이 낳는 위험과 매력을 무기로 매주 전 세계의 자동차 경주 팬들을 아찔한 황홀지경으로 몰아넣는다. 고속도로의 제한 속도가 시속 110km인 우리나라에 최대시속 270km가 넘는 스포츠카들이 수입되기 시작했다. 그것은 속도 자체를 넘어 '속도의 이미지'가 구입된다는 것을 의미한다. 실제의 속도뿐 아니라 속도의 느낌, 속도의 이미지, 속도의 외적 형상화와 같은 파생적 요소들까지도 숭배의 대상이 되었다는 단적인 증거의 하나다.

문화에서의 스피드, 특히 문화산업에서 속도성 개념이 어떻게 예측하지 못했던 현상들을 낳는가를 보는 데 '방문화'는 괜찮은 사례다. 노래방, 게임방, 오락실류의 문화산업 사례를 통해 경제활동 공간에서 어떻게 문화가 전개되어 왔는지를 보는 것이다. 이제 이 글이 다루려는 주제는 문화산업의 '속도성'이다. 그리고 그 속도성을 보기 위한 사례로 우리는 한국의 '방문화'를 소재로 삼기로 한다.

'방문화'가 갑자기 이 땅에 나타나 우후죽순으로 번지기 시작한 것은 그리 오래된 일이 아니다. 그렇다면 '방문화'의 출현과 전파 자체가 대단한 속도를 타고 전개되었다고 할 수 있다. '방문화'가 만들어지는 과정에서 적지 않은 현금 수입을 놓고 경쟁을 벌였던 각종 업소와 기업체들은 문화소비에서의 '속도성'을 놓고 겨루어 왔다. '속도성'의 한국적 맥락과 문화산업에서의 성격을 잘못 이해했기 때문에 일부 대기업들은 많은 자본을 가지고도 중소기업들 앞에서 시장을 잃고 물러나야 했다. 또 다른 일부 사업자들은 한국적 맥락에서의 속도성이 지닌 성격을 잘 이해했기에 많은 경제적 이익을 얻었다. 물론 거기서 끝나는 것은 아니다. '속도성'은 어제의 성공도 순식간에 오늘의 몰락으로 탈바꿈시킬 수 있다. 오늘의 실패를 딛고 내일 갑자기 성공할 수 있는 기반도 만들어 낼 수 있다. 그런 상황에서는 정신을 바짝 차리고 있어야 한다. 그리고 이해해야 한다. 문화와 속도성의 성격에 대해서 말이다. 지식사회, 지식이 힘의 중심으로 자리잡기 시작했다는 말은 여기서도 그대로 유효하다.

해방 후 한국의 근대화 속도는 다른 어느 나라보다도 빨랐다. 해 뜨는 아침의 나라, 고요하고 평화로운 백성이라고 불리던 한반도 주민들은 어느 사이엔가 지구상에서 빠른 것을 가장 좋아하는 백성들 중 하나가 되었다. 6·25전쟁 당시 피난 열차의 처절한 기억이 거기서 한몫을 했다. 한 발의 차이로 피난 열차에 올라타지 못하는 것은 곧 죽음이었고, 한 발 빨라 피난 열차와 피난선에 올라탄 사람은 살았다. 한 발 빠른 사람과 한 발 느린 사람으로 갈라진 식구들은 천추의 한을 남기고 이산가족이 되었다.

근대화 시대 이후로 한국 사람은 바쁘고 빠른 것을 찬양해 왔다. 그리고 남들도 모두 자기처럼 빨리 움직이기를 요구했다. 우리나라의 중국 음식점에 들어가서 주문을 하고 자장면이 나오기까지 걸리는 시간은 아마 음식업 관련하여 세계적인 수준의 속도일 것이다. 햄버거가 나오기 전에 우리나라의 자장면이 이미 '패스트푸드'의 원조가 아니었을까? 동남아에 진출한 한국 기업에서 일하는 현지 종업원들에게 제일 처음 배운 한국말이 무엇이냐고 물으면, 대부분이 주저 없이 '빨리빨리'라고 답한다. 그들이 한국인들을 볼 때 가장 충격을 받았던 것은 한국인들이 거의 광적으로 빠른 속도를 강조하는 문화를 가지고 있다는 점이다. 무엇이든지 굉장히 빨리빨리 해야 한다고 주장하는 사람들이라는 인식이다. 한국은 그 미칠 듯이 서둘러대는 '빨리빨리'를 가지고 소위 한강의 기적을 이루었다. 도저히 믿어지지 않는 시간에 말이다. 그리고 다시 초고속 인터넷망 보급률을 세계에서 몇 째 안 가는 것으로 만들었다.

오늘의 한국문화에서 자리잡은 '빨리빨리'는 사실 한국만의 속성이라고 할 수 없다. 그것은 전 지구적 자본주의 시장체계의 문화를 습득하는 과정에서 한국인들이 익히게 된 한 요소일 따름이다. 그렇지만, 적어도 자본주의 시장체계에서 앞서 나간 경제선진국들을 따라잡기 위해 한국 사람들이 익힌 속도성은 서유럽과 미국인들이 행해 오던 속도성보다도 빨라야만 했다. 같은 속도로 달린다는 것은 영원히 뒤처지는 것을 의미했기 때문이다. 결과적으로 한국문화의 속도성은 유별난 것이 되었고, 한국문화의 현주소를 가늠할 때 빠뜨려서는 안 될 요소가 되었다. 예컨대 '방문화'를 이루는 사업들이 등장한 지 얼마 안 되는 짧은 시간에 이전의 문화 관련 사업들이 이루지 못했던 광범한 확산과 문화적 지배력을 확보하게 되었다는 것은 분명 놀라운 것이다. 이런 현상의 뒷면에는 현대 한국의 문화형성 방식이 이전과는 다른 새로운 틀로 전개되고 있기 때문이다. 그러니까 속도성이라는 특성을 분석하는 것 자체가 결국 현대 한국에서 문화가 어떻게 형성되는지 그 방식을 탐색하는 전초 작업의 하나가 된다.

2. '방문화'의 바탕

본격적으로 한국의 '방문화'를 보기 위해 필요한 전제들이 있다. 한국인들의 유명한 조급증은 '빨리빨리 현상'을 살펴보려는 우리의 마음까지 조급하게 만들어서, 문화형성의 역사적 맥락이나 반드시 짚어야 할 전제도 점검하지 않고 본문으로 뛰어들고 싶은 욕망을 부추긴다. 그렇지만 그건 실패한다. 적어도 속도성의 성격을 제대로 이해하려면, 이해를 시도하는 사람의 마음까지 속도성의 맥락 안에 완전히 잠겨서는 안 된다. 따라서 현대 한국의 방문화와 그 안에 들어 있는 속도성을 이해하기 위해서는 다음과 같은 전제를 항상 염두에 둘 필요가 있다.

첫째, 현대 한국사회에서 이루어지는 일상적인 문화가 '경제화' 혹은 '상업화'가 되었다는 사실이다. 일상적인 문화의 중요한 부분들은 산업사회의 원리에 따라 경제적 생산과 유통, 소비, 거래의 대상물이 되었다. 더 이상 그냥 선사하고 그냥 주고받는 '인정'과 '공동체'의 공유물인 경우가 드물어졌다는 말이다. 예컨대 상업적 대

중 미디어 상품이 일상적 관계의 주요 매개물이 된다. 사람들간의 관계, 심지어 가장 가까운 사이인 가족 구성원들 사이에서도 그렇다. 한 가족간의 대화와 식사 시간에 텔레비전과 신문, 전자오락, 노래방 등이 끼어들어 가족간 커뮤니케이션의 매개가 되는 현상은 쉽게 발견된다. 최근 서울의 전통적인 도시지역 몇 곳에 대한 연구들에서는 한 지역에서 오래 살아왔다는 동네 사람들을 묶어 주는 가장 실질적인 공통분모가 사실은 같은 연속극을 시청하는 시간이라는 발견도 있다. 이제는 혈연 공동체나 지역 공동체의 존재도 대중 미디어 산업의 힘을 빌어야 가능하게 되었다. 다음 세대가 이전 세대의 문화를 습득하는 것도, 예를 들면 어린아이가 말을 배우는 데도 텔레비전의 어린이 프로그램과 비디오테이프가 무시 못할 비중을 차지한다. 학교의 선생님들에 앞서 대중매체가 미래의 한국인들의 언어와 인지 틀을 빚어내기 시작한다. 그리고 그 뒤에는 문화의 상품화와 상품경제 원리에 따른 유통, 소비원리가 기본 환경으로 자리잡는다.

둘째, '방문화' 현상은 상업적인 거래를 전제로 하는 동시에 '대중문화'라고 하는 특수한 틀을 전제로 한다. 대중문화의 개념은 단순히 문화의 상업적 거래만을 뜻하는 것이 아니다. 대중사회라고 하는 정치적으로 특수한 형태를 전제로 한다. 이것은 국민국가의 틀 위에서 의사소통과 의사결정이 원칙적으로 개방되어 있는 반면 인구의 조직화가 상당히 엉성한 얼개를 갖추고 있는 상태다. 그 자세한 내용은 시민사회론과 대중문화론이라고 하는 별도의 영역들에서 한참을 다루어야 되는 것이기에 여기서는 생략하기로 한다.

방문화의 전개 속도도 놀랍지만, 그 방들 안에서 추구되는 문화 콘텐츠로서의 속
도성은 더욱 주목할 만하다.

여하튼 후기 산업사회에 진입하게 된 한국에서 대중문화는 이제 '집단주의적 전통'과 '획일성' 뿐 아니라 '개별적 문화소비'와 '개인주의적인 문화취향'을 발전시키고 있다. 그리고 그것을 동시다발적으로 가능하게 하는 공간적 매개요소로서 각종 '방문화'—노래방, 비디오 방, 녹음방, PC방, 오락실 등—가 나름의 문화적 규칙성을 만들어 왔다는 것을 인정할 필요가 있다.

셋째, 이렇게 보면 '방문화' 현상은 대중문화 현상의 하나로서 대중문화론의 기존 논의들을 증명하는 하나의 자료가 될 수 있다. 하지만 그에서 그치지 않는다. 그것은 한국의 '방문화' 현상이 그 안에 강력한 속도성과 이행성을 담지하고 있음에 따라 기존의 대중문화 분석을 넘어서는 새로운 지식을 제공할 수 있다는 것이다. 예를 들면 '방문화' 현상은 한편으로는 대량 전달매체를 통해 접해지는 정보와 다른 한편으로는 각 개인들 사이에서 대면관계를 따라 전달되고 해석되는 정보를 매개하는 하나의 중간적인 시공간을 제시한다. 또한 한국에서의 '방문화'는 그 이용자의 성격이 계층별, 성별, 연령별, 직업별 문화습득과 소비 방식이 어떻게 통합되어 있는지 혹은 분절되는지를 살펴볼 수 있는 틀을 제공할 수도 있다. 그것은 각 사회적 맥락에 따라 '문화적 범주'가 어떻게 만들어지는지를 실제로 볼 수 있는 실험실이 된다는 이야기다.

한 가지 더 유념할 것은, 한국의 '방문화'는 많은 사람들이 강조해 온 '인간과 기계 사이의 커뮤니케이션'이 실제로 어떻게 이루어지며, 어떤 문화적 규칙들을 새로 형성시켜 가는지를 구체적으로 볼 수 있는 중요한 실험실이 될 수 있다는 점이다. 기계의 기술적 요소가 변화하면 그것이 인간관계의 변화에 어떤 영향을 줄 것인지, 또는 어떤 문화적 성격으로 인해 어떤 기계는 성공하는가 하면 어떤 기술적 변수는 퇴화하는지 등을 살펴볼 수 있는 하나의 훌륭한 실험실이다. 한 마디로 이전의 문화형성 과정에 대한 연구에서 많이 다루지 못했던 '시간성', '속도성', '상호작용성', '역동성'을 실제로 관찰하고 조명할 수 있는 자료가 된다. 그리고 그것들이 모여 현대 한국의 문화적 차원들을 어떻게 만들어 가는지에 대한 논의가 풍부해질 수 있다.

3. 방문화의 발전 속도

　우리의 일상 문화는 온갖 '방'들로 채워져 있다. 노래방, 찜질방에서 싸이월드 미니홈피, 휴대폰까지 대체 언제부터 한국에서 방문화가 그렇게 발전하게 되었을까? 각자가 자신의 필요에 따라 개별적으로 어떤 공간에 찾아 들어가 간편하게 이용하고 나오는 문화소비 공간, 그런 형식의 문화소비가 일반화되기 시작한 것은 아무래도 노래방에서부터 눈에 띄기 시작했다. 한국 사람들이 예전부터 함께 모여서 노는 방식이 음식을 함께하고 술을 마시는 것, 그리고 마음껏 노래를 부르는 것이라는 점은 상식이다. 그리고 그런 음주가무는 오랫동안 하나의 시공간적 틀 안에서 동시에 이루어졌다. 그런데 이제 원칙적으로 음주나 식사 없이 순수하게 노래만 부르는 노래방이 등장해서 대성공을 했다. 노래방의 성공에는 물론 노래반주기라고 하는 새로운 기계적 장치의 발전과 보급이 중요한 역할을 했다. 하지만 그것이 전부는 아니다. 아무리 새로운 기계가 나왔다고 해도, 그 기계를 이용해서 어떤 사업이 만들어졌는지가 중요하다. 새로운 사업이 나타나서 2년여 만에 전국에 1만 5천여 개가 넘는 업소가 생기고, 조만간 국민 대다수가 한 번 이상 이용해 본 경험이 있는 일상적인 문화소비 아이템이 된다는 것은 특별한 사건이다. 어떤 문화적 속성이 노래방의 성공을 준비하고 있었다는 말이 된다.

1990년대에 처음 모습을 드러낸 노래방은 놀랄 만큼 빠른 속도로 확산되었다. 법적 규제가 마련되기 이전이었던 초기 노래방의 수익은 상당한 것이었다. 스스로의 성공에 취한 초기 노래방 사업자들은 거기서 어떤 '한국문화의 전통적 요소'를 찾아보려고까지 했다. 그들이 주로 거론한 것은 "한국 사람들은 노래 부르는 것을 못 말리게 좋아한다"는 식의 이야기다. 한국인의 놀이문화에서 노래가 차지하는 역할이 왜 그렇게 중요한가 하는 질문, 또는 집단적으로 노는 것을 좋아하는 한국 사람들은 함께 어울리기를 좋아하는 여가문화의 특성을 가졌다는 주장도 제기되었다. 심지어는 "노래방은 한민족이 존재하는 한 영원히 망하지 않을 사업"이라는 주장마저 나타났다.

하지만 초기에 폭발적인 성공을 보여 주었던 노래방도 1994년에 일차 침체기를 맞는다. 시장이 너무나 빨리 확장되어서 공급이 포화상태에 이른 것이다. 위기를 맞은 노래방 업소 중 일부는 발 빠른 변신을 시작했다. 노래방 기계 대신에 비디오 플레이어를 갖다놓으니 그대로 비디오방이 되었다. 좀더 적극적인 실내 개조를 하면서 '서바이벌 게임룸'으로 변형된 것도 있다. 아예 주점의 형태로 '소주방' 을 차리는 곳도 생겼다. 내용은 노래방이 주종이지만, 노래 부르는 사람의 목소리를 현장에서 녹음해 CD를 만들어 주는 아이템을 내세워 '녹음방' 이라는 새로운 이름을 내걸기도 했다. 이것들은 한편으로는 법적 규제를 벗어나면서 동시에 새로운 틈새 사업을 만드는 방안이었다. 이후 핵분열을 하듯 여러 가지 방문화가 우후죽순처럼 파생되어 번져 나가기 시작했다. 새로운 방문화들은 이용자층에서도 더욱 분화되었고, 이용형태에서도 개인적인 선택 가능성이 늘어났다. 쉼터인 찜질방, 직장인들의 수면방, 처음부터 퇴폐성이 문제시된 전화방, 그리고 1999년경부터는 인터넷 머드게임인 스타크래프트의 보급과 함께 '한국적인 특수 인터넷 환경을 일구어낸 것' 이라는 평가까지 듣고 있는 동시에 비난도 끊이지 않았던 PC방이 있다. 비슷한 시기에 불같이 일어났다가 지금은 한풀꺾인 DDR/PUMP 오락장 등에 이르기까지 정말 수많은 '방' 들이 생겨났다.

처음에는 노래방의 '노래' 현상에 주목하던 이들도 이제는 그것이 보다 복잡하고 다양한 '방문화' 의 차원에서 성장, 소멸, 지속되는 것이 아닐까 하고 생각하기 시작했다. 이제 ' 방문화 '는 한국 현대의 일상적 문화소비 환경을 지배하는 중요한 차원이 된 것이다. 현대 한국인들의 일상과 여가에서 '방문화' 가 차지하는 역할과 의미는 노래, 인터넷, 영화, 음주행위, 녹음하기 등의 어떤 한 행위영역에서 그 원인을 찾기보다는 전체적인 현대 한국의 도시적 일상환경이 만들어 온 특별한 문화적 성격과의 관계 위에서 이해될 필요가 있다. 각기 다른 장르들로 발전된 이런 '방문화' 에서 공통적으로 나타나는 특성은 무엇일까? 그리고 그것은 현대 한국의 일상적 문화

온갖 '방' 들로 엮여 있는 서울의 근린상업지대. 한국 도시는 이제 한 마디로 '방들의 도시' 다.

소비 환경의 어떤 속성과 관련이 있는 것일까?

4. 리듬과 사이클

노래방이 처음 사업형태로 등장한 것은 1990년 중반 부산지역에서다. 이전에도 가라오케 등의 업소가 전국적으로 성업하고 있었던 것은 사실이다. 하지만 이전까지의 가라오케는 노래반주 장비도 불완전했고, 무엇보다도 술을 파는 유흥음식점으로서 나이트클럽과 유사한 영업을 하는 곳이었다. 노래방은 이와 달리 술을 팔지 않고 오락실 형태로 남녀노소 누구나 들어가 주화를 넣고 노래를 할 수 있는 곳으로 등장했다. 이런 새로운 형태의 업소가 나타나 2년이 채 지나기 전에 전국에 1만 5천여 개의 업소로 번져 나갔다. 그리고 그 사이 이곳에 한 번 가 보지 않은 사람이 없을 정도로 노래방은 순식간에 국민 일상생활의 일부가 되었다.

이후 등장한 비디오방, 소주방, PC방, DDR 오락실 등은 노래방보다는 특화되고 한정된 소비자를 대상으로 했다. 즉 그 확산 정도와 문화적 지배력에서 노래방처럼 일반인 모두에게 영향을 미치는 것은 아니다. 하지만 이들도 사업 등장 이후의 사업전개 속도만큼은 노래방의 발전 속도에 뒤지지 않는다. 지금은 한풀꺾인 DDR('Dance Dance Revolution'의 약자)과 PUMP 오락실의 경우, 기존 비디오 게임기가 들어 있던 오락실에서 기계를 대체해서 업태를 바꾼 경우도 적지 않다. 처음 일본에서 시작된 DDR이 국내 시장에 들어

온 것은 1999년 4월경이다. 그런데 그것을 다시 기계적 측면에서 새롭게 개조한 한국형 PUMP 오락실이 등장하는 것은 그로부터 불과 1개월 반 뒤인 6월이다. 이것이 여름방학을 타고 전국 청소년들에게 확산되었다. 1999년 겨울에는 다수의 중·고등학교 학생을 포함한 청소년들이 DDR과 PUMP를 그들의 일상 놀이문화 요소로 여기게 되었다. 기술적 요소를 포함한 사회적 요소들이 이제 정보유통과 문화요소 확산, 지배, 소멸에 드는 시간의 축소를 낳고 있는 단적인 사례다. 문화전개의 속도성이 이전에 비해 비약적으로 증가했음을 확인할 수 있는 것이다.

문화의 속도성은 한 부문의 확산과 지배력 확보과정뿐 아니라 그것의 쇠퇴에도 적용될 수 있다. 결국 어떤 문화산업적 요소와 분야는 이전보다 훨씬 짧은 시간 동안 각종 매체와 정보망을 통해 급격하게 성공하고 또 그만큼 급격하게 쇠락하게 되었다. 이것은 어떤 하나의 문화현상이나 문화요소가 갖는 '지배력'에 대한 개념을 재고하게 만든다. 그러니까 어떤 특정 문화요소가 등장해서 얼마나 강한 지배력을 갖게 되는가 하는 것과 더불어 이제는 '시간성'의 개념을 훨씬 적극적으로 고려해야 한다는 말이 된다. 얼마나 빨리 지배하게 되고 얼마나 지속적으로 지배하게 되는지, 혹은 얼마나 빠른 시간에 다시 그 지배력을 잃고 다른 문화상품에 순서를 넘기는가가 중요해졌다. '리듬'과 '사이클'에 대한 관심이 문화적 특성 자체를 이루게 되었다. 이런 맥락에서 보면 확률적으로 얘기할 때 지금 시장에서 화제가 되고 있는 히트상품 대부분은 2년 후에는 그 자리를 계속 지키지 못할 가능성이 매우 높아진다. 어떤 음악이 지배적인 음악문화 내용을 구성하는지, 어떤 미술적 기호가 그 사회의 주도적 미술 기호인지 하는 것들은 이처럼 각 문화요소가 형성되는 과정, 그 흥망성쇠가 시간의 속도성에 따라 어떤 궤적을 그리는가 하는 점에 의해 더 많은 영향을 받게 되었다. 그렇게 보면 어떤 특정 문화요소나 현상이 공간적으로 한정된 '한반도' 혹은 '한국문화'의 지배적 요소라고 논의하는 것 자체도 이전에 비해 의미가 약해졌다. 문화적 특성의 범주, 영토 개념에 대해서도 새로운 고찰이 절실히 필요한 시점이 된 것이다.

5. 문화적 영토는 갈라지고 있는가?

이처럼 최근 한국에서 새로운 문화가 등장하고 사라지는 전개속도는 가히 일반인들이 따라잡기 어려운 것이 되었다. 그 속도에 대한 적응의 차이는 '신세대와 쉰세대' 담론을 만들었다. 문화변화에 대한 적응을 둘러싼 압박감과 스트레스가 사회적으로 양산된다. 문화의 전개속도에 대한 적응은 사회생활에의 적응을 뜻한다. 이것은 곧바로 경제적 적응, 직업적 적응, 시장 적응으로 연결된다. 문화 자체가 상업화, 산업화 되면서 문화의 속도성이 점차 더욱 중요해질 뿐 아니라 문화적인 학습과 적응의 문제도 이전과 다른 양상을 보여 준다. 그리고 문화적응의 정도를 둘러싸고 연령층, 교육정도, 성별, 계층 등에 따른 문화적 차등화, 분절화가 사회의 전반적인 차원에서 두드러지게 드러나기 시작했다.

'방문화'는 이렇게 새롭게 진행되는 문화적 차등화와 분절화의 단계를 보여 주는 형식이기도 하다. 이전부터도 존재했던 각 문화 수용집단간의 영토 분리는 이제 다방과 전통 찻집, 카페와 커피 전문점, 콜라텍, 룸살롱 등에서 인간 집단간, 그리고 경우에 따라서는 동일한 인간 내부의 각기 다른 시공간적 분절로 나타나기도 한다. PC방과 같은 문화산업 공간은 그것을 이용하는 집단과 그렇지 않은 집단을 나눈다. 이용자 집단 안에서도 다시 머드게임과 채팅을 주로 하는 그룹과 주식 데이트레이딩을 하는 그룹, 그 밖에 다른 그룹들을 분화시킨다. 한 사람이 각 문화산업 공간의 틀을 이용해 한 집단에서 다른 집단 속으로 이동하며 문화적 정체성 사이를 헤엄쳐 다닐 수 있는 가능성도 커진다. 선택의 가능성과 함께 자아의 분열 가능성도 증가한다. 그것은 다변화되는 공동체의 가능성과 함께 또 다른 소외와 폐쇄 가능성을 늘린다. 동시다발적인 양상이다.

경우에 따라서 갈라진 문화적 영토들의 재통합을 추구하는 방문화 아이템이 나오기도 한다. '원스톱 멀티플 서비스(one stop multiple services)' 개념의 방문화, 이른바 '뷔페 식당형 방문화'들이다. 한 무리의 친구들이 같은 문화산업 공간에 들어가지만 각기 입맛과 취향에 따라 다른 문화상품을 소비하며 시간을 보내다가 다시 만나기도 한다. 그리고 동일한 인물이 이것저것을 하나의 공간에서 소비하며 고루 맛볼 수도 있다. 문화를 구성하는 개개인은 이렇게 다양한 모습으로 나뉘어가는 문화적 영토들 사이에서 자신들만의 독자적인 영역을 만들기도 한다. 동시에 한 개인이 성격이 다른 여러 개의 문화적 영토 사이를 유목민처럼 이동하면서 개인의 취향과 문화소비

게임방 한켠에 놓인 전화 부스 형태의 녹음방. 입맛에 맞는 노래의 반주를 택해
즉석에서 부른 자기 노래를 CD에 담아 구워낸다.

를 뷔페 식당형으로 조합시키면서 살 수도 있다. 그런 장치가 많은 사람에게 일반적인 형태로 접근 가능해진 것이다. 그러니까 집단적으로 문화적 영토가 나누어지는 것일 뿐 아니라 한 개인의 내부에서 문화의 여러 층이 분절적 혹은 분열적으로 공존하며 소비되는 양상이 발전하는 것이다.

6. '이중성'과 '부패' 문화

'방문화' 산업에서 나타나는 한국문화의 속성 중 하나는 현대 한국의 일상 문화가 문화소비의 '이중성'을 강요한다는 것이다. 이중성 혹은 이중 논리는 여러 차원에서 얘기할 수 있다. 우선 '원칙적인 차원'과 '실제의 차원'으로 구성되는 이중성이다. 방문화의 발전 이후 개인성의 발현이 증가한 것은 사실이지만, 현대 한국의 일상적 문화향유에서는 아직도 집단적인 이익과 집단 내의 화합이 찬양된다. 개인적 열망을 추구하는 것은 여전히 비판의 대상이 된다.

노래방의 소비형태에서 나타나는 이중성은 이렇다. 원칙적인 차원에서 함께 어울려 노래하고 노는 집단 어울림은 공개적으로 찬양된다. 하지만 구체적인 행동관찰에서 나타나는 것은 각자가 자신의 노래 부르기 순서를 기다리며 따로 개인의 재미를 추구하는 현상이다. 겉으로는 아직 가족 우선의 논리, 조직 우선 논리, 지역공동체 우선 논리, 직장 우선 논리 등이 장려된다. 그에 반하는 개인의 이익과 즐거움을 추구하는 것은 다분히 '죄악시' 된다. 개인주의 성향이 강화되었다고 하는 청소년들 사이에서도 그것은 크게 다르지 않다. 튀는 취향과 행동, 표현, 의식에 대한 견제로 소위 '왕따 현상'이 기승을 부리는 것도 이와 무관하지 않다. 비록 개성과 개인성을 추구하는 것이 전보다 쉬워졌다고는 하지만, 공식적인 언설에서 그것을 공표하는 것은 쉽게 허락되지 않는다. 여전히 비난받기 십상이다.

그렇다면 개인이 이 문제를 풀어 낼 방법은 없는 걸까? 집단의 비위에 맞추는 생활 속에서 받는 스트레스를 처리하면서 개인이 주인공이 되어도 좋은 특별한 공간을 마련할 필요가 있다. 원칙적으로는 같이 어울리는 것 같지만 내용상으로는 은근히 각자가 원하는 것을 추구할 수 있는 곳. 돌아가면서 스타가 될 수 있는 비공식적인 공간들이 생긴다. 그 공간들은 모호함을 덮기 위한 듯 동굴적인 형태로 만들어진다. 노래방과 단란주점은 그중에서도 대표적인 이행기적 모호성을 담고 있는 '방'들이다.

노래방의 성공에 이어 등장한 비디오방은 개인적 선택과 취향이 훨씬 본격적으로 실현될 수 있는 공간적 장치다. 영화관의 상영 프로그램과 시간적 제약에서 벗어날 수 있다. 가정 즉 가족의 공간이 갖고 있는 한계와 간섭에서도 벗어날 수 있다. 지나가다 그저 하릴없이 들를 수 있다. 이런 식으로 차려진 '방문화'들은 청소년과 여성들에게 각별히 중요하다. 현대사회의 중요 문화소비자 대열에 들어섰으면서도 문화소비자로서의 권리를 사회에서 공개적으로 천명할 수 없었던 것이 청소년과 여성들이기 때문이다. 부모와 교사, 기타 사회적 성인들의 준거틀에서 벗어나서, 그리고 여전히 지배적인 남성문화의 각종 규제장치와 감시에서 빠져 나와 자신들이 원하는 것을 직접 취할 수 있는 가능성이 상업적으로 제공되는 '방' 들에서 주어졌다.

명분상으로 내세우는 원칙과 실행 사이의 이중성에는 집단주의와 개인주의 말고도 여럿이 있다. 그중에서도 감정적 발산과 욕망에 대한 표현, 추구가 대표적이다. 감정적 욕망을 발산하고 추구하는 것이 일부 층에게는 허용되고 다른 층에게는 허용되지 않을 경우 그 긴장은 더욱 크다. 연령과 성별에 의해 허용되는 내용이 다르고 정도가 다르다. 그리고 거기에는 법률적인 규정도 얽혀 있다. 이럴 경우 '합법적인 문화소비' 와 '비합법적' 즉 '불법적' 혹은 '탈법적', 그것도 아니면 법의 테두리가 만들어지기 이전의 문화소비가 한편에서 추구되기 마련이다. 탈출구를 찾아 집요하게 움직이는 이런 법률적 틀 바깥의 문화소비는 빠른 속도로 전개되는 문화적 과정의 틈새에서 많은 가능성을 찾아낸다. 그런 것들은 또 법적으로 부담해야 할지 모르는 위험의 대가로 만만치 않은 상업적 이익을 안겨준다. 노래방에서 본격화된 방문화의 상업적 성공의 뒤에는 이런 문화산업들이 법적 규율이 만들어지기 이전에 성업하여 법적 구속의 제약 없이 영업행위를 하면서 많은 돈을 벌 수 있었다는 사실이 존재한다.

특히 해당 사업 아이템에 대한 법이 만들어져 규제가 생기는 경우에도, 자신들의 사업은 그 이전부터 형성되었기 때문에 억울하다는 주장이 제기된다. 그런 경우 기존의 투자에 대해 무작정 손해를 입힐 수는 없다는 논리가 묘하게 발전해 '현실화' 라는 명목으로 기존 탈법 영업의 존속을 인정하게 되는 경우 또한 적지 않다. 그리고 이런 식으로 탈법적 사업방식을 '정상화', '현실화' 하는 과정은 일부에서 아예 '관행'이 되기도 한다. '부정부패'라는 단어로 규정되는 행위들은 이 같은 이중성의 문화 논리 속에서 '문화적 실행논리'로 만연할 수밖에 없다. 안성기, 박중훈 주연의 1990년대 초반 화제작 '투 캅스'라는 영화는 그런 맥락에서 '명분적 규약'보다 더 큰 힘을 발휘하는 '실행적 규약'의 내용을 생생히 보여 준다.

이렇게 적지 않은 업소들이 '양성화'나 '현실적 정황 고려'라는 명목을 내세워 여전히 탈법적인 환경 속에서 사업을 벌이는 경우가 적지 않다. 법률이 만들어진 다음에 사업을 시작하는 방문화 업소들이라고 해도 법적 규제의 테두리 안에서만 활동하지는 않는다. 그들도 그들대로 각기 협회나 단체를 결성해서 로비와 협상을 벌인다. 한국 사회 안에서 관행이 되어 버린 자릿세와 촌지도 자주 등장한다. '방문화'를 둘러싸고 이야기되는 탈법성과 퇴폐성 논의는 바로 이런 문화적 공식성/비공식성의 이중적 논리가 강요된 현대 한국의 문화적 틀이 교통정리 되지 않은 채 드러나는 혼란의 표출이다. 비공식성과 탈법성을 손쉽게 지적하고 비판하는 일반 소비자 역시 그런 이중성을 소비하고 향유하면서 다시 자신을 정당화하고 싶어하는 문화적 이중성의 참여자일 따름이다.

방문화 형 문화산업의 소비에서는 탈법과 불법 사업방식, 소비양태가 아예 '상식'의 일부가 되어 버렸다. 그래서 법적 규제 그러니까 공식적 문화논리에 의해 단속 대상으로 적발된 업소들은 그저 억울하다고 느낀다. 자신들이 잘못한 것이기보다는 현실적 문화실행 논리를 따르고 있었을 뿐이라고 생각한다. 그런 속에서 자신은 '재수 없었고', '억울할 뿐'이라고 생각하며 이를 호소한다. 젊은 세대의 문화소비도 여기서 벗어나지 않는다. 사이버 시대, 혹은 인터넷 시대의 청소년들도 1997년 이후 본격적으로 늘어난 상당수의 PC방에서 이런 틈새를 이용해 자신들의 소비를 추구하고 있고, 그런 사업양태가 전개되고 있다.

빠른 문화변동의 시대에 나타나는 혼란의 모습일까? 새로운 문화적 요소들의 전개 속도를 따라가지 못하고 그에 관련된 사회적 합의를 미처 끌어내지 못한 때문일까? 전체적 합의를 도출할 수 있는 고려와 각 층위의 의견이 충분히 형성되기 전에 문화산업은 다시 그 다음 단계로 재빨리 도망쳐 가고 있다. 이제는 원칙론적인 규칙들이 비현실적이 되고 빈 언어가 되는 반면, 그와 대조되는 탈법적 관행과 원칙론적 규제가 짝을 이루는 이중적인 틀이 사실상 그 자체로서 '구조화' 되고 있는 것은 아닐까?

7. 스트레스의 시대

필자가 방문화, 그중에서도 노래방을 가장 열심히 찾던 시절은 하루가 멀다 하고 야근을 하던 시절이다. 할 일은 산적한 데다 풀리는 것은 없어 스트레스가 폭발 직전이었던 직장생활 시절과 일치한다. 어떤 날은 밀린 과제를 처리하기 위해 저녁 먹고 야근을 준비하다가, 답답한 마음과 짜증에 "도저히 안 되겠어서" 같은 팀 직원들에게 삼십 분 정도 시간을 내어 노래방에서 "한판 걸쭉하게 노래를 때리고" 들어가자고 제안했던 기억이 생생하다.

'방문화'를 연구하면서 필자가 수집했던 심층 면접 자료들에 의하면 사회의 빠른 변화와 함께 그에 따른 적응의 스트레스가 '방문화'를 찾는 이유 중 무시 못할 비중을 차지하고 있었다. 사람들은 자신이 '방문화'를 소비하는 이유가 '즐겁게 놀기 위한' 것이라고들 얘기한다. 그리고 그중에서도 방문화의 상품들이 비교적 값싸게 일상생활 가까운 공간에서 이용할 수 있는 문화소비 장치라는 점이 중요하다. 무엇보다도 가장 짧은 시간에 빠르고 효과적으로 '스트레스 쌓이는 현실'을 잊어버리게 해 준다는 것이 인터뷰들의 공통된 메시지다. 이것은 그냥 그렇구나 하고 넘길 내용은 아니다. 현대 한국인의 주요 사망원인 세 가지 중 하나로 꼽히는 암 질환의 주요 이유는 스트레스다. '속도성'과 마찬가지로 '스트레스'는 개인의 심리적 현상을 넘어 아예 현대 한국의 주요 문화적 구성요소로 자리잡기 시작했다고 보아도 무방할 것이다.

스트레스의 문화에 찌들어 있는 현대 한국의 도시인들에게 노래방과 게임방, 오락실 등은 그들을 바깥과는 다른 시공 영역으로 진입하게 해준다. 이런 방들에 들어서기 전에 직장, 학교, 가정, 입시학원 등에서 평범하고 틀에 맞추어진 일상 속 스트레스에 찌든 소비자들은, '방문화'의 공간에 들어서면서 순식간에 화려한 변신을 한다. 조명과 음향, 기계설비, 기타 장치들은 소비자들을 최단 시간 안에 화려한 주인공으로 탈바꿈 시켜주기 위한 무대를 제공한다. 기존 방문화의 공간들에 비해 외부로 열려 있는 DDR과 PUMP 오락실들은 그것들대로 이용객들이 순식간에 무대 위의 '스타'로 탄생할 수 있는 공간이다. 특히 시내 번화가에 있는 PUMP 오락실로 진출을 준비하는 젊은이들은 이 점을 신경 쓰면서 가정과 동네오락실에서 각별히 연습과 노력을 기울인다. 한 마디로 누구나 '익명의 도시인'에서 '스타'로 탈바꿈될 수 있는 '또 다른 세상'이 열리는 것이다.

방문화 형태가 다양해지면서 각 문화소비자 부류에 따른 문화소비 관행도 어울리는 범주를 따로 만들기 시작했다. 각자가 처한 사회적 또는 경제적 환경 속에서 부과되는 스트레스를 반영하는 문화소비 관행이 나타난다. 그런 스트레스들에 대해 가장 짧은 시간에 걸쳐 집중적으로 반응하는 방식들이 함께 발전한다. 눌리고 답답했던 힘없는 개인에서 대중매체의 스타에 비견될 만한 존재로 변신하는 자신을 느낀다. 그것은 각종 전략 시뮬레이션 게임이 단적으로 보여 주는 것처럼 회색빛 현대 도시의 익명성 속에 흔들리던 군중의 한 사람인 자신을 잊고 갑자기 지구를 위기에서 구해내며 외계인의 침략에 맞서 전쟁을 승리로 이끄는 장군이 되어 경험하는 성취감과 권력의 느낌들을 제공하는 장치가 된다.

이렇게 순간적인 일상 탈출과 스타 탄생을 경험하는 일은 권태롭고 스트레스에 가득 찬 현실에서 소비자가 맛보기 어려웠던 관객들의 집중적인 관심과 선망, 권력의 느낌을 일거에 이끌어낼 수 있는 장치로 소비된다. 나아가 이제는 일상적인 현실과 '방문화'의 가상현실 사이에 있던 경계마저 허물어지기 시작했다. 노래방의 스타가 주부가요스타가 되어 정식 가수의 꿈을 이루기도 한다. 게임방의 게임 고수들은 프로 게이머가 되어 청소년 문화의 실질적인 스타로 화려하게 데뷔하기에 이른다. 전문 직업 가수들이 무대에서 노래 부를 때도 악단의 생음악 반주가 부족할 때는 거리낌 없이 녹음된 반주 음악이 틀어진다. 진짜 가수가 거꾸로 '노래방 가수'가 된 셈이다.

이런 현상은 어쩌면 새로운 문화산업이 발전하는 모든 사회에서 공통적으로 나타나는 것인지도 모른다. 하지만 한국에서는 이것들이 유별나다는 점 또한 인정해야 할 것이다. 특별히 한국에서 '방문화'가 급증하고 번성한다는 것은 한국의 현대 일상문화가 가진 성격과 관계있다. 인구증가와 감소의 급격한 추세, 도시화 속도, 빠른 사회적 전개에 따른 스트레스의 강도, 개인적 자유에 대한 희구와 제한의 정도, 공공 문화환경의 인프라가 절대적으로 부족한 정도, 대학입시와 경제 변화 속도에 따른 적응의 어려움, 변화하는 가족 관계와 사회관계 속에서 발생하는 어려움과 스트레스, 그리고 무엇보다도 이런 것들을 경제적 업적 제일주의로 풀어 나가려는 상업 만능주의가 있다. '시장의 능력'이란 그런 것일까? 긴장과 스트레스의 고속질주 속에서 갈등을 처리하고 풀어낼 수 있는 다른 사회문화적 장치가 제공되지 못했을 때, 그것은 상업주의 원리를 따라 롤러코스터처럼 달려 나온 '방문화'의 화려한 등장과 매력을 배가시켰다.

8. 정보화 사회의 인간형

한 사람이 자라면서 누구와 어떤 정보교환을 통해 상호작용하고 관계를 맺는가 하는 것은 중요한 질문이다. 더군다나 사회화와 문화화가 이루어지는 어린 시절, 그리고 청소년 시절의 상호작용 형태와 대상과 형태가 갖는 중요성은 결정적이다.

현재 한국에서는 한 어린이가 성장하는 초기부터 텔레비전과 비디오, 컴퓨터가 사회화에서 커다란 비중을 차지한다. 우는 아이를 달래기 위해 나온 '애보는 비디오'를 비롯해 각종 만화영화, 노래 비디오 등은 부모가 아이와 직접 상호작용 해야 할 시간의 많은 부분을 대체한다. 비디오테이프를 보면서 말을 배우기 시작하는 유아들이 늘고 있다. 컴퓨터 게임 없는 한국 초중고생의 학생생활은 상상하기 힘들다. 직접 몸과 몸이 부딪치거나 사람들과 만나 상호작용 하는 놀이의 영역이 상대적으로 축소된다. 대신 그 시공간의 영역에서 기계장치들이 차지하는 비중은 늘어만 간다.

기계와 인간 사이의 커뮤니케이션을 중심으로 상호작용이 발달하면, 그에 걸맞은 인간형이 탄생된다. 그에 따른 사회화가 이루어지며 그에 부합되는 문화가 형성된다. 기계적 장치와 나누는 상호작용이 문화형성에 점점 더 큰 비중과 영향력을 갖게 된다. 그 결과 한 사회가 주로 소비하는 기계 역시 그 사회의 속성을 적잖이 배태하면서 발전할 것도 분명하다. 인간들 사이의 상호작용을 통해 이뤄지는 문화적 행위가 이제는 그 파트너를 바꾸고 있다. 이미 대화 상대로서 기계가 인간의 일부를 대체했다. 인간들 사이의 상호작용 또한 기계가 제공하는 기술적 요소에 의존해 이뤄짐으로써 상호작용 방식이 성격 변화를 일으킨다.

한국의 정보화 수준을 한 단계 앞당겼다고 하는 초고속 통신망의 일상적 이용은 여기서 한 발짝 더 나아간 형태를 보여 준다. 상당수의 가정에 깔려 있는 초고속 인터넷 통신망과 PC게임방에서 채팅, 전자우편, 그리고 온라인 게임을 하는 경우, 각 이용자는 우선 기계장치를 대면한다. 여기서 이용자가 직접 대면하는 것은 기계장치다. 그리고 자신이 이전부터 알고 있었거나 또는 알지 못하는 익명의 존재가 그 기계장치를 통해 상호작용할 상대방으로 참여한다. 상호작용을 통해 상대방의 얼굴과 프로필을 알 수도 있지만, 그런 것들을 모른 채 계속 상호작용을 발전시킬 수도 있다. 채팅과 온라인 게임 등은 이제 두 사람 이상이 현실상의 동일 공간에서 만나 대화를 나누지 않고도 상호작용을 하게 해준다. 익명성이 다분한 사이버 공간에서 만나 영역이 특화된 부분에 대해서만 취미를 나누고 대화할 수 있다. 필요한 메뉴만 쏙 빼먹는 상호작용 관계가 손쉽게 짜여진다. 언어가 잘 통하지 않는 외국인과도 인터넷상에서 만나 머드 게임 형태의 게임을 하고 다시 익명성 속으로 흩어질 수 있다. 이제 컴퓨터 게임방이나 가정의 초고속 통신망 인터넷 안에서 이뤄지는 문화실천은 아예 처음부터 현실공간과는 관계없는 '사이버 공간'을 매개로 만나는 상호작용 양상도 보여 준다.

PC게임방은 이런 상호작용을 집중적으로 하는 이들이 빠른 통신 속도와 설비, 그리고 부모나 형제 등 가족의 간섭을 받지 않고 자기 마음대로 게임과 채팅 등을 하기 위해 찾는 전문화된 상업 공간이다. 물론 전부터 알고 있던 친구들끼리 PC방에 가서 게임과 채팅을 하는 경우도 많다. 그렇지만 기본적으로 기계 설비를 매개로 익명성의 광활한 무대 위에서 지극히 세밀화된 특정 주제나 기호를 자기 편의에 따라 나누고 다시 흩어지는 방식의 문화적 상호작용이 늘어가는 것도 사실이다. 이 경우 사회화는 이전과 다른 형태로 이루어질 수밖에 없다.

새로운 상호작용 속에서 성장하는 이들의 준거집단, 정체성의 범주는 이전의 그것들과 달라질 가능성이 높다. 그들이 생각하는 '공동체'는 이전에 비해 혈연, 지연, 학연 등 사회적이고 물리적인 범주의 영향을 덜 받는다. 가상 공동체는 그대로 현실 공동체가 된다. 구분은 더 이상 의미가 없다. 기계 설비를 통한 상호작용과 문화형성 현장에서 이제 문화적 정체성 범주는 더 빠르게 이동한다. 문화적 감수성과 사람 사이에 관계 맺는 방식들이 보여 주는 각 문화의 특징은 어디서 경계 지워지는가? 2002년 월드컵이 열리기 두 달여 전 시행된 설문조사에서 한국의 중고생들 중 20퍼센트 정도만이 한국인으로 태어난 것을 긍정적으로 생각한다는 결과가 나왔다. 월드컵 개최기간 동안 그들은 붉은 악마가 되어 울고 웃고 태극기를 몸에 휘감고 다녔다. 현해탄을 오가며 일본과 한국에서 각기 6개월씩 나누어 활동하는 인기가수 보아는 일본 대표로 아시아 가요제에 출전했다. 아이에게 출생과 함께 미국 시민권을 주기 위한 '원정출산'을 전문적으로 알선하는 업체가 성업중이다. 문화적 영토는 이렇게 재편성되고 있다.

코엑스몰
—디즈니랜드형 시장통 골목

1. 물 좋은 지하상가?

"난 노는 물이 달라! 코엑스몰(물)로 오세요" 서울 강남구 삼성동 '무역센터'와 '한국종합무역 전시장(coex)'의 지하층에 자리잡은 코엑스몰(coex mall)은 2000년 아셈회의를 맞아 '아셈빌딩'과 '코엑스 인터컨티넨탈 서울 호텔' 건축 공사 기간 동안 기존의 지하상가들을 전체적으로 새롭게 단장, 배치해 놓았다. 지하에 위치한 곳이면서도 중류층 이상 비교적 젊은층들이 찾는 소비공간으로 성공한 이곳은 몇 가지 이유 때문에 우리의 관심을 끈다. 첫째, 이곳은 상가의 대부분이 지하에 단층으로 깔려 있음에도 불구하고 비교적 고급스런 소비공간의 이미지를 확보하면서 상업적으로 성공하고 있다. 이것은 서울의 도심이나 부심에 자리잡았던 소위 기존의 '지하상가'들이 애초의 기획의도와 상관없이 점차로 이불과 속옷, 액세서리, 양말 등 생활의류와 같은 저렴하고 실용적인 것들을 판매하는 쪽으로 방향을 틀어간 것과 비교된다. 즉, 그 이미지가 '임시적'이고 '값이 싸며' '사람들이 뜨내기로 지나치는' 상가들로, 따라서 그곳에 오래 머물기보다는 그냥 '지나가는 사람들로 시장처럼 북적대는 곳'으로 기능하게 되었다는 점과 대비된다. 사실, 서울에서 '물 좋은 지하상가'를 본 적이 있는가? 강남 고속터미널 지하상가? 종로와 을지로 지하상가? 아니올시다이다. 물론 예외가 있긴 있었다. '웨스틴 조선 호텔'과 '서울 프라자 호텔' 사이에 생긴 초기의 소공동 지하상가 정도가 그 예외에 속할 것이다. 그곳도 과거의 빛이 바랜 지는 오래이지만 말이다. 하지만 코엑스몰은 그 규모가 다르고 영토성이 확실히 다르며, '새로이 떠오르는' 지하 쇼핑거리다.

점포수로 2백 57개가 넘고 비교적 넓은 면적에 펼쳐진 코엑스몰의 지하 쇼핑공간은 전반적인 기획 개념에 따라 새로 정리되면서 2000년 아셈회의 이전에 비해 확실히 달라졌다. 천정도 그리 높지 않은—천정이 높지 않은 실내공간은 답답하다. 강남 신세계 백화점의 높게 뚫린 천정이 주는 효과와 비교해 보라—이 정도 넓은 지하 쇼핑공간이 중류층 이상의 고객을 대상으로 하면서 나름대로 성공적으로 기능한다는 것은 대단한 일임에 분명하다. 그 성공을 가능케 한 요인으로는 공간의 전반적 재배치와 관리방식의 특성도 중

요하지만, 우선 코엑스몰이 자리잡은 위치부터가 특별한 성격을 가
지고 있음을 알아야 한다.

2. 삼성동이란 위치

코엑스몰은 서울의 '강남' 중에서도 특별히 역동적인 위치에 자
리를 잡았다. 지상 교통으로 보면 영동대로와 테헤란로, 아셈길, 그
리고 봉은사로로 둘러싸인 일군의 건물들의 지하를 구성하거나, 지
하를 통해 그 건물들과 바로 연결된다. 주변에는 널찍널찍한 강남
의 자동차 도로들이 있다. 지하철로도 삼성역 출구와 바로 이어진
다. 지하통로들로 직접 연결되는 곳은 '그랜드 인터컨티넨탈 서울
호텔', '현대백화점 무역센터점', '서울도심공항터미널', '한국종
합무역전시장', 그리고 가장 최근에 새로 들어선 '코엑스 인터컨티
넨탈 서울 호텔' 등이다. 이 건물들은 서울의 강남지역 중에서도 소
위 첨단 비즈니스 타운과 연결되면서 '국제성', '세계성', '첨단성',
그리고 젊은 중상류층 활동 인구를 끌어들이는 곳들이다. '한국종
합무역전시장'과 '아셈빌딩'은 각종 대형 국제회의와 전자통신 및
디자인 관련 국제전시와 세미나가 자주 열리는 장소다. 그런 의미
에서 테헤란로 주변에 새로 조성된 벤처기업들이 국내외 대기업들
과 국제 금융사들을 현장 면담, 전시부스 및 기타 다양한 형태로 만
나온 곳이기도 하다. 두 군데 인터컨티넨탈 서울 호텔들은 이미 서
울의 호텔들 중 품격이나 국제성에 있어 수위를 달리는 곳으로 인

코엑스몰의 공간환경과 분위기 그 자체가 이른바 이용객들의 '물' 을 자연스럽게 관리하는 장치가 된다.

정받고 있다. '현대백화점 무역센터점'은 이러한 입지공간에서 움직이는 인구와 주변의 역삼동, 청담동, 대치동, 신천동 일대 중·상류층의 쇼핑공간으로 성공적인 영업을 해 온 곳이다. 다시 공간을 조금 더 확장해서 보면 영동대로 건너편에 '한국전력본사'가 자리잡고 있고, 테헤란로를 따라서는 '포스코 사옥'과 금융 기관들을 비롯해 각종 기업 본사들이 입주한 대형건물들이 비교적 젊고 우수한 인적자원들의 활발한 활동공간으로 기능하고 있다.

그렇게 본다면 코엑스몰은 비록 지하에 자리잡고 있지만 어느새 주변지역이 조성해 놓은 인구와 활동 특성들에 의해 그 특별한 성격이 형성되었다고 말할 수 있다. 하지만 공간의 성격이 그 공간을 둘러싼 외적 요인들에 의해 자동적으로 만들어진 것만은 아니다. 코엑스몰의 경제적 성공은 자신이 자리잡고 있는 지리적인 환경의 문화·경제·인구적 변수들을 정확히 읽어낸 위에 서울의 도시공간이 갖는 속성들을 비교적 뛰어나게 파악하고 재해석한 공간기획자의 기획력이 첨가되어 이루어졌다고 할 수 있다. 다시 말하자면, 서울에서는 첨단 인텔리전트 빌딩이나 중상류층의 인구가 움직이는 곳이라고 하더라도 그 공간적 일상성에 있어서 특이한 서비스 영역을 주변에 갖추어 놓아야 한다는 점을 간파한 것이다. 한 마디로 '시장골목적인 성격의 공간'이 바로 그것이다. 그러나 시장골목 공간을 단순히 하나의 건물 안에서 재현하는 정도를 넘어서 독자적인 분위기와 이미지를 갖는 영토를 차려놓는 것이 여기서는 중요했다.

3. 삼성동 밥집골목

1970년대 중반 이후에 길이 놓이고, 1980년대 초반 이래 건물들이 집중적으로 들어선 강남구의 거리는 격자형으로 짜여진 널찍한 자동차 도로와 도로변에 들어서는 현대적 건물들로 특징을 이룬다. 특히 지하철 삼성역 일대는 '무역센터'와 '한국종합무역전시장'을 중심으로 일대에 대형 오피스 건물들이 들어서면서 현대적인 느낌을 주는 건물들과 넓은 직선도로가 거리경관을 형성한다. 그런데, 그렇게 형성된 강남의 큰길 바로 뒤편으로 들어서면 각종 국밥류를 비롯한 다양한 종류의 음식점과 술집, 꽃가게와 커피 전문점, 자동차 수리점과 문방구점, 편의점, 오락실 등 인접한 대형 첨단 오피스 빌딩들에서 일하는 사람들의 업무와 일상 활동을 지원하는 업소들이 들어서 있다. 그리고 그것들은 하나의 큰 블록이나 빌딩을 형성하기보다는 골목길을 따라 다소 불규칙하게 섞여 자리를 잡았다. 그런 점에서 이 시장골목, 혹은 밥집골목, 다르게 말하면 생산자 서비스업의 골목은 서울의 명동 증권골목 부근이나 서울시청 주변의 밥집골목들, 또는 종로의 피맛골과 충무로, 을지로 인쇄골목 일대의 밥집골목, 심지어 같은 강남에 있는 강남역 부근 골목업소들과 크게 다르지 않다.

한국의 직장인들은 예나 지금이나 차가운 샌드위치, 혹은 도시락을 싸 가지고 다니기보다는 뜨거운 국물에다 따뜻한 음식이 즉석에서 조리, 제공되는 뜨거운 점심을 선호한다. 대형 인텔리전트 빌딩 안에서 하루를 보내는 이들도, 벤처기업의 젊은 연구진이나 대기업

의 중역들도 빌딩 안의 깔끔한 양식류로 식사를 해결하는 경우보다
는 여전히 건물 밖 밥집골목으로 나가 '뜨끈뜨끈하게' 처리하는 빈
도가 높다. 이와 더불어 한국의 직장문화에서 집단 회식과 음주문
화는 직종에 관계없이 중요한 일상영역을 이룬다. 그렇게 즉석에서
끓이고 구우면서 뜨겁게 준비되는 음식들은 하나같이 불을 피우면
서 조리되고 서비스되기에 적지 않은 '냄새'를 풍긴다. 이 냄새들은
한국 밥집골목의 정취와 분위기 속에서 손님들을 끌어당기는 선전
효과를 발휘하기도 하며, 시장골목의 '아우라(aura)'를 형성하는 데
중요한 몫을 차지한다. 깔끔하고 고급스런 이미지를 확보해야 하는
백화점 푸드 코트가 얼마 전까지만 해도 한국에서는 그리 성공적이
지 않았던 연유가 여기에 있다.

이런 속성은 한 채의 커다란 건물, 혹은 하나로 이어진 공간 안에
여러 종류의 음식점이 자리잡는 데 한계가 있음을 이야기하기도 한
다. 더군다나 지하공간일 경우는 주변의 다른 업종들이 그 냄새와
분위기의 영향을 받게 된다. 그 결과 '정부종합청사'나 '서울시청'
부근, 명동의 증권가 등 업무지구의 어느 곳이라도 대형 빌딩 바깥
주변에는 거기서 일하는 사람들의 식사와 각종 서비스를 담당하는
별도의 시장통 밥집골목들이 만들어진다. 1층과 2층을 넘지 않는
지상 건물, 특히 어느 정도 다양성을 제공하는, 규모가 그리 크지 않
은 음식점들이 수평적으로 늘어서 배치된다. 대형 오피스 빌딩의
이미지와는 대조적으로 다양하고 번잡하면서 나름대로 구수하고
버글거리는 시장형 골목이 현대적 오피스 빌딩에서 일하는 이들의
일상적 서비스를 받쳐주는 것이다. 그런데 코엑스몰은 바로 이러한

밥집골목, 삼성동 일대에도 예외 없이 조성되어 있는 밥집골목의 속성들을 옷가게가 늘어선 쇼핑의 거리 요소와 결합시켜 하나의 대형 지하공간 안으로 통일시켜 집어넣었다는 점에서 주목할 만한 것이다.

4. 코엑스몰의 이용사례

그럼 이제 좀더 자세히 각 상황별로 코엑스몰 이용자들의 공간 이용방식과 경로를 살펴보자. 여기서 유념할 것은 코엑스몰이 그 안을 구성하고 있는 다양한 상업공간들 사이의 연계성을 높이는 방향으로 업소들의 위치와 길목, 그리고 각종 시각, 후각적 인식장치들을 전반적으로 재배치했다는 사실이다. 이 작업은 공간개조 이전부터 한국종합무역전시장의 지하에 들어서 있던 각 점포들이 갖고 있던 고객 흡인력을 훨씬 증폭시켰다. 그 결과 개조작업 이후에는 코엑스몰의 이용객들 중 상당수가 이곳의 복합성과 다양한 기능들을 한껏 이용하게 되었다. 아래에서 몇 개의 경우들에 나타나는 이용자들의 동선을 살펴보자.

먼저 반디 앤 루니스(서울문고가 이렇게 이름을 바꾸었다) 서점에 책을 사러 간 사람의 움직임을 따라가 보자. 책방에 도착하기 전에 지하철에서 내려 통로를 이동하는 동안 양쪽에 펼쳐진 젊은층이 선호하는 브랜드의 옷과 소품들을 가볍게 윈도쇼핑(아이쇼핑)하면서 이동한다. 따로 물건들을 열심히 고르지 않더라도 그것들은 밝은 통유리 쇼윈도를 통해 쉽게 눈으로 훑어보며 지나갈 수 있다. 뮤직비디오 모니터와 스피커가 사람들이 지나다니는 통로를 향해 설치된 가게들도 여럿이 있다. 꼭 옷을 사지 않더라도 지나가다 가게 밖에서 그 화면을 즐기는 이들이 많다. 알록달록하게 장식된 경양식이나 일식 혹은 패스트푸드 식당들도 그러한 기웃거림의 장치에 한몫을 한다. "이따가 점심때가 되면 저걸 먹어 볼까?" 미리 마음을 정하기도 쉽다. 꼭 오늘 먹지 않더라도 다음 번에는 저런 것을 먹어 보리라 하며 구경하는 눈요기가 가능하다. 책방의 입구 쪽 코너와 책방 바깥 맞은편 등에는 스타벅스를 비롯한 커피점들이 자리잡고 있다. 책방에 들르기 전에 잠시 시간을 보내거나 혹은 책을 산 후에 커피를 마시며 책을 읽는 사람들도 눈에 뜨인다. 그럴듯한 라이프스타일의 이미지를 갖는 주인공이 되는 것이다. 책방 안에는 또 아이들과 함께 동화를 읽거나 간단한 놀이를 할 수 있는 공간이 마련되어 있다. 여기서는 엄마가 책을 고르는 동안 아이들이 잠시 놀 수도 있고, 지나가던 부모와 아이가 쉬어갈 수도 있다.

이제 책방을 나오면서 레이크 푸드 코트(호수 먹거리 마당)로 향한다. 레이크 푸드 코트는 멀티 플렉스 극장인 메가박스 시네 플렉스, 그리고 큰 규모의 책방인 반디 앤 루니스와 함께 소비자들에 대한 흡인력이 가장 강한 곳 중 하나다. 그리고 코엑스몰 안에서 일정 시간 이상 움직이는 다양한 사람들이 거쳐 지나가는 곳이기도 하다. 피자집과 패스트푸드점, 경양식, 중국음식과 일본음식점이 코엑스몰의 각 곳에 흩어져 있기도 하지만 레이크 푸드 코트는 다양한 종류의 음식이 따로 한 곳에 모여 있는 광장이다. 이 광장의 특징은 '루브르 박물관' 입구를 구성한 투명한 유리 피라미드를 모방하여 비교적 천장이 낮은 이 지하공간에서 상대적으로 귀중한 상층부로의 개방감을 주는 반투명한 피라미드형 천정 구조물을 외부로 돌출시켜 답답한 느낌을 줄여준

간판 전체가 영어로 된 이 커피집은 이 시대 젊은층의 '문화적 세련됨' 의 코드 사
례 중 하나다.

다는 점이다.

이 레이크 푸드 코트는 밥집골목, 또는 시장골목의 논리를 원형으로 하여 재구성한 코엑스몰의 여러 기능공간들 중에서도 가장 중심적인 몫을 담당하면서, 위치상으로는 '서울 도심공항터미널'과 '현대백화점 무역센터점', '그랜드 인터컨티넨탈 서울 호텔'과 삼성역, 그리고 '아셈빌딩'을 잇는 교차로상에 자리를 잡았다. 그 결과 코엑스몰 주변에 인접한 모든 곳에서 코엑스몰을 구성하는 각 (골목) 길들을 따라 쉽게 이 광장으로 접근해 들어올 수 있을 뿐 아니라, 특별한 생각 없이 그냥 중간 정도의 가격에 비교적 깔끔하고 간편한 음식들을 다양하게 선택할 수 있도록 하였다. 광장의 번잡함과 소란스러움은 여전하되, 이 레이크 푸드 코트는 공간의 형태나 위치상 삼성동 일대 오피스들의 밥집골목의 중심 노릇을 톡톡히 하면서, 먼저 이곳을 향해 움직이는 중간에 있는 다른 가게들을 한꺼번에 장사시켜 주는 역할을 한다.

책방에서 책을 산 뒤 레이크 푸드 코트에서 식사나 스낵을 즐긴 소비자는 나가는 길에 방향을 다시 틀어 책방 옆의 화장실에 들른다. 커다란 코엑스몰의 규모에 비해 화장실 수가 적다는 것도 사람들의 동선을 연장시키고 여러 가게를 지나도록 유인하려는 기획에 의한 것이 아닐까? 화장실에 들렀다 나오면서 눈에 쉽게 뜨이는 레코드가게를 지나치다 들어가 본다. 그 규모가 결코 작다고 할 수 없는 레코드가게에서 음반을 고르거나 음악을 듣고 구경만 하며 시간을 보내다 다시 나와서 포레스트 워크 거리—섬머 워크 거리—그리고 밀레니엄 플라자를 차례로 거치면서 지하철역으로 향한다. 그 중간 길거리에 있는 커피점 중 하나에 잠시 앉을 수도 있고, 제법 유명한 브랜드 제품들이 깔끔하게 모여 있는 수예점과 소품가게를 다시 잠깐 구경삼아 들어갔다 나올 수도 있다.

코엑스몰의 수족관은 개장 직후 사람들 사이에서 가장 크게 선전된 곳이기도 하다. 메가박스 시네 플렉스와 함께 새로 지어진 '아셈빌딩' 아래쪽에 설치되었기 때문에 이전의 '한국종합무역전시장' 지하를 구성하던 가게들에 비해 그 새로움이 강조될 수 있었다. 주로 가족동반으로 이곳에 오는 사람들은 지하철뿐 아니라 자동차를 타고 코엑스몰에 접근한다. 널찍한 주차장 덕분에 서울의 유명한 예식 장소 중 하나로 성장했던 '서울 도심공항터미널' 주차장을 공유하고 있다. 코엑스몰 주차장에 차를 두고 수족관, 즉 아쿠아리움에 들어서는 관람객들은 아쿠아리움에서 한 시간 반 정도를 보낸 뒤 밖으로 나와 지친 다리와 고픈 배를 달랠 곳을 찾는다.

아쿠아리움 입구 맞은편에는 여러 종류의 스낵과 음식점, 커피 전문점뿐 아니라 선물가게, 장난감가게, 양복점, 수예품점 등이 젊은층의 취향에 맞는 비교적 깔끔한 상품들을 차려놓고 밝은 통유리 진열장 안에서 지나가는 손님들의 눈을 맞이한다. 아이들을 데리고 오는 경우가 많은 아쿠아리움 이용객들 역시 이곳을 지나면서 심심치 않다. 길목에서 만나는 음식점 중 한 곳에 들르기도 하지만 그보다 더 실패할 확률이 적은 곳은 역시 여러 가지 음식들이 한 곳에 모여 있는 푸드 코트이다. 그곳으로 향하는 중에 평소 마음먹었던 것과 흡사한 침대 커버 혹은 선물용 앞치마나 장난감들이 쇼윈도에 비쳐진다. 점심을 먹은 후 다시 그 가게로 가서 물건을 사고 다른 가게의 물건을 구경하며 걷다가 주차장으로 돌아가 집으로 간다. 아니면 아예 방향을 '현대백화점 무역센터점'으로 바꾸어 식품 판매부에서 저녁 반찬거리를 사거나 마침 필요했던 스웨터나 티셔츠 세일 품목 등을 사 가지고 가기도 한다. 충동구매가 적지 않게 발생할 수 있는 구조다.

코엑스몰로 리노베이션하여 개관하기 이전부터 삼성동 '한국종합무역전시장' 일대의 거리에서는 주변의 오피스와 행사장들 부근에 볼일을 보러온 사람들, 그리고 직장인들을 상대로 음식점들이 성업하고 있었다. 코엑스몰로 새로 단장되어 개관한 이후로 이 일대에서 일하는 직장인들은 점심시간과 기타 틈새 시간에 할 수 있는 일, 해치울 수 있는 것이 많아져서 즐겁다. 아침 일찍 '아셈빌딩'의 행사장에 관람을 하러 왔거나 '아셈빌딩'에 입주한 많은 오피스 중 한 곳에서 일하는 이들, 좀더 멀리는 반경 1km 이내의 직장에서 일하는 사람들은 출근 후에 일을 하다가 코엑스몰 안에 있는 문방구점이나 우체국에서 일을 처리하기 위해 잠깐 내려올 수 있다. 다시 사무실로 올라가서 일을 하다가 점심시간 무렵이 되면 다른 직장 동료들과 함께 코엑스의 쇼핑몰 안으로 우르르 쏟아져 들어온다. 물론 다양한 종류의 음식점들이 '서울 도심공항터미널' 쪽에서부터 레이크 푸드 코트, 그리고 각 지하의 거리들에 분포되어 있다는 점이 유리하게 작용한다.

점심을 먹고 나서 차 한 잔, 혹은 필요한 살림살이 구입이나 책방에서 책을 고르는 일이 부담스럽지 않다. 그 밖에도 다양한 활동으로 시간을 한껏 내용 있게 보낼 수 있다. 은행업무도 처리할 수 있고, 거래처에 가지고 갈 선물 등도 별도로 틈을 낼 것 없이 지나는 길에 구입할 수 있다. 다시 사무실 혹은 행사장에 돌아가 볼일들을 본 다음, 퇴근 혹은 귀가할 때 집에 가지고 갈 반찬거리를 백화점에서 구입할 수도 있고 새로 음식점이나 술집에서 회식을 하면서 가볍게 한 잔을 할 수도 있다. 미용실에서 머리를 자를 수도 있고 약국에서 약을 살 수 있다. 전자제품가게에서 상품을 구경하거나 구입할 수도 있고 오락실에서 오락을 할 수도 있다. 이러한 다양한 기능들을 전시하며 차려놓은 상점들은 파도치듯 굽은 형태로 배치된 길목들을 따라 사람들이 점심을 먹으러 움직이는 동선 위에 골고루 자연스럽게 배치되어 있다.

5. 뒷골목을 관리하는 코엑스 월드

코엑스몰은 그 안에서 움직이는 사람들의 시선을 계속 끌 수 있
는 다채로운 색깔과 소리, 중산층 젊은이들의 기호에 맞는 가격대
와 내용의 상품들을 배치해 놓았다. 돌아다니는 길의 형태가 갖는
곡선과 직선의 교차방식이나 각 길 위에 배치된 업종과 업소들의
성격은 코엑스몰을 구성하는 몇 가지 인구 흡인력이 강한 전략적
공간들의 상품 내용과 가격에 의해 일차 결정된다. 이어 인구흡인
력이 강한 몇 장소 주위에 분산 배치된 가게들에는 동일한 소비자
층의 기호에 맞는 상품들과 조명, 색깔 등의 시각적 기호들을 통해
소비를 유도하는 장치들이 배열되어 있다. 그리고 그것은 다시 역
으로 소비자의 일정한 계층적, 또는 소비문화적 기호의 성향을 통
일시키고 있다.

공동으로 관리되는 청소와 채광, 통풍 등의 일상적 공간 서비스
업무는 코엑스몰 전체의 청결도와 이미지를 일정하게 유지시킨다.
성격이 다른 여러 업종들이 여러 가지 이름을 가진 길들로 연결되
고, 다양성 속에서도 비슷한 이미지와 상품들의 가격대, 기호적 성
격, 조명들을 통해 문화적 기호 혹은 계층차원에서의 통일성, 혹은
그런 계층과 연령층의 영토성이 실현되는 곳이다.

따라서 지하로 들어온 팬시상품들의 팬시공간인 코엑스몰은 자
기 영토를 구성한 채 그 영토 안의 소위 '물'을 관리해 주고 있는 곳
이다. 비교하자면 자신들의 독자적 영토 내 분위기와 성격을 상업
적 원리 안에서 관리하는 디즈니랜드식의 통제와 영토성이다. 그러

한 통제는 먼저 코엑스몰 안으로 들어가는 가게와 상품의 브랜드, 성격을 어떤 것들로 채우는가 하는 것에서 먼저 이루어진다.

먼저 연령의 차원에서는 청소년층 이상에서부터 30대 후반 정도까지를 환영하면서 비교적 '젊은 세대' 를 고객으로 설정하고 있다. 퓨전 경양식 음식점이라든가 일본식 돈가스와 우동집, 수예점의 소품, 청바지와 캐주얼의 의류들, 스타벅스 등의 커피 전문점, 그리고 문방구도 미국의 브랜드를 따고 내용물도 미국의 쇼핑몰 내 문구코너처럼 품목의 선정과 배치를 해 놓고 있는 점 등이 그들만의 독특한 문화적 영역을 표시하고 있다. 계층적인 차원에서는 서울의 중·상류층을 대상으로 하면서 동시에 단순 유흥인구뿐 아니라 직업을 가지고 활동하는 분위기를 풍기는 소위 '프로, 혹은 프리랜서' 적 경향성을 갖는다. 그것은 '젊고 발랄' 하되 '자기 직업을 가진 사람들의 활동적' 인 성격이며, 나름대로 '여유' 가 있되 '역동적이면서 가끔은 도전적' 인 것이다. 정장 분위기보다는 캐주얼한 분위기가 어울리지만, 그 캐주얼은 결코 '실용적' 이거나 '저렴' 한 느낌으로 밀고 나가면 안 된다. 그 나름대로 어느 정도 '고급' 을 지향하는 '품위' 를 잃지 말아야 한다. 마냥 노는 분위기도 곤란하다. 나름대로 프로페셔널리즘이 엿보이는 것이 좋다. 한 마디로 '열심히 일하고 열심히 즐기는, 자기 개성도 강한 프리랜서들' 혹은 '벤처기업의 젊은 이들' 의 분위기로 집약된다. 물론 이러한 경제, 문화적 활동층에 직접 소속되지 않는 주변 인구라 해도 이러한 분위기, 영토, 성향을 지향하거나 접근하고자 하는 경우 코엑스몰의 쇼핑에 자연스럽게 가담할 수 있다. 이것이 코엑스몰의 '물' 이다.

본래는 각기 다른 다양한 업소들의 공간이었던 것을 하나의 이미지, 하나의 영토
성 기호로 통일시킴으로써 코엑스몰은 공간이미지를 통한 '물 관리', '문화 관
리'를 한다.

이 '몰' 을 만드는 데는 물론 삼성동 일대의 오피스와 인근 기능공간들, 그리고 주변 테헤란로를 따라 대치동, 역삼동 등의 지역에서 나타나는 취향과 계층성, 기타 성격들이 적지 않은 역할을 한 것도 사실이다. 그렇지만 코엑스몰은 그것들을 다시 연결시키고 만나게 하는 교차지점의 성격을 담당한다, 일상적 생활 속에서 사람들이 만나고 공유하고 또는 개별적으로 선택하여 움직이는 기능들을 비교적 성공적으로 분산, 배치하고 있다. 이제 코엑스몰 주변에서 일하는 오피스 인구들과 코엑스몰을 주말에 이용하는 젊은이들은 별다른 계획 없이 이곳에 도착해서 눈에 보이는 그대로 차려진 것들을 활용할 수 있는 기회를 갖게 되었다. 코엑스몰은 주변을 향해 개방되어 있고 주변을 위한 교차로 역할을 하고 있지만, 또한 그 나름의 기획의도 속에서 유도된 소비자의 계층성과 소비문화적 아우라의 통일성에 의해 서울식 골목 공간들을 디즈니랜드식의 통제 아래 관리하기 시작한 사례가 되었다.

그 결과 삼성동에서는 밥집골목들이 이전보다 덜 필요하게 되었다. 밥집골목들, 문방구 골목들, 꽃가게, 은행 지점 골목들…이렇게 만들어지는 한국형 시장골목들은 코엑스몰에 이르러서야 그 상업적이고 계층적인 기획의도와 설계의 오케스트레이션(orchestration) 아래 한 복합건물군의 지하로 들어가 그 왕국의 논리에 복종하게 되었다. 이젠 따로 추운 바깥에 자리한 밥집골목이 필요없다. 골목의 시끌벅적한 분위기나 오피스빌딩의 정결하고 깔끔하게 정리된 공간관리를 넘어선 다른 유형의 공간관리—말하자면 디즈니랜드식 논리, 혹은 롯데월드식 논리의 발전된 형태—가 코엑스몰에서 자리를 잡기 시작하였다.

　코엑스몰의 주요 이용자들은 이것을 어떻게 생각할까? 기존의 한국형 시장골목에서는 비교적 다양한 계층, 다양한 직종, 다양한 출신의 사람들이 뒤섞이고 교차하면서 한국식 골목 분위기의 독특한 색깔과 정체성을 다듬어왔다고 할 수 있다. 반면 디즈니랜드화된 코엑스몰의 소비층은 연령과 계층, 직업과 생활문화에 있어서 어느 정도의 특수성과 함께 동질성의 느낌을 소비하게 되었다. 한마디로 '물 관리'가 자연스럽게 된다는 말이다. 서울시청 주변 밥집 골목들에서 마주치고 교차할 수 있었던 다양한 출신과 연령, 계층의 요소들은 코엑스몰 안에서는 훨씬 제한된 것이 되었다. 코엑스몰의 길목들이 처음 방문한 이들에게 쉽게 방향감각을 제시해 주지 못하는 것, 그리고 코엑스몰의 길에 깔려 있는 타일의 환상적이고 밝은 색깔들과 길가에 배치된 브랜드 이름, 쇼윈도에 비쳐지는 뮤직 비디오들, 순 영어간판들, 커피 전문점의 메뉴와 커피 가격들까지도 이러한 '익숙함'과 '어색함' 사이의 차이를 강화시킨다. 다르게 이야기하자면 '지저분한 사람들(?!)', 혹은 '꾀죄죄한 광경들(?!)'을 대하지 않으면서 내내 자신들에 익숙하거나 자신이 향유하고 싶어하는 분위기 속에서 음식과 쇼핑과 업무와 휴식을 모두 해결하며 돌아다니고 난 뒤, 다른 계층이나 직업군, 연령층, 다른 사회 구성 집단과 만날 기회를 최소화 한 채 각자 자신의 영역들로 돌아갈 수 있는 공간체계인 것이다. 이것을 편안하게 여기고 즐기는 사람들이 적지 않기 때문에, 코엑스몰은 젊은층이 소비하기에는 그 가격이 결코 낮지 않은 품목들을 판매하는 업소들로 구성되었으면

코엑스의 외부 출입구 쪽에 위치한 아셈광장. 외부공간과 내부공간 사이의 전이 공간으로 두 공간을 완충적으로 연결시켜 주는 역할을 한다.

서도 상업적으로 잘 운영되고 있다.

　도시공간이 사회계층적 단절의 방향으로 이동할 경우, 상호작용 즉 '사회성'은 급격히 감소하고, '배타성'은 보다 자연스럽게 일상의 세포 속으로 자리잡기 시작한다. 코엑스몰은 개방되어 있던 골목길을 하나의 통일성을 가진 지하의 기획 공간 안으로 집어넣음으로써, 골목길의 끝들이 닿는 또 다른 불확실성과의 조우(遭遇), 열림과 만남을 통한 변증법적 전개의 가능성을 감소시킨다. 이것이 현대 서울의 대형 상업공간들이 만들어 내고 있는 '사회적 단절성 증대' 현상이다. 혹은 '배타성의 증대' 현상을 보다 '자연스럽게 하는 데 코엑스몰은 적지 않은 공헌을 하고 있다. 강남과 강북의 차이는 집값과 학군에서만 생기는 것이 아니다.

예식장
─신작로 위 마법의 성

1. 누군가의 결혼식

오랜만에 청첩장이 왔다. 이제 갓 마흔을 넘긴 내게는 청첩장이 뜸한 편이다. 한참 소위 '결혼 적령기' 에 있었을 때, 그리고 내가 직접 안면이 있는 후배들이 결혼을 많이 하던 몇 년 전까지는 청첩장이 심심치 않게 왔었는데, 요사이는 그렇지 않다. 그런데 이번에 온 청첩장은 보낸 사람의 이름을 보고도 그게 누구인지 잘 떠오르지 않는다. 잘 모르는 사람이 청첩장을 보냈을 때, 나는 별 생각 없이 책상 구석에 던져두거나 그대로 쓰레기통에 버린다. 나는 장례식은

우선 챙기지만 결혼식은 따로 챙기지 않아도 된다고 생각하는 편이
다. 그리고 잘 모르는 사람의 청첩장, 이건 정말이지 민폐다. 종이를
낭비하니 환경문제요, 우편요금을 낭비하니 경제에도 손해요, 받는
사람의 기분 또한 즐겁지 않으니 사회관계의 폐해다.

이번에 받은 청첩장도 그렇게 책상 구석에서 뒹굴고 있다가 며칠
이 지나 쓰레기통으로 들어가려던 참에, 나는 "아차!~" 불현듯 생각
이 떠올라 손을 멈추었다. 그제야 신랑의 이름이 생각난 것이다. 마
흔 살이 될 즈음까지 총각으로 살아온 고등학교 친구, 만난 지 오래
되기도 했고 혼자서 잘 지내고 있어서 그가 결혼하리라고는 생각도
않고 묻어 두었던 친구의 이름이다. 잠시 갈등하던 나는 하던 일을
접어두고 그냥 그 결혼식에 가 보기로 했다. 오랜만에 다른 친구들
도 만날 겸. 하긴 고등학교 시절 친구들 만난 지도 꽤나 오래되지 않
았나 말이다.

청첩장에 찍혀 있는 약도를 보며, 강남대로변에 있다는 그 예식
장을 찾아 여러 번 차를 갈아타며 겨우 시간에 맞춰 도착했다. 예식
장은 멀리서도 알아보기 쉬운 모양을 하고 있었다. 빨간색과 초록
색을 요리 조리 배치해 가면서 페인트가 칠해져 있고, 건물의 상층
부에는 중세유럽의 성루를 모방한 탑 모양 장식물들이 올려져 있다.
중앙부 건물 입구 위에는 석고로 만든 벌거벗은 어린 천사 둘이 나
팔을 불고 있는 모양이 장식되어 있다. 입구는 원래 아치 구조로 지
어진 것이 아님에도 불구하고 문설주에 석고장식들을 따로 붙여서
억지로 아치 모양 비슷하게 보이도록 해놓았다.

　건물로 들어가기 전 입구 앞 주차장은 자동차로 가득하다. 그리고 자동차에서 빠져 나와 건물로 들어가거나 나오는 사람들로 붐비고 있다. 사람들의 물결을 헤치고 입구에 들어서서 친구의 이름이 씌어진 예식홀을 찾아 올라갔다. 오랜만에 보는 신랑의 모습이 궁금하다. 잠시 후, 부조금 접수대 앞에 가득한 사람들을 지나 예식장 입구를 막고 있는 무리를 헤집고 예식홀 안으로 들어가면서 발돋움해 앞을 보았다. 내가 아는 사람은 하나도 안 보인다. 이 사람들은 왜 이렇게 예식홀 입구에만 잔뜩 몰려 있고 안으로는 안 들어가는 거지? 예식홀 안에는 적지 않은 좌석들, 특히 앞쪽의 좌석들이 휑하니 비어 있다. 진행되고 있는 예식 순서는 축하 연주였다. 나는 강한 비디오 조명의 그늘 때문에 상대적으로 어둡게 보이는 신랑의 얼굴을 열심히 쳐다보았다. 어찌 보면 내 기억 속의 친구와 분위기가 비슷한 것 같기도 하지만 어딘지 확신이 안 선다. 게다가, 머리는 벗겨졌지만 비교적 마른 편이었던 친구의 모습에 비해 저 신랑은 얼굴은 젊지만 허리가 상당히 두껍고 배가 나온 비만형이다. 한참 바이올린과 첼로 소리가 예식홀 안에 울려 퍼지고 있는 와중에 나는 입구에 몰려 서있는 사람들 사이를 슬그머니 헤집고 빠져 나와 부조금 접수대 앞에 적힌 이름을 다시 확인해 본다. 이름은 맞다. 어떻게 된 거지?…

　이제 예식홀 안에서는 연주소리가 멈추고 다음 순서가 계속되는 모양이다. 입구 쪽에 서 있던 한 무리의 사람들이 빠져 나와 피로연장으로 이동한다. 예식홀 안에는 발도 들여놓지 않고 부조금 접수대 부근에서만 웅성거리던 사람들도 자기들끼리 "밥이나 먹으러 가세~” 하며 식당으로 발걸음을 옮긴다. 모르는 사람들 틈에 끼어 어색하게 음식을 몇 입 먹고 일어서서 나오는데, 누군가가 어깨를 탁친다. “송형, 이거 정말 몇 년 만이요? 어떻게 알고 바쁜 사람이 이런 결혼식에까지 다 오구 말이야.” 여러 해 전 연구소 근무시절, 자료수집차 가끔 방문하던 모 기관장 비서직에 있던 사람이다. 그리 친할 것도 없이 일을 통해 막연히 알고 있던 그와 어색한 악수를 나눈 뒤, 나는 조심스럽고 멋쩍은 존대를 붙이며 그에게 물어본다. “그런데, (당신이) 신랑하고는 어떻게…(되는 사이인가요?…)”, “아니, 뭐, 그… 내가 그때 모시고 있던 아무개 원장님 아들이잖아.” 그제야 나는 내가 누구의 결혼식에 참석한 것인지 어렴풋이 이해되기 시작했다.

자료수집차 가끔 방문했던 모 기관의 장은 내가 한 번도 직접 얼굴을 본 적이 없었다. 하지만 그는 자기 비서가 관리하고 있던 명함첩의 모든 주소에 자기 아들의 결혼 청첩장을 돌렸던 것이다. 나는 갑자기 내가 소비한 반나절의 시간과 부조금이 너무나 아깝고 허망했다. 석고물로 장식된 예식장의 가짜 아치 입구를 빠져 나오면서 나는 되뇌었다. 두 번 다시 이런 결혼식장에 발을 들여놓고 싶지 않다고

2. 가정집 밖으로 뛰쳐나간 혼례식

최근에 결혼식장에 가 본 적이 있는가? 결혼식장에서 치러지는 결혼식에 참석하고 돌아오면서, 몇 번이나 정말 훈훈하고 만족스러

운 행사에 참석했다는 생각을 했는가? 아니면, 무언지 모를 어색함과 애매모호한 느낌들이 머리 한구석에 맴돌면서도 계속 그런 결혼식들에 참석하거나 혹은 비슷한 형태로 식을 준비하지 않았던가? 왜 나는 예식장의 결혼식에 참석하면 애매모호하고 뭔가 석연치 않은 느낌들을 받고 있을까? 예전에 치렀던 나의 결혼식은 또 거기서 얼마나 크게 달랐을까? 여기서 모호하고 겉도는 감정들은 어떤 특정 인물들과 관련되기보다는 매번 참석하는 대부분의 결혼식들에서 공통적으로 느껴지던 것이다. 그런데 우리는 왜 그렇게 애매한 느낌의 결혼의례들을 계속 치르고 있을까? 대체 언제부터? 그런 결혼식 형식은 또 누가 정한 것이란 말인가?

결혼식은 아주 오래된 의례다. 인간이 가족제도라는 것을 만들면서부터, 그러니까 아득한 고대의 그 어느 시기에 이미 결혼식이 시작됐을 게 분명하다. 예부터 우리나라에서는 결혼식이 중요 가족의례인 관혼상제(冠婚喪祭) 중 하나로 꼽힌다. 관혼상제는 모두 가족의례다. 그리고 우리의 전통 사회에서는 일상과 놀이가 모두 가족집단의 영토 안에서 이뤄졌다. 따라서 관혼상제는 사람들이 살고 있는 가족의 공간, 즉 당사자들의 살림집에서 치러져 왔다. 물론 모든 전통의례가 집안에서 시작해 집안에서 끝나는 것은 아니다. 흔히 장례식이라고 불리는 상례(喪禮)의 경우, 죽은 이가 살던 집을 떠나 길에 나서서 지내는 노제(路祭), 그리고 죽은 이를 땅에 묻는 매장의식처럼 공간들을 이동해 가면서 의례 주인공이 삶의 공간에서 죽음의 공간으로 이행해 가는 데 무리가 없도록 의례들을 치른다. 죽은 이의 시신은 어차피 가족들이 사는 집안에 머무를 수 없기 때문이기도 하다.

하지만 그런 것을 감안하더라도 현대 우리나라에서 결혼식, 즉 혼례가 치러지는 공간은 유별나다. 이미 우리는 혼례식을 가정집에서 치르지 않는 것을 당연히 여긴다. 하지만 가정집 밖에서 혼례식을 치르는 일이 보편화 된 것은 1950년대 이후일 뿐이다. 1920년대 무렵에는 혼례식을 가정집 밖에서 치르는 경우가 극히 드물었다. 그런데 2000년대 초 현재 한국에서 결혼식을 치르는 사람들 중 90퍼센트 가량은 전문 예식장을 혼인예식 장소로 선택한다. 그 다음으로는 교회나 사찰 같은 종교시설이 3퍼센트 정도를 차지하고, 다시 2퍼센트 내외가 구청 문화회관을 비롯한 공공시설을 사용한다. 가정집에서 결혼식을 치르는 경우는 0.2퍼센트 이하로 가장 낮은 선택 대상이다. 1980년대 이후로 들어오면서는 돌잔치와 회갑잔치, 장례식 등 다른 가족의례의 장소들도 가정집 바깥으로 나가기 시작했다. 하지만 결혼식 장소는 다른 가족의례들과는 비교가 되지 않을 만큼 일찍부터 가족의 공간인 가정집 바깥에서 치러지기 시작했다. 결혼식을 가정집에서 치르는 것은 아예 처음부터 고려도 되지 않는 것이 오늘의 현실이다.

결혼식은 왜 그렇게 유별난 의례가 되었을까? 전부 가정집에서 치러지던 전통 가족의례들 중에서 혼례 장소는 왜 그리 유난히도 일찍부터 가정집을 벗어나 '특별한 상업적 장소'로 뛰쳐나가기 시작했을까?

이 의문을 풀어 보기 위해서 나는 다음과 같은 질문을 덧붙여 본다. 관혼상제 중 왜 유독 혼례에서 가장 '비전통적인 공간' 과 '비전통적인 의례형식' 이 빠른 속도로 보급되었을까? 오늘날 예식장에서 치러지고 있는 혼례는 그 장소의 성격이 어떻게 해서 만들어진 것일까? 결혼예식을 하는 전문적인 공간이 별도로 존재하는 나라는 우리나라와 일본 정도일 것이다. 그것이 얘기하는 것은 무엇인가? 한편, 최근에는 전문적인 예식장을 벗어나 새로운 장소에서 또다른 형태로 혼례를 치르려는 시도도 여기저기서 나타나고 있다. 그것은 또 어떤 공간논리의 변화, 그리고 문화의 변화를 얘기하는 것일까?

3. 비빔밥 혼례식

2000년대 현재 우리가 알고 있는 결혼예식은 한국의 전통적인 가족의례가 아니다. 서유럽 기독교권에서 행하는 방식과 같은 의례도 아니다. 예식홀에서 진행되는 신랑 신부 입장 등은 서양식 결혼식을 모방했다. 하지만 부조금 접수대는 정체불명의 것이고, 예식에서 사회 따로 주례 따로 있는 것이라든가 예식 자체보다 더 길게 진행되는 사진 찍기 행사도 원전이 불분명하다. 본 예식에 이어 빼놓지 않는 폐백은 전통혼례 요소에서 따 온 것이다. 한 마디로 근원이 다른 이것저것을 뽑아 버무려 섞어 놓은 퓨전형 '비빔밥' 이다. 그러니 한국의 결혼식이 어정쩡하고 어색할 수밖에 없다.

그렇지만, 따지고 보면 개항 전 조선 후기의 결혼예식도 '순수한 한국식 전통' 이라고 말할 수는 없다. 왜냐하면 요즘 우리가 알고 있는 전통 혼례식은 중국의 주자가례(朱子家禮)라는 외래문화 형식을 바탕으로 만든 것이기 때문이다. 게다가 그것마저 주자가례를 원전 그대로 따라하는 것도 아니고 다시 한국 풍습을 적당히 섞고 버무린 형태로 의례가 치러지고 있었다.

예컨대 주자가례를 그대로 따를라치면 혼례식은 신랑의 집에서 치르는 친영(親迎)의 형태여야 한다. 하지만 조선 후기의 한국 전통 혼례는 신랑과 신랑의 아버지가 신부 집에 가서 혼례식을 치른 다음—그래서 장인의 집으로 '장가를 가는' 셈이다—일정한 시간이 지나야, 경우에 따라서는 며칠 밤을 자고 난 뒤에야 신랑신부가 신랑의 집으로 가는—말하자면 신부가 비로소 '시집가는' —방식으로 치러졌다. 혼례식이 신부 집에서 치러졌던 것은 신랑이 신부 집에 데릴사위로 들어가는 데릴사위 제도가 만연했던 한국 고대의 흔적, 혹은 여성의 계통이 중시된 모계 사회의 흔적이라는 주장도 있다. 이렇게 한국에서의 결혼예식은 전통 시대건 현대건 어중간한 복합형식으로 애매하게 버무려진 형태를 띠며 치러져 왔다.

혼례가 치러지는 공간을 한 번 보자. 개항 이전에 일반적이었던 전통혼례 중에서 대례(大禮)라 불리는 결혼의 본 예식과 신방들기, 그리고 폐백 등은 모두 가족집단의 공간인 '가정집'에서 치러졌다. 과거의 가정집은 부부 두 사람을 중심으로 하는 공간이기보다는 대가족 집단의 생활영역이었다. 그러므로 전통 혼례가 '집'에서 치러지는 것은 혼례가 개인들의 결합에 국한된 것이 아니고 두 가족집단간의 연맹이라는 의미도 가진다. 그래서 신랑의 혈연집단과 신부의 혈연집단이 결합된다는 의미에서 양가를 오가는 방식으로 혼례가 치러졌다. 신랑과 그의 부친 및 삼촌 등 몇 사람만이 신부의 집으로 가서 신부측 가족집단 구성원들에 둘러싸여—혹은 '포위되어'—대례를 치른다. 경우에 따라 신부가 사는 동네 이웃집 총각들이 신랑을 잡아 매달아 그 발바닥을 때리면서 괴롭히는 풍습도 이와 무관하지 않다. 다른 가족집단의 남정네가 자신들의 가족집단 혹은 지연집단(즉 동네)의 여성을 아내로 취해 데려가는 데 대한 텃세를 단단히 물리는 것이다. 물론 이 과정에서 바깥 가족집단의 남정네인 신랑을 구출해 줄 수 있는 사람은 별로 없다. 이 과정을 거쳐 첫날밤을 지낸 다음날, 혹은 여러 날이 지나 신랑과 신부는 비로소 채비를 하고 신랑의 집으로 향한다. 신랑의 집에서는 다시 신랑측 가족집단 구성원들에게 둘러싸인 신부가 신고식을 치르는 구고례(舅姑禮)—요새는 그중 한 과정의 이름을 따서 폐백이라고 부르고 의례 과정도 훨씬 간단하게 줄었다— 가 행해졌다. 구고례까지 포함해 이렇게 충분한 시간을 두고 양측 가정집을 왔다 갔다 해야 혼례가 성립되었던 것이다.

4. 혼례식을 서양식으로 하게 된 사연

관혼상제의 여러 의례들 중 혼례식이 제일 먼저 가족집단의 공간에서 벗어나 집 밖에서 치러지기 시작한 것은 어떤 이유에서일까? 혼례식이 돌잔치, 상례(喪禮), 제례(祭禮)들에 비해 복장과 형식, 그리고 공간 장식과 형태 측면에서 유별나리만큼 전통에서 벗어나 서양의 형태들을 좇아간 이유는 또 뭘까?

　우리나라에 전통혼례가 아닌 서양식 혼례가 도입된 것은 이른바 개화기부터였다. 개화기의 외래 문물 도입은 당시의 젊은이들에게 적지 않은 영향을 미쳤다. 그중 유럽과 미국의 문물은 일제의 식민 통치가 직접 미친 영향 외에도 선교사들이 세운 교육기관과 기독교 예배당 등을 통해서 빠르게 퍼지고 있었다. 기독교 계통의 교육기관에서 공부하기 시작한 청소년기의 젊은이들은 곧 혼인할 연령에 이르렀는데, 유일신 사상을 받아들인 이들은 조상에 대한 제사를 기독교식으로 개편하는 데는 큰 부담을 느끼지만, 자신들의 혼례식을 기독교식으로 치르는 것은 상대적으로 시도하기가 쉬웠던 것 같다.

　부모가 없는 고아출신 학생들이나 가족집단의 영향력이 상대적으로 적은 중 · 하층민 출신 기독교 신자들은 전통 방식으로 성대하게 혼례를 치를 집과 재산이 없는 경우가 많았다. 따라서 이들은 자연스럽게 자신들이 다니던 예배당에서 선교사들의 도움을 받아 서양식 '예배당 결혼'을 치르기 시작한다. 이화학당을 세운 스크랜턴 부인을 비롯한 초기 선교사들은 특히 전통혼례 복장인 울긋불긋한 색동 활옷을 무당의 옷과 혼동하여, '주님의 자녀들이 무당의 옷을 입고 혼인식을 치르는 것'에 경각심을 표한다. 그에 따라 서양식 결혼식은 그들에 의해 더욱 장려되었다. 여기서 한 가지 관심을 끄는 것은 전통적으로 기쁜 일이 있을 때 입는 화려하고 밝은 옷인 '색동옷'이 서양 선교사의 눈에는 무속의 상징으로 해석되었다는 점이다. 반면에 집안 식구가 죽었을 때 여성이 입는 희디 흰 옷, 즉 '소복'은 서양식으로는 '순결하고 화사한' 신부의 옷 색깔로 채택되었다.

기독교 신도들의 '예배당 결혼식' 경향과는 별도로, 한일합방 이후 신식 문물 습득을 자랑하려는 움직임이 1920년대 이후 서울을 중심으로 발전한다. 일제하 중상류층 젊은이들을 중심으로 이른바 '신사조'를 받아들이고 '신흥' 문화를 도입하는 데 앞장서던 일종의 '신세대' 그러니까 당시 용어로 하면 '모던 보이' '모던 걸'의 복장과 생활양식이 서울 중심가에서 유행의 한 조류를 만들고 있었다. 자유연애와 양복, 양장의 착용이 유행했고, 안경과 서양식 모자, 영국 신사의 소품인 우산을 차거나 꿰고 다니는 것도 유행했다. 결혼식에서는 이런 풍조가 상류층 일부에서 큰 요릿집 등을 빌려 예배당 형식과 유사한 서양식 결혼식을 시도하는 것으로 나타났다. 이런 일부 상류층의 신식 결혼에서는 양복과 드레스, 주례사, 혼인서약과 성혼선언, 사진촬영 등의 형식이 점차 중요한 자리를 차지하게 된다. 주례 개념은 한국의 전통 혼례에는 존재하지 않던 것이다. 하지만 성직자의 의례집전이 모든 것을 지휘하는 예배당식 결혼형식을 빌다 보니 기독교 성직자가 아니면서 성직자의 역할을 대행하는 나이 지긋한 남성을 주례로 모신 '사회식 혼례'가 만들어지기 시작했다. 여기에 다시 전통 혼례에서 순서지의 일종인 홀기를 읽는 사회자의 기능이 덧붙여져 사회와 주례를 함께 갖추는 방식이 도입되기도 했다. 그리고 이렇게 퍼지기 시작하는 신식결혼식의 근거로 여겨진 '서양식 문물'은 일본 제국주의라는 여과지를 거쳐서 한국에 유입된 많은 '일본식 서양문화' 현상 중 하나였다.

다른 의례에 비해 결혼 의례가 개화 초기부터 서양식을 더 적극적으로 받아들일 수 있었던 이유 중 하나는 결혼식의 주인공들이 젊은 사람들이라는 데 있을 것이다. 어느 시대건 외래문물을 가장 적극적으로 도입하는 경향이 있는 젊은 세대를 대상으로 한 것이 혼례식이니까 말이다. 신문물과 새 풍조 중에서 자유연애 사상의 영향이 적지 않았던 점, 그리고 서구식 복장과 기호, 말투를 가장 먼저 채택한 것도 도시 중상층의 젊은 세대라는 점을 주목할 수 있다.

새로운 의례형식을 실험하는 데 있어서도 젊은 세대는 상대적으로 위험이 적었다. 생명을 시작하는 긴장 속에 조심스럽게 기쁨을 표하며 치러지는 백일잔치나 돌잔치, 그리고 생명을 마치며 다른 세상으로 혼과 몸을 넘기는 또 다른 긴장이 존재하는 상례(喪禮)와 제례(祭禮)에서는 의례의 형식과 장소를 함부로 바꾸는 것 자체가 불안하고 위험천만한 일이다. 그에 비해 삶의 기운이 가장 왕성하고, 그 의례적 이행과정에서 위험과 긴장 요소가 상대적으로 적은 젊은이들이 주인공인 결혼 의례는 새로운 의례형식을 실험하기에 비교적 부담이 적었던 셈이다. 그리고 결혼 당사자들은 백일잔치의 주인공인 갓난아이나 장례식의 주인공인 죽은 시체와 달리 자신의 의지를 의례형식에 적용하고 시도해 볼 수 있는 여지가 상대적으로 더 많기도 했다.

그렇지만, 결혼예식은 그것이 가족집단의 의례인 이상 신랑 신부 후보의 의지에 따라 그렇게 자유롭게 결정되는 것만은 아니다. '예배당 결혼'이든, '사회식 혼례'든 간에 외적인 의례형식과 공간 구성에 있어서 가족집단의 연맹이라는 성격을 완전히 벗어날 수는 없었고, 또 전통적인 가족의례 개념에서 금세 자유로울 수도 없었다. 그런 점을 감안해서, 일부 논자들은 신식 결혼식이 의례 내용상 전통결혼에서 근본적으로 바뀐 것이 없다고 평가하기도 한다. 그들에 따르면 현재 일반화된 우리나라의 서양식 결혼예식은 결혼하는 두 사람만의 행사가 아니라 가족집단간의 결합이라는 관점에서나 사전 승인을 받아야 하는 배우자 선택 관념, 그리고 '규정된 양식' 과 절차를 통해 사회적 인정을 획득하고자 하는 관념 등에서 전통혼례와 큰 차이가 없다는 것이다. 특히 서양식을 모방한 결혼예식으로 의례가 끝나지 않고 폐백이라는 이름 아래 구고례(舅姑禮)의 축소 형태가 행해지는 것이 그 증거로 제시된다. 폐백을 할 때 병풍을 쳐놓고 안방 혹은 대청마루를 본뜬 공간에서 구식 대례복을 착용한다. 그리고 가부장제의 습속에 따라 시가 식구들에게만 절을 한다. 이런 것은 모두 전통혼례에 있었던 것과 같은 가부장제 집단 귀속을 공표하는 의례기능을 한다는 것이다.

그렇지만 전통 사회의 가족제도를 재생산하는 집단간 연맹 의례가 계속되고 있다고 말하기에는 신식결혼식의 형식과 순서, 소품, 그리고 예식장이라고 하는 공간이 갖는 의미들은 훨씬 더 복잡하다. 우선 결혼식을 포함한 가족의례에서 전통적 형식이 각 의례에 따라 지속되거나 변화하는 정도가 다르다. 의례에 따라 근대화되는 정도와 전통이 유지되는 정도가 다른 것은 서구 문물을 더 많이 받아들이는 의례와 전통이 유지되는 의례가 따로 있다는 것을 말한다.

5. 예식장을 따로 만든 이유는?

　개항 후 한국 근현대사가 전개되면서 젊은 층들의 활동공간은 농촌에서 도시 중심으로 급격하게 이동했다. 도시로 이주해 가는 사람들의 대다수는 젊은 세대였다. 이들은 다른 세대가 일찍이 경험하지 못한 다양한 인간관계의 그물망 속에 들어가기 시작했다. 이른바 '공동체에서 이익 사회로', 혹은 '1차집단에서 2차집단으로' 변했다는 말이 이들의 새로운 인간관계망과 활동범주에 적용된다.

　도시로 이주해 간 젊은 세대, 새로운 직업과 유대를 경험하고 서구문물을 가장 먼저 익힌 세대가 활동하면서 엮게 된 관계들의 범위는 대가족집단의 그것을 넘어섰다. 특히 현대 도시생활에서 맺어지는 다양한 종류의 연계망들—직장동료, 학교 선후배, 기타 복잡한 이해관계를 바탕으로 하는 2차집단들—이 포함되었다. 따라서 젊은 세대가 치르는 결혼식이 가장 먼저 가정집 밖으로 나간 것은 젊은이들의 생활영역과 관계망이 다른 세대들보다 앞서 가족집단의 틀을 벗어나기 시작했다는 것을 보여 준다. 그렇게 다양한 성격의 사람들이 복잡한 도시 속에서 함께 의례에 참석하게 하려다 보니 가족집단의 공간을 벗어나 전문화되고 상업화된 공간을 결혼 예식에 도입할 필요가 생겼다. 즉, 결혼식에 참석하는 사람들은 이제 가정집에 불러들일 수 있는 사람들의 범주를 훨씬 넘어서서 다양하고 복잡한 관계망에 있는 사람들이 되었다. 그렇기 때문에 형식적인 관계를 맺은 사람들, 다소 서먹서먹한 사람들까지 포함해 누구나 올 수 있는 중립적이면서도 익명적인 공간이 결혼예식에 사용되기 시작했다.

한 가지를 더 들자면, 현대 한국 사회의 다층적 분화현상을 꼽을 수 있다. 2차집단적 인간관계망을 갖고 있으면서도 기독교적 전통을 공유하는 서양에 비해, 한국 현대 사회는 과거에 공유했던 유교와 불교, 무교적 전통의 복합적 공존 전통에서 벗어나 기독교를 포함한 다양하고 배타적인 종교 공동체들로 갈라졌다. 이때 교회나 사찰 등 특정 종교의 공간을 결혼 의례에 사용하는 것은 일부에 대한 배타성으로 작용할 가능성이 있다. 결국 전문 결혼예식장은 별다른 친분이 없는 여러 부류의 사람들까지 모두 불러들여 의례를 치를 수 있는 중립적인 공간으로 더욱 의미심장한 해결책이 된 것이다.

현대 한국의 결혼식 공간은 이 밖에도 산업 사회의 진행에 따른 경제적 혹은 신분의 상승과시 욕구, 상업주의 원리와 결합해서 만들어 내는 소비지향주의의 논리를 적극 적용하는 공간이 된다. '남 하는 만큼은' 유행을 따라야 하는 것과 동시에 '남과는 그래도 좀 다르다'는 차별성이 추구된다. 다른 의례들에 비해 젊은이들을 대상으로 하는 가족의례라는 점에서 화려함과 가벼움이 배어 있는 요소들도 비교적 손쉽게 도입되고 실험된다. 예식장의 장식적 요소들과 공간 배치방식, 의례형식의 변형들이 그것을 반영한다.

6. 외계인들이 서울에 왔을 때

서울 시내의 큰길가에 서 있는 건물들에서 간판을 전부 떼어낸다고 생각해 보자. 간판을 떼어낸 뒤, 건물 모양만으로 무엇을 하는 곳인지 알 수 있는 건물이 몇 개나 될까? 교회당은 독립건물을 가지고 있을 경우, 건축적인 면에서 특별한 탑을 세우는 것이 관례이다. 그리고 그 탑의 꼭대기에는 십자가를 세워 놓아서 멀리서도 인식이 가능하다. 하지만 외양에서의 특징이 교회보다 더 강하게 나타나는 건물들이 있으니, 바로 예식장들이다. 아마 외계인들이 오늘의 서울 거리에 내려와 구경한다면 밤의 도시 곳곳에 흩뿌려진 빨간 십자가 다음으로 특이하게 눈여겨볼 것은 바로 예식장 건물들일 것이다. 예식장의 외관은 단순히 거기에 예식장이 있다는 것을 알릴 뿐 아니라, 예식장에서 어떤 분위기와 문화를 만들어 내려 한다는 것을 강하게 뿜어낸다.

결혼 예식장의 외형과 내부 공간 구성형식에는 시대의 흐름에 따른 변화가 있다. 같은 시대라고 해도 예식장의 기능적 전문성과 분화 정도에 따라 배치방식이 달라지기도 한다. 유행에 따라 예식장은 으레 이런 모습이고 이런 방식으로 공간이 만들어져 있어야 한다는 생각도 있다. 반면, 유행을 좇으려는 분위기에 맞서 자신들의 결혼식을 남들과 다르게 보다 '멋있게' 혹은 '고급스럽게' 치르려는 차별성을 추구하는 사람들은 일반 예식장소와 구분되는 특별한 장소를 찾기도 한다.

그럼에도 불구하고 2000년대 현재 한국의 결혼 예식장들은 하나의 일반적인 형식을 갖는다. 즉 나름대로 정형화된 공간형식이 안착된 것이라고 할 수 있다. 그렇다면 현재 한국에서 정형화된 결혼 예식장의 외양과 내부 공간, 그 공간들 안에서 규칙화되는 행동 양식들은 어떤 식으로 이해되고 있을까? 서양 결혼식이 교회당에서 치러진다는 것을 염두에 둘 때, 한국의 결혼 전문 예식장들은 애초의 출발점이었던 서양의 교회당 공간에서부터 어떻게 달라지면서 오늘날의 형태에 도달했을까?

서울의 예식장들은 외적인 형태상 몇 가지 공통적인 경향을 가지고 있다. 첫째, 멀리서 보아도 한눈에 그것이 예식장이라는 사실을 알려준다. 일반 대형 빌딩에다 예식장 간판을 달아 보아야 별로 환영받지 못한다. 그런 경우 아예 이용객이 잘 오지 않기 때문에 금세 문을 닫을 수밖에 없다.

그럼 예식장 건물이 예식장이라는 것을 알려주는 외적인 요소는 무엇인가? 단순한 사각형의 박스 형태여서는 안 된다. 초가나 기와의 형태여서는 더 더욱 안 된다. 결혼예식장의 외형에서 실용성과 현대성을 찾는 사람도 거의 없다. 무엇보다도 '낭만적'이면서 '환상적'인 것이 추구된다. 그리고 '서양적'인 것을 보여 주어야 한다. 결혼을 하려는 현대 한국의 젊은 남녀는 한국의 전통적 공간에서 낭만을 느끼지 못하기 때문이다. 서양적인 것 중에서도 현대보다는 과거의 것, 가능하면 중세 서양건물의 어떤 요소들이 모방된다. 다시 말해서 신분계급의 차별이 뚜렷한 시대가 추구된다. 그 신분계급을 표시하는 요소가 필요하다. 예식장의 외양에서 사회 계급적으로 지향되는 것은 당연히 상류층, 그러니까 귀족과 왕족의 표식이다. 그 것을 단적으로 보여 주는 것은 아마도 귀족이나 왕족들이 살던 중세의 성(城)일 것이다.

그래서 현대 서울의 전문 예식장들은 저마다 자신들의 해석에 따라 중세 서양 귀족들의 성에서 따왔다고 생각되거나, 그것을 상상해 가져다 붙인 장식적 요소들로 치장되어 있다. 하지만 중세 서양 귀족들의 성을 현대 한국의 도시 한복판에 그대로 짓는 것은 거의 불가능한 일이다. 결혼예식의 의례장소로 빌려주기에는 타산도 맞지 않는다. 기능적으로도 불편하고 말이다. 그 결과, 건물의 외벽과 내부의 천정 및 바닥, 기둥 등에 서양의 성채를 '상상하게 만드는' 모호하고 아리송한 장식적 요소들을 갖다 붙이게 된다. 결국 국적 불명의 외양을 갖춘 정체를 알 수 없는—우리는 이제 그 정체를 잘 파악할 수 있게 되었지만—건물 형태가 전문 예식장 건물의 규칙처럼 되어 버렸다. 이런 욕구의 어중간한 겉옷 뒤집어씌우기는 예식장 공간 안에서 치러지는 의례 진행과정에도 동일하게 적용된다.

7. 웨딩마치 속으로

중세 유럽 귀족의 성채 모양을 모방하고픈 건물의 안으로 들어가 보자. 결혼 예식장의 내부공간은 사실 서양의 결혼예식 공간인 교회당과는 매우 다르다.

예식장 내부를 구성하는 공간들을 한 번 열거해 보자. 먼저 예식홀이 있다. 예식홀은 결혼 예식의 중심 의례가 치러지는 곳으로 가장 중요한 공간이다. 내부 장식은 물론 서양 귀족의 성과 관련된 상상적 모방들을 동원한다. 비싼 예식장일수록 그런 장식적 요소를 더 많이, 더 고급스럽게 추구한다. 그리고 예식홀의 내부는 새롭게 정형화된 현대 예식의 형식에 맞추어 기능적으로 다시 세분화되어 배치된다. 주례가 서는 단상, 신랑과 신부가 입장하는 융단 깔린 통로, 신랑 신부의 부모가 앉는 좌석, 그리고 일반 하객들이 앉는 의자들이 줄지어 놓인다. 단상 좌우로는 결혼식 사회자의 자리와 신부 입장시 음악을 연주하는 피아노 및 현악기 연주자들이 자리하는 연주석이 배치된다. 이 자리들에는 나름대로 위계가 있다. 결혼식에서 각 사람이 맡은 역할에 따라 접근 가능성도 달라진다. 그 접근 가능성은 의례의 신성성을 보장해야 하는 것으로, 신성성이 깨지면 의례의 의미가 손상된다. 예를 들면 신랑 신부가 서는 자리에 하객이 올라설 수 없다. 신랑과 신부가 나란히 설 때도 오른쪽과 왼쪽에 서는 사람의 위치가 미리 결정되어 있어서 이것을 어기면 곤란한 것으로 여겨진다. 위치와 순서는 의례의 시공간을 구성하는 가장 기초적인 규칙이라는 점이 여기서 예외가 될 수 없다.

예식홀 입구에 마련된 부조금 접수대는 서양의 결혼예식장에서는 찾아볼 수 없는 것이다. 아마도 일본과 한국의 예식장에서만 볼 수 있는 것이라고 생각된다. 예식이 시작되기 전에는 이 부조금 접수대에서 조금 떨어진 예식홀 입구에서 신랑과 양측 혼주(婚主), 즉 신랑 신부의 부모들이 서서 하객들과 인사를 나눈다. 하객들 중 적지 않은 사람들이 예식홀에 들어가는 것보다는 혼주들과 인사를 하

마법의 공간—그곳에서 그들은 왕자와 공주가 된다.

며 자신의 출석을 확인시키고 부조금 접수대에 이름이 기록되는 것을 결혼 예식장에 가는 목표로 삼는다. 부조금을 접수하고 난 뒤 예식홀에 아예 들어갈 생각도 하지 않고 식당으로 향하거나 다시 다른 장소로 이동하는 하객들도 적지 않다. 이처럼 부조금 접수대는 가장 많은 사람들이 거쳐 가는 곳이면서 동시에 가장 가까운 관계에서부터 가장 형식적이고 서먹서먹한 관계의 사람들까지 반드시 들르는 곳이다. 현금으로 표시되는 품앗이의 재화가 봉투에 담겨져 주는 사람의 이름과 함께 전달되는 곳으로, 인간관계망이 상징적으로나 현실적으로 재생산되는 장소다.

이와 함께 중요해진 것은 결혼식 피로연장, 즉 식당이다. 한국에서 초기에 '사회결혼식'이 열렸던 장소들은 명월관이나 태화관 등 이른바 대형 '요릿집'이었다. 이후 전문 예식장 건물들이 생겨났는데, 그 안에 식당을 갖추지 못하는 경우가 많아 예식장에 인접한 식당들이 한때 호황을 누렸다. 그러나 1980년대 말에서 1990년대 초로 들어오면서 예식장들은 점차 피로연장의 중요성을 부추기고 화려한 피로연장을 예식장 건물 안에 마련함으로써 차별화와 고급화를 꾀하기 시작했다. 결혼식 음식도 한식에서부터 서양식과 일식이 혼합된 뷔페 형태가 늘어났다.

1990년대에 들어 서울에서 고급 예식장으로 거론되었던 삼성동 공항터미널 예식장과 여의도 63빌딩 컨벤션 센터 등은 예식홀 좌석수에 비해 피로연장의 좌석수가 더 많은, 이른바 피로연장 중심의 예식장이다. 거기서는 예식이 끝난 후 신랑 신부가 턱시도와 이브닝드레스 차림으로 하객들에게 인사를 하며 웨딩 케이크를 자르는 순서가 본 예식 못지않게 중요하다. 1990년대 후반부에 들어서는 아예 처음부터 결혼예식을 피로연장 형태의 장소에서 디너쇼 형식으로 준비한 공간들이 나타난다. 여기서도 추구되는 것은 '차별성'과 '고급스러운 분위기' 다. 특히 이런 새로운 공간들에서는 실내장식과 조명, 복장과 각종 효과장치들이 화려함과 '환상적인 느낌'을 확대시켜서 혼주들의 욕구를 충족시켜 준다. 신랑 신부가 드라이아이스 안개 속에서 마차 형태의 전동수레를 타고 등장한다든지, 허공에서 화려한 그네모양의 수레를 타고 나타나는 것들이 그런 것이다. 의례가 점차 의례 본래의 성격을 이탈해서 '음식 대접' 과 '공연적 요소' 를 가미한 디너 쇼 형태로 변하는 것이다. 거기서 연출효과를 만드는 연극적인 장치들의 비중은 늘어난다. 그리고 연출이 추구하는 것은 환상적인 서양 동화의 공주와 왕자의 무대효과 만들기로 수렴된다.

예식홀, 부조금 접수대, 그리고 식당 또는 피로연장과 함께 중요한 곳으로는 폐백실이 있다. 폐백실은 서양식 결혼식을 치르기 위해 만들어 놓은 예식장 안에서 다시 한국의 전통결혼식을 포기할 수 없다고 외쳐대는 역설적인 장소다. 결혼의 본 예식은 '서양식' (모방)으로 치르면서, 그래도 폐백만은 기어코 '전통 한국식' 으로 치러야 한다는 생각이 사람들을 설득시키고 있다.

그런데 왜 하필 이 의식을 굳이 한국식으로 치르려는 걸까? 폐백을 하는 한, 한국의 결혼식은 아무리 서양의 공주와 왕자의 흉내를 낸다 해도, 아니면 다른 어떤 새로운 양식을 도입한다고 해도, 가부장적 가족집단의 의례로 남게 된다. 그러니까 결혼이 단순한 남녀

간의 부부되기를 공인하는 것을 넘어, 신부가 시가(媤家)의 가족집
단 안으로 편입되는 것을 공식화하는 의례에서 벗어날 수 없는 것
이다. 전통 결혼식에서는 신부 집의 대례와 신방치르기가 모두 마
쳐진 다음 신부가 신랑의 집, 그러니까 시가로 와서 하룻밤을 잔다.
그러고 난 다음날 새로 일어나 시가 식구들에게 처음으로 인사를
하는 과정이 폐백의 맥락이다. 폐백은 이제 그 시공간적 맥락을 떠
나 예식장 안에 기어코 한귀퉁이 방을 차지하고 들어와 여전히 시
가에 대한 신고식을 요구한다.

　　예식홀의 본 예식과 피로연장 안의 식 순서가 결혼식 하객 모두
를 맞아 치르는 행사라면, 폐백실에서의 폐백은 신랑의 친족원들만
드나드는 제한된 공간 속의 행사다. 여기서 옛날 방식을 그런 대로
살리자면 신부만이 시부모와 시댁 식구에게 인사를 하고, 신랑은
절을 하지 않아야 한다. 전통 방식을 정말로 따른다면 신랑은 이미
신부집에서 치른 대례(大禮) 당일 저녁, 신방에 들기 전에 사모관대
를 벗고 평상복 차림이 되었기 때문에 구고례가 행해지는 날에는
사모관대를 입지 않는다. 하지만 전통결혼식의 일부만을 떼어 속성
으로 적용하는 현대의 폐백에서는 신랑과 신부가 구고례 때 복장이
아니라 결혼예식인 대례의 복장을 취한 채 신랑의 부모를 비롯한
집안 식구들에게 절을 한다. 그러니까 오늘날의 폐백은 전통형식에
충실한 것도 아니고 서양식도 아닌, 그야말로 20세기에 새로 등장
한 새로운 '약식 신고식' 으로서 그 근원을 알 수 없는 '예식장식 전
통' 인 셈이다.

　　이렇게 예식장 내의 폐백실이 시댁이라는 실제 공간과는 직접 상

본 예식은 아무리 서양식을 추구하더라도 가족 구성을 위한 의례에
서 전통 가부장제가 쉽사리 양보될 수는 없다.

관이 없는 곳이며 다른 예식장소와 마찬가지로 돈을 주고 임시로 빌린 공간이라는 점은 새삼 주목할 만하다. 콘크리트 구조가 대부분인 예식장 건물 안의 방 한 칸 내부에 병풍을 치고 자리를 깔아놓은 마루의 형상이 폐백실의 일반적인 모습이다. 그 안에서 치러지는 의례의 형식에 대해 잘 알고 있는 사람도 많지 않다. 그래서 실제 폐백의 의례를 이끌어 가는 데는 예식장 직원이나 사진을 찍는 사진 기사가 한몫을 한다. 시부모나 다른 시가 식구들은 어떤 때 밤과 대추를 던져야 하는지, 술을 어떻게 따르고 술잔을 어떻게 받아 마셔야 하는지 대개 잘 알지 못한다. 그때 예식장 직원들과 사진사, 비디오 기사들의 의견은 갑자기 '권위'를 갖기 시작한다. 그들이 여러 차례의 직업적 경험을 통해 습득한 지식의 권위이면서, 동시에 그들이 영상으로 기록하는 영상물이 결혼식 전체에서 차지하는 위상으로부터 나오는 힘이라고 할 수 있다.

8. 카메라의 힘

결혼식에서 사진은 무엇인가? 요즘 예식장에서 결혼식이 치러지는 시간을 실제로 계산해 보면, 막상 예식 자체의 의례시간보다도 예식이 끝나고 나서 신랑 신부가 여러 사람들과 사진을 찍는 시간이 더 걸리는 경우가 허다하다. 따지고 보면 사진과 비디오 기록은 예식 전부터 시작된다. 사진 기사들은 예식을 준비하면서 출입을 한정시키는 신부 대기실을 마음대로 드나든다. 예식이 시작되면 신랑입장에서부터 성혼선언, 그리고 이후의 각종 순서에 이르기까지 참석자들은 마음대로 움직이지 못하고 의례의 규칙이 정해 놓은 질서 속에서 한정된 영역에 머물러 있다. 그런데 사진 기사와 비디오 기사들만은 예외여서, 그들은 마음껏 이곳저곳을 휘저으며 다닌다. 주례석의 뒤로 앞으로, 신부의 옆으로, 신랑부모의 앞으로 조명을 이리저리 비추고 다녀도 감히 말릴 수 있는 사람이 없다. '카메라 앞에서 모두 길을 비켜라' 이다. 예식장 내의 물리적 공간에 담겨 있는 의례적 질서와 신성성을 넘나들면서까지 사진 기사들이 멋대로 움직일 수 있는 것은 그들이 사진기에 담으려는 사진 장면의 힘 또는 그것을 통해 부여받은 '권력' 에 대해 합의가 이뤄지고 있음을 증명하는 것이다.

이제 본 예식이 끝난뒤 시작되는 본격적인 촬영시간은 일종의 '사진 결혼식' 이라고 할 만큼 중요해졌다. 신부 혼자, 신랑과 신부, 주례, 양쪽 부모, 친구, 친척들, 그리고 기타 하객들이 차례로 신랑 신부와 함께 포즈를 잡고 사진을 찍는다. 일생에 한 번 찍는(다고 생각하는) 사진이며, 무엇보다도 신혼부부의 집 거실이나 마루에 대문짝만하게 걸리게 될 사진이므로 한껏 웃는 표정을 만들어 가며 사진촬영에 임하는 신랑 신부는 진지하고 자못 비장하기까지 하다.

예식홀을 벗어나도 사진은 계속된다. 신랑 신부가 전통 대례복으로 갈아입고 폐백실로 이동하면, 사진 기사들이 다시 카메라를 들고 나타난다. 폐백실의 사진 기사들은 단순히 촬영 기록을 하는 데서 그치지 않고 아예 일부 순서를 지휘하기까지 한다. 시부모에게 인사하는 것뿐 아니라 신랑이 밤이나 대추를 입으로 물어 신부에게

이제 막 결혼한 신랑, 신부의 앞을 당당히 막고 서 있을 수 있는 유일한 권력! 바로 사진 이미지가 부여받은 위상으로 부터 나오는 '힘' 이다.

건네는 장면, 신랑이 신부를 업고 한바퀴 도는 장면 등을 연출하기 위해 사진 기사는 신랑 신부의 포즈를 명령하고 주변에 있는 사람들에게 이쪽에 서거나 저쪽으로 비키라는 지시를 내린다. 사진적 필요성 때문에 새로 의례의 일부 순서로 끼워지기 시작한 것들도 적지않다.

사진이 의례변화를 주도하는 것으로 치자면, 아예 하루 따로 날을 잡아서 치르는 야외촬영만한 것이 없다. 야외촬영은 요즈음 결혼식의 한 부분처럼 되어 버렸다. 야외촬영은 진행되는 의례를 단순히 기록으로 남긴다는 의미를 넘어서서, 사진촬영을 위해 별도로 결혼식 과정 하나가 생기는 것을 보여 준다. 귀족적이고 고급스러운 이미지를 한껏 드러내기 위해 선택되는 야외촬영 장소는 고궁의 정원 아니면 예술의 전당 등 대형 문화공간이다. 야외촬영이라는 이 의례의 집전자가 사진 기사임은 두말할 필요도 없다.

사실상 결혼식의 일부가 되어서 그런 것인지 야외촬영에도 나름의 규칙이 있다. 야외촬영에는 결혼할 예비 신랑 신부와 예비신부의 여성 친구들 몇 명, 사진 기사 및 보조자, 그리고 미용실이나 결혼서비스 대행업체의 직원이 참석한다. 양가의 부모를 비롯한 어른들은 절대 나타나는 법이 없다. 이것은 '젊은이들끼리만 치르는 순서' 성격이 강한 것이다. 예비신부의 여성친구들은 자신들도 나름대로 정장을 차려입고 나타나서 예비신부의 웨딩드레스 자락을 잡아준다든가 머리 매무새를 만져준다든가, 아니면 소품을 들고서 기다리며 촬영장면들을 지켜봐 준다. 신랑 신부를 포함한 모든 이들이 여기서 장소를 이동하고 포즈를 잡는 것은 전적으로 사진 기사의 지시에 따른다. 가장 낭만적이고 가장 고급스러우면서도 가장 환상적인 자신들의 모습을 사진에 담기 위해, 신랑 신부는 힘들고 고통스러운 자세나 민망스러운 장면들을 기꺼이 연출한다. 신랑이 신부를 안고 한바퀴를 돌거나, 신랑 신부가 입을 맞추는 장면을 몇 번이고 반복하기도 한다. 좀더 특별한 효과를 노리며 야외촬영용 드레스와 턱시도를 따로 마련하는 경우도 이제 드물지 않다. 사용되는 소품도 유럽의 귀부인들이 사용하던 레이스 달린 양산을 비롯해 오페라 글라스 등 여러 가지가 동원된다.

이런 모든 장치들이 지향하는 문화적인 원천들은 결혼 전문 예식장의 외관과 실내장식, 피로연장, 그 외의 것들이 지향하는 문화적 원천과 다르지 않다. 바로 서양의 성채에 살고 있었던 공주와 왕자가 되는 것이다. 공주와 왕자의 신화가 사진과 비디오, 즉 현실이면서도 가상적 현실인 이미지의 세계 속에서 실현되어 반복적으로 자신이 들여다볼 수 있는 증거물이 되어 남아야 하는 것이다. 현대적 맥락 속에서 재생산되는 가부장제, 가족주의적인 틀, 그리고 새로운 사회경제적 성취를 여러 사람들 앞에서 뽐낼 수 있는 과시의 기회, 도시 사회에서 맺게 된 다양한 사람들과의 연줄망을 확인하고 재생산하는 장치들이 혼합되는 가운데, 현대 한국의 결혼 예식 공간은 바로 그들이 욕망하는 그 모든 혼합물들을 담아 정지시키는 가상현실의 공간에게 그 가장 큰 공간권력을 넘겨주고 있다.

예식장은 대단히 한국적이고 현대적이고 그러면서 도회적인 공간이다. 예식장은 획일적인 회색빛 콘크리트 건물들 틈에서 금세 눈여겨 구별해 볼 수 있는 곳이다. 수많은 외래문화적 요소들이 다

시 한국 현대의 도시 맥락 속에서 뒤섞이고 쪼개 붙여져 새로운 의
례공간과 형식을 낳았다. 그 문화적 원전과 규칙은 보이지 않는 강
제로 작용하지만, 사람들은 실제로 어떤 원전에 의해 자신들이 움
직이는지 잘 알지 못한다. 자동차들이 스쳐 달리는 아스팔트 길가
에 자리잡은 예식장들은 이렇게 국적불명의 문화적 혼합물을 동원
해 가상현실을 제조하는 공간, 마법의 성으로 자리잡았다. 거기서
시민들의 어설프고도 모호한 환상을 담은 낭만과 꿈이 날마다 생산
되고 있다. 이제 다시 이전의 예식장들에서 식상함을 느낀 소수는
또 다른 의례공간과 형식들을 도모하면서 새로운 상업적 장치들을
활용하기 시작한다. 공간과 그것을 움직이는 규칙은 이제, 확실히,
제법 속도감 있게 움직이기 시작했다.

사무실에 도착한 다음, 전자우편 창을 여는 것으로부터 시작해서 나는 이제 본격적인 윈도우즈(창들) 열기를 시작한다. 창문을 열자마자 벌써 혹은 깜빡깜빡 거리며 혹은 위아래로 혹은 좌우로 몸을 흔들어대면서 나를 통째로 집어삼키려는 온갖 창들이 저돌적으로 달려든다.

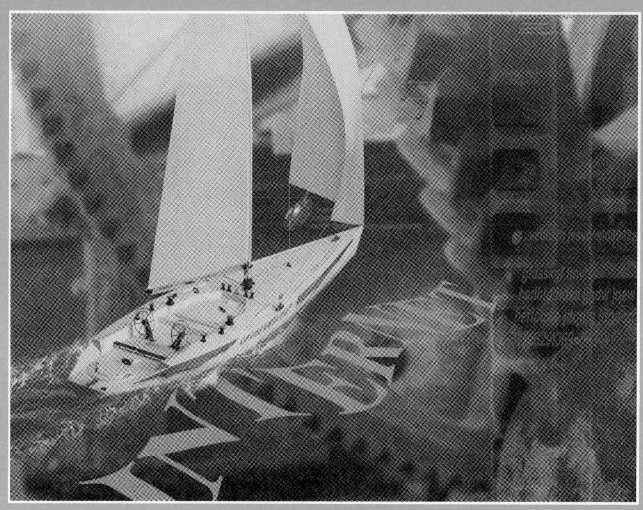

인터넷
―그 창에 빠지다

1. 창문 열기

아침에 사무실에 도착하자마자 나는 먼저 창문을 연다. 사무실에 도착해 방문을 열고 들어가면 공기가 텁텁하고 불쾌하다. 그래서 방문을 열면 우선 환기를 하고 싶어진다. 방문도 열고 창문도 활짝 열어놓고 좀 앉아 있다 보면 금세 추운 겨울의 대기가 스며든다. 다시 창문과 방문을 닫는다. 그걸로 그뿐이다. 종일 다시 창문을 여는 일이 없다. 아침 햇살이 밝게 비치는 창에 얼른 블라인드를 쳐 놓고 온종일 그 상태로 어둡게 지내다 퇴근한다.

요사이 사무실에서 직장생활하는 사람 거개가 그럴 것이다. 그러니까 나는 방의 창문을 잠시 열어젖히는 것과 거의 동시에 컴퓨터 스위치를 켜고 모니터를 작동시킨다. 우선 전자우편을 체크한다. 전자우편 프로그램으로 마이크로소프트의 아웃룩을 주로 쓰는 나는 요사이 쏟아지는 스팸메일을 처리하는 창문을 하나 더 달았다. 거기에 쏟아져 들어오는 것들 대다수를 제목만 보고 날려 버린 다음 바로 메일 창을 연다. 실수로 그냥 지워 버리는 것도 많다. 할 수 없다. 중요해 보이는 것들만 읽고 답장을 쓰고 처리를 미루고 하다 보면 시간이 금방 흐른다. 그리고 곧 이어 인터넷 웹 브라우저를 작동시킨다. 요새는 모든 공문서와 결재서류가 전부 전자문서다.

창에 비치는 햇살을 가리기 위해 창을 닫고 종일 블라인드를 쳐 놓는 것은 또 다른 창문 속을 더 잘 들여다보기 위해서다. 방안의 채광은 제법 애매해진다. 밖에서 들어오는 자연채광은 가급적 줄이면서, 방안에서는 스탠드나 형광등으로 인공조명을 한다. 그리고 컴퓨터 창은 거의 종일 열어둔다. 물리적으로 조성되어 있는 건물의 외벽 창들은 컴퓨터의 창, 특히 인터넷 창보다 위계상 아래에 속한다. 인터넷 창이 잘 보여야 한다. 책상 위치를 바꿀 필요가 있을 때 먼저 신경 쓰게 되는 것이 그거다. 인터넷 창 속이 잘 보이도록 하는 위치잡기가 중요하다.

2. 하나를 닫고 다른 것을 연다

지금 내가 일하는 건물이 준공되었을 당시, 각 부서들이 사무실 위치를 배정받을 때의 일이다. 건물이 완성되고 처음으로 여러 부서들이 입주하는 시기에, 학교본부는 교수 연구실 배정을 자율적인 의견조정을 통해 처리하도록 했다. 여러 학과 교수들은 저마다 자신들의 학과가 '좋은 자리'에 배정될 수 있도록 나름대로 건물을 연구하고 짐작하면서 보이지 않는 '경쟁'을 시작했다. 사람들이 선호하는 방 위치는 학과나 개인에 관계없이 대체로 일치하는 경향을 보였다. 먼저 꼽히는 요소는 번잡하지 않고 상대적으로 조용한 곳이었다. 여러 사람이 사용하는 엘리베이터에서 가까운 방은 우선순위에서 항상 밀렸다. 두 번째는 채광과 통풍이 잘 되는 곳이다. 햇빛이 잘 비추는 남향, 그리고 아래쪽 층보다는 위쪽 층을 모두 선호하였다. 채광과 통풍은 또 다른 조건, 그러니까 '전망이 좋은 것'과도 무관하지 않았다. 특히 연구실 창문 밖으로 시야가 툭 터져 밖이 잘 내다보이는가 하는 것을 사람들은 열심히 따졌다. 하지만 이런 조건들이 맞더라도 제일 꼭대기 층은 또 은근히 기피당한다. 꼭대기 층은 여름에 햇볕이 내려쬐는 복사열로 덥다는 것이다.

이렇게 모두가 선호하는 조건들이 비슷하다 보니, 한정된 몇 개의 방을 두고 많은 학과들이 경쟁을 하면서, 가능하면 양보하지 않으려는 기색이 역력했다. 그래서 결국은 제비뽑기로 방을 결정하게 되었다. 아파트 동 호수를 배치할 때 사람들이 선호하는 조건도 유사하다. 아무래도 주거 쾌적도가 유사한 조건에 따라 결정되기 때문일 것이다. 사람들이 원하는 내용도 거의 같기 때문에, 그나마 배치의 공정성을 기하기 위해서 아파트 동 호수 배치도 결국 추첨으로 이루어지는 모양이다.

하지만, 밝은 햇빛이 쏟아져 들어오는 방에서는 하루 종일 제대로 일을 할 수가 없다. 여기는 휴양지가 아니다. 그래서 소위 전망 좋고 채광이 밝은 방에 들어가게 된 이들은 처음에 방 배정을 받을 때의 환호도 잠시. 어쩌다 잠시 환기를 위해 창문을 여는 외에는 하루 종일 창문을 닫아두고 지낸다. 그것도 모자라 금세 블라인드를 쳐서 종일 방안을 어둑어둑하게 만든다. 그러고는 하루가 다 가도록 그 창문을 열지 않는다. 햇빛이 컴퓨터 창을 여는 데 방해가 되지 말아야 하기 때문이다.

3. 다이빙

전자우편 창을 여는 것을 시작으로 이제 본격적인 창 열기를 한다. 스팸 검색을 하면서 나는 벌써부터 내 컴퓨터를 노리는 각종 짐승들이 군침을 흘리며 우글거리는 것을 감지한다. 조금만 방심하면 아차! 내가 오늘 열어야 할 나머지 창문들은 순식간에 박살이 나 버린다. 그리고 그 창들을 열지 못하면, 나는 오늘 아무런 일도 할 수 없다. 손 털고 그냥 집에 가야 한다. 웹 브라우저를 통해 들어가야 할 창들은 더욱 녹록찮은 전쟁터다. 우선 제일 먼저 열어젖히고 들어가는 창문을 어디로 지정하느냐를 두고 수많은 사이트들이 혈전을 벌인다. 개중에 어떤 놈들은 나의 창문열기 습관을 장악하려고 온갖 수법을 다 쓴다. 자기가 제공하는 바다 쪽 전망으로 뛰어내려 들어오라고, 그것을 나의 일상적인 다이빙대로 삼으라고 권유한다. 자칫 방심하다가 실수로 마우스를 잘못 클릭이라도 하면 어머나! 하는 사이에 그곳이 나의 일상적인 다이빙대로 들어와 자리를 떡하니 차지해 버린다. 순식간의 일이다.

다이빙대로 쓰기 좋게 여러 종류의 경로를 열어놓고 있는 창들은 그 바깥에서 엿보는 것만 해도 마음을 단단히 먹어야 한다. 창문을 열자마자 벌써 혹은 깜빡깜빡 거리며 혹은 위아래로 혹은 좌우로 몸을 흔들어대면서 나를 통째로 집어삼키려는 온갖 창들이 저돌적으로 달려든다. 파르르 몸을 떨며 발길을 다른 곳으로 돌리려 들면 금세 옷깃을 부여잡고 쉽사리 놔주지 않는다. "진짜로? 진짜로 여기에 안 들어올 거야?" "그래!(안 들어간다!)" "…. 추카추카!!! 당신이 우리 사이트에 들어오신 것을 환영합니다. 와글와글 후다닥~ 짜자자잔 ~ '그래'를 누름으로써 당신이 우리 사이트에 오신다는 것을 동의하셨습니다. 이후로 우리 사이트는 당신이 창문을 열 때마다 맨 먼저 당신 눈앞에 튀어나와 당신을 이 바다 속 여기저기로 질질 끌고 다닐 것입니다. 동의하신 거죠?!!!" "호앗. 이건 사기다! 그게 아니야, 아니래두!" "무슨 소리! 들어올 때는 네 맘대로 들어왔지만, 나갈 때는 그렇게 만만치 않을 걸!" 몇 분을 겨우 헤매다 안전지대로 빠져 나와 그런 대로 느긋하고 얌전한 창 문턱에 도착해 한숨을 돌린다.

이제는 제대로 잠수하리라. 다시는 호기심에 다른 쇼윈도 부근을

인터넷 창에 빠지다

기웃거리지 않으리라. 허나 나는 한 시간 뒤를 장담할 수 없다.

4. 물귀신

예전에 어느 먼 나라의 바닷가 도시에 간 적이 있다. 지구상에서
제일 건조한 사막을 등뒤에 둔 채 그 도시는 태평양을 마주하고 서
있었다. 해안가에는 그 작은 지방도시에서 제일 비싸게 치는 고층
아파트들이 줄을 지어 늘어섰다. 우연한 기회에 그중 한 집에 초대
받아 들어갔다. "좋으시겠어요 이렇게 전망 좋은 집에 사셔서" "뭘
요—(가벼운 미소와 한숨), 막상 살아보면 생각이 좀 바뀌기도 해요"
"왜요? 시원하게 앞이 탁 트이고—지상 최대의 바다인 태평양이 끝
없이 펼쳐져 있지 않습니까?" "그래요… 멋있죠… 그런데 그게 다
는 아니에요" 그러면서 그 집 주인 아저씨가 하는 말인즉슨… 큰 물
가에 붙어 있는 집안에서 벽면을 가득 채운 커다란 창 밖으로 바다
를 매일 쳐다보며 살다보면 자꾸 우울하고 이상한 생각이 든다는
것이다. "한참 창밖을 보면 어떤 때는 내가 저 바다 속으로 빨려 들
어가는 것 같고, 아니 가만히 있어도 자꾸자꾸 물속으로 끌려 들어
가는 느낌이 들어요. 물을 쳐다보다 보면 그냥 물속 깊이 뛰어들고
싶은 충동을 느낄 때도 있어요. 나만 그런가 해서 이웃에게 물어보
면, 그 사람들도 그런 비슷한 것을 느끼는 것 같아요…" "어떤 사람
들은 그런 이유 때문에 여기 이사 왔다가 얼마 안 있어 금세 이 집들
을 팔고 다시 내륙 쪽으로 들어가기도 했어요" "물이라는 게, 특히

바다라는 게 사람을 이상하게 붙들어 놓는 성질이 있는 것 같아요. 무의식적으로 말이죠…"

5. 헤엄쳐 다니다

거부할 수 없다. 오늘도 나는 출근하자마자, 운명처럼 다이빙대를 떠나 잠수를 시작한다. 한 번 잠수를 시작하면 한 군데만 머물렀다 돌아오는 법이 거의 없다. 그건 이제 나도 어쩌지 못한다. 한 곳으로 잠수를 해서 들어가면 다시 다른 곳으로 인도하는 창문이 열린다. 그 창문을 열고 들어가면 관련된 곳으로 인도하는 통로가 빛을 받아 반짝이기 시작한다. 때로는 한 곳에서 연결된 다른 곳으로, 거기서 다음 통로로 이동을 하다가, 내가 처음 왜 이곳으로 잠수해 들어왔던가 하는 것을 잊기도 한다. 그 다음에는 헤엄을 위한 헤엄을 친다. 내가 무엇을 건지기 위해 이곳에 잠수해 들어왔던 것일까. 그냥 헤엄치는 것이 온통 나의 모든 의식과 시선을 사로잡는다. 나는 그 속에서 움직이고 돌아다님으로써, 내가 필요로 하는 정보를 너무나 손쉽게 얻고, 또 너무나 태연하게 목소리를 울려 바다 속 여기저기에 나의 음파를 내보낸다.

때로는 한꺼번에 여러 개의 창문이 내 앞에 열린다. 아니면 나는 한꺼번에 여러 곳의 바닷물 사이를 넘나든다. 이곳 저곳에 번갈아 몸을 담그고 시선을 담그고 머리를 담근다. 여기 다이빙 했다가 다시 옆의 저기에 다이빙 한다. 냉탕과 열탕, 온탕, 그리고 한증막 사이를 오가듯 잠수장소들 사이를 옮겨 다닌다. 냉탕의 찬물을 바가지에 퍼 담아 열탕의 뜨거운 물 속에 옮겨놓기도 한다. 또는 그 거꾸로 하기도 한다. 내가 몸을 담그고 물을 퍼 담는 곳들 사이의 물들이 섞여 본래 어느 곳이 냉탕이었고 어느 곳이 열탕이었는지 알 수 없게 되기도 한다.

시간이 지날수록 나는 한꺼번에 더 많은 창을 열어 놓은 채 넘나들고 싶어진다. 그게 나의 권력의 느낌을 키워 준다. 나는 동시에 여러 곳에서 실현될 수 있다. 해서 나는 손오공이 되고 홍길동이 된다. 그렇게 나는 시간과 공간을 내 마음대로 지배할 수 있다. 한꺼번에 더 많은 창을 열어놓고 돌아다니기 위해 나는 최근에 모니터를 한 대 더 구입해서 '듀얼 모니터'를 만들었다. 이렇게 두 개의 창을 한꺼번에 열어놓고 쓰다 보니 사무실 창가의 블라인드는 더 완강하게 더 오랜 시간 닫혀 있을 수밖에 없다.

방에 달린 창문을 열면 바깥 광경 한 가지만 들어올 뿐이다. 방안의 다른 창문을 열면 수도 없이 많은 창문의 세계가 나의 눈과 귀와 뇌를 반기며 달려든다. 수백, 수천, 수만의 창들이 안내하는 바다로 나는 마음껏 헤엄쳐 다니면서 그 우주를 핥아먹고 냄새 맡고 또 보듬으며 걷어찬다. 그곳에 나의 땀 냄새를 남기고 나의 노래를 남기며 나의 흙 묻은 발자국을 남긴다. 어떤 이들은 내가 헤엄쳐 다니는 것을 자신의 창문으로 관찰하면서 나의 길목이 되는 곳에 미끼를 던져 놓기도 한다. 어쩌다 재수가 좋으면 나는 그들에게 멋진 역공을 가할 수도 있다. 물론 그들이 던진 미끼를 덥석 물다가 그들이 놓은 덫에 걸리는 경우가 더 많지만 말이다.

6. 운명

　나도 모르는 새, 나는 바다 쪽으로 난 이 창문을 통해 건너편을 바라보며 온종일을 보내고 있다. 언제부터 그랬는지는 나도 잘 모른다. 아무것도 한 일이 없는 것 같은데, 종일을 창가에서 보내고 물러나오는 나를 발견하며 허탈해 한다. 내 몸은 거기 책상 앞에 앉아 있었으되, 내 머릿속은 온 우주의 바다 속을 다 누비다 돌아와 지쳐 쓰러진다. 누가 보면 영락없이 미친 놈이다. 몸은 종일 그대로 앉아 있다. 창가에 앉아 팔목과 손가락만 꾸물꾸물 움직여 댄다. 머리가 멍하다. 여기저기가 쑤신다. 불현듯 무서워진다. 창가에서 좀더 물러서야겠다는 생각이 든다. 하지만 말이다. 어쩔 것인가. 나는 이 창문을 붙들고 살아야 한다는 운명의 계시를 받았다. 그것이 나의 현재이듯, 거기에 내 미래가 있다. 다시 창가 블라인드를 젖힌다. 방의 창문을 열어 본다. 바깥은 어느새 캄캄하다. 찬 밤바람이 옷깃으로 파고든다. 이 도시의 밤하늘에는 별빛도 없다.

스쳐가는 역사

서울은 육백 년이 넘는 오래된 역사 도시이다. 하지만 서울의 그 어디에서 유구한 역사의 향기를 생생히 느낄 수 있는가? 서울의 공간들은 계속 그렇게 파묻히거나 뒤집혀 헤쳐지면서 달려왔고, 그 삶의 기억들은 몇 군데 엉성한 비석으로 해치워진다.

제2부

가회동
─스러지는 옛 서울의 기억

서울은 오래된 도시다. 삼국 시대 초기에 이미 백제의 수도였다. 조선 왕조의 수도로 한양이 세워진 지도 육백여 년이 흘렀다. 하지만 이만한 역사와 전통을 지닌 도시치고는 서울의 모습이 전통과는 너무나 거리가 멀고 생경하다. 서울의 대표적인 경관은 도심과 강남 일대에 높이 솟은 현대식 고층빌딩들이다. 유구한 역사와 전통과 문화를 담은 건물군이 아니다. 도대체가 한국적인 것이 없고 서울적이라고 할 만한 것이 별로 없다. 몇 개의 왕궁을 제외하고는 변변한 기와집들마저 몇 채 남아 있지 않다. 그나마도 주변을 둘러싼 빌딩 숲에 가려져 숨어 있기 일쑤다.

　조국 근대화 시절, 새마을 운동의 바람을 타고 초가집도 없애고 구불구불한 골목길도 넓히면서 콘크리트 포장도로로 바꿔 나가던 그때, 한쪽에서는 사라져 가는 도시의 역사적 경관에 대한 관심이 뒤늦게 일기 시작했다. 때는 1976년. 일군의 전문가들이 빠른 속도로 사라져 가는 한옥촌에 관심을 갖게 된다. 그중에서도 서울 한복판의 유서 깊은 양반 동네라고 할 수 있는 가회동 일대, 그러니까 경복궁과 창덕궁을 양편에 두고 있는 조선 오백년 서울 양반들의 거주지역에 들어서 있는 기와집들이 노후화되고 소멸될 위험에 처해 있는 것이 포착되었다.

　이미 일제강점기를 거치는 동안 전통 가옥들은 소위 '일본식 집'들로 개조됐다. 그리고 6·25의 참화를 겪으면서 서울 시내의 오래된 구조물들 중 적지 않은 수가 파괴되고 사라졌다. 그 후 본격적인 근대화, 산업화를 맞아 다시 도시 구조물들에 대대적인 변화가 일어나고 있었다. 가회동 일대의 기와집들이 사라지면, 서울의 역사를 살아 있는 사람들의 활동과 거주공간 차원에서 시각적으로 생생하게 보여 줄 수 있는 역사적 증거물의 마지막 자락이 흔적을 감추는 셈이었다.

　뒤늦게 위기의식을 느낀 서울시에서는 우선 급한 대로 가회동 일대의 한옥 밀집지역을 '민속경관지역'으로 지정하고 한옥군을 보존하려는 노력을 시작했다. 그 후 21세기 오늘에 이르는 동안 가회동 일대의 한옥들은 어떻게 되었는가? 그리고 역사도시, 전통도시인 서울의 실질적인 역사적 생활공간은 어떤 물리적 형상과 구체적 내용으로 우리에게 전달되어 오고 있는가? 그리고, 그것을 그렇게

1890년대 사진에 담긴 경복궁 일대 기와지붕의 물결

만든 힘의 성격은 무엇인가?

1. 가회동 사모님댁

한국에 흑백텔레비전이 꽤 보급되었던 1970년대 중반, 지금처럼 그때도 저녁밥을 먹은 후 가족들이 텔레비전 앞에 앉아 보는 연속극이 인기를 끌었다. 요새도 그렇지만 당시 연속극에도 부잣집과 가난한 집이 나왔는데, 좀 잘사는 집, 특히 무슨 회사의 사장이나 회장 집을 가리킬 때 곧잘 사용되던 말로 '가회동 사모님댁'이 자주 등장했다. 이미 여의도가 새로 개발되고 한강 이남으로 강남개발이 막 시작된 때였지만, 당시까지만 해도 서울 사람들의 머릿속에 자리잡았던 대표적인 부촌의 상징은 단연코 가회동이었던 모양이다.

흔히 가회동 한옥보존지역 또는 북촌마을 등으로 불리는 가회동 일대는 가회동, 계동, 재동, 사간동, 안국동, 삼청동, 송현동, 소격동, 원서동 등 여러 동네를 포함하고 있다. 이 지역은 북악산 아래 경복궁과 창덕궁이라는 두 궁궐 사이에 위치하고 있다. 풍수지리로 볼 때 서울에서 가장 좋은 두 장소인 경복궁과 창덕궁 사이에 자리를 잡으면서, 북쪽이 높고 남쪽이 낮아 볕이 잘 들고 배수가 잘될 뿐 아니라 바람이 잔잔하고, 남산을 비롯한 좋은 경관을 눈앞에 두었다. 그리고 무엇보다도 도시의 한복판, 권력에 가장 근접한 곳에 자리잡았다. 이런 최상의 조건 때문에 가회동은 일찍부터 조선의 고관들과 팔도 출신의 양반들이 집중적으로 거주하는 지역으로 발전했다. 그러니까 이 일대는 정치적으로나 사회적으로, 그리고 문화적 영향력의 차원에서 서울과 한반도 전체의 중심지적 역할을 담당하는 곳이었다고 말할 수 있다.

조선조를 여는 데 결정적인 영향력을 행사한 삼봉 정도전의 가옥을 비롯해서 맹사성을 포함한 재상과 명망가들, 그리고 조선 후기에는 안동 김씨와 풍양 조씨 등의 가옥들이 이 일대에 자리잡고 있었다. 조선 말기에는 민영환, 박규수를 비롯한 대신들과 개화파 및 수구파의 태두들이 같은 동네에 모여 이웃하며 살고 있었으니, 가히 공간적 차원에서 그 영향력이 이렇게 집중되어 있는 동네가 다시 없다고 할 수 있다. 그리고 양반 주택과 육조관아에 근무하던 관리들의 집 부근에는 이들에 딸린 하인들이 살던 작은 집들도 같이 모여 있었다.

조선 후기에 들어 한성의 영역은 계속 넓어졌고, 한강이 중요한 물자 수송로가 되면서 경강상인들이 남대문 밖으로 진출해 한강과 남대문 사이에 상업지대가 새로 융성하게 됐지만, 권력의 중심지는 여전히 가회동 일대의 북촌이었다.

이런 특성은 1910년 한일합방 이후에도 크게 변하지 않았다. 일본인들은 청계천 이남 남산 북측에 모여 살았던 반면, 종로의 북쪽 특히 가회동 일대의 북촌에는 변함없이 커다란 한국식 기와 저택들이 자리를 잡고 있었다. 기존 양반들 중 몰락한 이들이 다수 빠져 나가는 사이 가회동 일대에는 일제 치하에서 새로 영향력을 얻고 상승하는 계층의 사람들이 속속 들어와 자리를 잡았다. 한성은행 대

주주로 상승하는 재력가였던 한창수가 거주한 가회동 26번지를 비롯하여 새로운 자본가, 정치인, 신흥 부자들이 가회동으로 속속 이주해 들어갔다.

그런 상황에 다시 변화가 일기 시작한 것은 1930년대 전후로 보인다. 커다란 땅덩어리를 가진 큰 규모의 한식 저택들 중 일부가 헐리고, 큰 필지도 작은 단위로 쪼개지는 형국이 나타났다. 한편으로는 경성 인구가 증가하고 다른 한편으로 일제 말기 공습에 대비한 주택 소개책으로 큰 집들을 작은 집으로 나누는 일이 늘어났다. 가회동 주거지역의 북쪽 바깥 편 수목이 우거졌던 곳에도 1930년대들어 재래식 초가집과 작은 규모의 기와집들이 많이 들어섰다. 비교적 널찍했던 가회동 길 양 옆으로도 재래식 초가집과 작은 기와집들이 들어섰다.

사회를 주도하던 양반계층이 쇠락해 가면서 대저택들이 차지하고 있던 큰 땅덩어리들에 학교가 들어서기 시작했다. 계동 1번지 일대에는 1905년 중앙중학교가 자리를 잡았다. 그리고 계동 입구 관상감 터에는 1906년 휘문고등학교가 자리를 잡았다. 이렇게 양반 사대부의 대저택 자리와 국가기구가 있던 자리들은 일제 때엔 학교 등으로 이용되다가 나중에 그 학교들이 강남으로 이전하는 과정에서 다시 기업체와 정부기관의 차지가 되어 대형 건물들을 수용하게 된다.

공간을 차지하는 주인은 바뀌어 갔지만 가회동은 여전히 서울 복판에서 풍수가 가장 뛰어나고 도심에 근접한 유서 깊은 곳이었다.

그리하여 가회동은 크고 작은 변화를 겪으면서도 1960년대까지 서울에서 손꼽히는 고급 주거지였으며, 자부심이 강한 사회 지배층의 한옥마을로 그 모습을 유지하고 있었다.

하지만 우리가 가회동 일대에서 현재 관찰할 수 있는 기와 한옥 군락의 외형은 오히려 해방 후에 본격적으로 형성되었다고 할 수 있다. 그것은 2000년대 현재 가회동 일대에 자리잡은 기와집들 중 막상 '문화재'로서 가치를 지닌 것이 몇 개 되지 않는다는 말이기도 하다. 그러니까 현 가회동 일대에는 이전부터 있었던 조선 시대의 한옥은 몇 채만 남고, 해방 직후부터 1950년대에 걸쳐 현재 볼 수 있는 소규모 개량한옥들이 이전의 집들 자리에 다수 들어서게 되었다. 이것은 1976년 이후 가회동 한옥보존 문제를 풀어 가는 데 적지 않은 장애요인이 된다. 문화재로 인정받기 어려운 집들이기 때문에 국가에서 적극적으로 사들일 수 있는 대상도 아니고 보상이 확실하게 나올 근거도 없었다. 그렇지만 확실한 보상책도 없이 집을 마음대로 개조하지 못하도록 규제를 해 버리면 시간이 갈수록 집 소유주들의 불만이 커질 것은 불을 보듯 뻔한 상황이었다.

1950년에 발발한 한국전쟁 동안 가회동 지역도 폭격의 피해를 입었고, 그후 이곳에 많은 개량한옥들이 들어섰다. 해방 후 사회가 변하고 서울인구가 급증한 것도 영향을 미쳤다. 큰 집들이 사라지면서 가회동에서는 양반들의 집단 거주지 모습이 약해지고, 여느 동네나 마찬가지인 한옥 밀집 주택가가 되어갔다.

2. 북촌의 쇠락

1970년대가 되면서 서울은 강남개발 시대를 맞는다. 구 도심지 한복판에 거주하는 인구의 비율은 감소하기 시작했다. 예전에는 비슷한 생활수준의 양반들이 모여 살았던 가회동이 이질적이고 다양한 사회계층의 작은 개량한옥들을 받아들이면서 동네 분위기가 바뀐다. 게다가 양옥으로 짓는 현대식 집들이 섞여 들면서 기와집으로 이어졌던 동네의 모습이 변하는데 가속도가 붙었다. 서울의 산업 발달과 함께 도심 사무실 수요도 늘었다. 자동차 교통이 빠르게 증가해서, 자동차가 다니기 좋은 도로와 주차장 수요가 늘었다. 서울 복판에서는 이전에 주택으로 사용되던 집들의 용도를 변경해서 상업기능을 늘렸다. 또 아예 기와집들을 허물고 그 자리에 커다란 상업건물들을 짓게 된다.

이즈음, 동네의 전통적 특성을 고려하지 않는 무질서한 도시개발이 본격화되었다. 그러다 보니 이전에 가회동 한옥지대가 가지고 있던 쾌적한 분위기와 계층의 동질성, 도심 접근성 등의 가치 요소들이 퇴색하기 시작했다. 그나마 그때까지 가회동 일대에 잔존해 있던 부유층들은 마포, 여의도, 그리고 강남개발 시기에 조성된 새로운 도시지구로 대거 이주하게 되었다. 그들의 이주를 따라 휘문고와 경기고, 숙명여중고 등 학교들도 강남으로 이전하기 시작했다. 조선 시대 사대부가의 대저택 터 중 큰 길에 접한 곳에는 대형 상업건물과 사무실 빌딩들이 들어섰다.

다른 어느 곳에서도 찾아보기 힘들 만큼 빠른 속도로 경제성장을 이룬 한국이 낳은 '한강의 기적'은 그 어느 도시와도 비교하기 힘든 서울의 인구증가 그리고 도시팽창과 함께 진행되었다. 그것은 이전 도시공간의 파괴에서도, 새로운 공간구조가 자리잡는 속도에서도 그대로 드러날 수밖에 없었다.

그러던 중, 일부에서는 역사도시 서울의 상징공간이 상실되어 가는 데 대한 위기감이 싹트기 시작했다. 비록 개량 한옥이나마 기와집들이 유서 깊은 동네에 집단적으로 밀집해 있는 공간으로 남아 있던 가회동과 삼청동 일대에 1970년대 후반 특별관리가 필요하다는 절박한 소리가 나온 것이다. 급물살을 타고 진행되는 변화 속에서 공간에 대한 사회적 해석과 가치가 새롭게 전개되기 시작했다.

하지만, 아직도 갈 길은 멀었다. 가회동 일대의 한옥군을 보존할 수 있는 행정적 도구와 법적 구속력이 정비되고 구체적인 대책이 마련되는 데는 시간이 걸렸다. 그리고 이 건물들에 어떤 가치와 의미를 부여할 것인가에 대해서는 여전히 의견이 분분했다. 더구나 건축물을 관리하는 원칙에는 아직 무질서가 만연해 있어서 정부 스스로도 편법과 변칙을 남발하던 시기였다. 한옥보존지구로서의 가회동의 파란만장한 현대사는 이렇게 이제 막 시작되고 있었다.

3. 한옥보존지구로 걸어온 길

계동, 재동, 가회동, 삼청동 일대가 한옥 밀집지구라는 명목하에 특별한 관리대상이 되는 것은 서울이 빠른 속도로 팽창하고 기존 건물들이 새 건물들로 대체되면서 겪게 된 자기 상실의 위기감에서 비롯되었다. 특히 서울이란 도시의 문화적 정체성에 대한 위기의식이 일부 오피니언 리더들에 의해 제기되기 시작하여, 서울시에서는 1976년 12월에 이 일대를 '민속경관지역' 으로 지정한 것이다.

그렇지만 민속경관지역으로 지정만 되었다 뿐이지 실질적으로 한옥들을 보존하기 위한 구체적인 방안은 마련되지 못했다. 이름이 '민속경관지역' 이라는 것도 이 동네를 보존대상으로 삼기에 좀 애매했던 현실을 반영한다. 집 한 채 한 채가 전부 문화재로 인정을 받기에는 건물의 역사성도 빈약했고, 다닥다닥 붙은 개량한옥으로 들어선 집들이 너무 많았다. 간혹 끼어 있던 조선 말기의 집들도 보존 상태가 좋은 것은 몇 채 되지 않았다. 그러다 보니 집주인의 의도에 반해 건물을 마음대로 개조하지 못하게 규제할 근거도 약하다고 생각되었다.

또 하나 문제는 도대체 보존하고자 하는 것이 무엇이냐는 것이다. 한 채 한 채의 집들이냐 아니면 말 그대로 기와집들이 모여 있는 '경관' 이냐 사이에서 혼돈이 걷히지 않았다. 각 집들이 모두 보존대상으로 삼기 어려운 것이라면 사실상 중요한 것은 유서 깊은 동네라는 특정 장소의 한옥들이 모여 뿜어내는 한 폭의 경치, 즉 '역사문화경관' 이 보존 대상이어야 했다. 한편 그것은 역사성과는 무관하게 인위적으로 만들어 놓은 박제화된 형태여서도 안 되는 것이었다. 실제로 사람들이 살아 움직이고 이용하면서 역사가 오늘에까지 이어지는 현장으로서의 생명력도 가져야 했다.

또 다른 문제는 서울이 겪고 있던 급격한 산업화와 경제발전 시기의 가치관이다. 당시 서울은 과거의 전통을 저발전의 산물로, 혹은 고리타분하며 가난과 어두움을 상징하는 것으로 인식하고 팔을 걷어붙였던 근대화 최우선의 시대를 살고 있었다. 문화유산이 파괴되면서 전통이 상실되는 데 대한 위기감이 한쪽에서 들었던 것도 사실이지만, 대다수의 사람들은 여전히 더 '현대적이고 편리한 것'을 위해 과거의 '불편하고 고리타분한 것'들을 치워 버리는 것이 옳다고 여기고 있었다. 실제로 1970년대 당시 서울시의 도시계획 관련 담당자 중 한 사람은 가회동 일대에 대해서 역사환경을 보존해야 한다는 주장이 제기되어 현장 실사를 나갔을 때 가졌던 자신의 생각을 이렇게 털어 놓았다.

… 내가 그때 현장에 나가보니깐, 이건 가치 있는 한옥을 보존하기에는 너무 늦었더라구. 오래된 집들은 벌써 수리를 안해서 한쪽에서 허물어지기 시작하고 있고 때도 많이 타고… 그리고 그 집들이 조선시대부터 있던 그런 좋은 집들이 아녜요. 그냥 일제 말에 집장사들이 대량으로 갖다 지어놓은, 요새 말로 하면 연립주택처럼 다닥다닥 붙여 지어놓은 집들인 거지. 게다가 제대로 보수도 안해 놔서 너무나 초라하고 동네 입구에서부터 보니까 외려 추잡해. 그러니까 보존가치도 없어… 우리가 보기에는 그 집들은 자랑스러운 유산이기보다는 과거 가난의 증거일 뿐이지. 가난의 증거일 뿐이어서, 솔직히 개인적인 생각으로는 그런 집들이 빨리 없어지기를 바랐어요. 그 자리에 얼른 발전한 서울을 보여줄 수 있는 현대적인 빌딩들이 들어서야만 우리가 발전한다고 생각했어요… 그리고 1983년에 거기 미관지구로 지정한 다음에도 군데군데서 그것을 어기고 집 고치고 짓고 하는 일들이 있어서, 사실 그게 제대로 실행되기도 어렵다고 봤고…

이렇게 보존행정의 실무를 추진하던 부서의 담당자 스스로도 내심 그 가치를 의심하는 형편이어서 가회동 지역주민, 특히 집주인들 대부분은 보존 정책을 강력하게 반대했다. 반대하는 가장 큰 이유는 재산권을 마음대로 행사할 수 없다는 것. 한 마디로 내 집을 내 마음대로 할 수 없으니 집값이 떨어진다는 것이었다.

여기서 다시 1970년대부터 현재까지 서울 도심의 지가와 집값이 어떻게 변해 왔는지를 상기할 필요가 있다. 서울의 도시팽창과 함께 강남개발 이후 서울 면적이 이전에 비해 두 배 이상 넓어진 것도 사실이지만, 해방 후 서울시 인구도 10배 이상 폭발적으로 늘어났다. 도시의 중심부인 종로와 중구의 땅값과 집값은 어마어마한 속도로 상승했고, 교통이 편리한 중심지역에는 초고층 빌딩들이 들어섰다. 서울의 주거형태도 단층집이 대부분이었던 당시에 비해 21세기에 들어선 현재는 아파트를 비롯한 대형 공동주택 형태가 절반을 훨씬 넘게 되었다.

그런 변화가 계속되는 한가운데서 종로 등 도심에서 지척의 거리에 있을 만큼 교통이 편리하고 풍수가 뛰어나며 아늑하고 살기 좋은 동네에 자리잡은 당신의 집을 마음대로 고칠 수도, 그 위에 새 집을 지을 수도 없다고 한다면 누가 좋아할 것인가. 한 동네에서 10년 넘게 사는 사람이 드물어진 것이 현대 서울사람의 삶이다. 다른 동네 집들은 천정부지로 가격이 오르고 있는데, 집을 팔고 이사를 가려고 해도 함부로 손을 댈 수 없는 당신의 집은 사서 들어오려는 사람이 없어 가격이 떨어진다면, 누가 그런 보존정책을 찬성할 것인가. 당신이 아무리 전통을 사랑하고 역사경관을 중요시한다고 해도 말이다. 그래서일까? 이전부터 가회동에 살던 소위 부잣집들은 가회동 한옥지대가 1976년에 민속경관지역으로 지정된 다음 1983년에 구체적인 건축조례에 의해 규제가 강화되기 전에 대부분 가회동을 빠져 나가 강남의 아파트 지대로 옮겨간다. 이후 재산피해를 호소하며 민원을 부르짖는 현재 가회동 일대 거주자의 대부분은 서울 토박이가 아니라 근대화 시대에 서울로 올라온 지방출신의 중간계층 사람들이다.

이제 우리가 좀더 구체적으로 살펴보려고 하는 것은 가회동 일대에 대한 한옥보존정책이 실제로 어떻게 진행되었는가 하는 것이다. 얼마나 체계적이고 일관성 있게 정책이 수행되었는가? 그래서 성과는 어떠했는가? 아니면, 얼마나 심한 혼돈과 좌충우돌을 겪으면서 행정이 표류하는 형태로 오늘에 이르렀는가? 그 이유는 무엇인가? 이것을 보기 위해서는 1976년 이후 가회동 일대에 대해 적용된 법적 규정과 계획안들이 어떻게 변해 왔는지를 잠깐 들여다볼 필요가 있다.

4. 한옥보존 계획

1976년 12월에 서울시에서 이 일대를 '민속경관지역'으로 지정했지만 곧바로 뚜렷한 구속력을 발휘하지 못했다. 가회동의 한옥들 중 일부는 개조되어 양옥집으로 바뀌었고, 오래된 집 몇 채는 이미

허물어졌다. 당시의 맥락에서 볼 때 서울시의 역사적 경관을 보호
한다는 것은 아직 많은 사람들에게 크게 와 닿지 않는 이야기이기
도 했다.

그러다가 1983년 7월에 비로소 구체적인 방안이 마련되기 시작
한다. 가회동, 계동 일대가 건축법상 '제4종 미관지구'로 지정된 것
이다. 그것은 전통적인 요소나 기타 특수한 목적으로 기존 건축물
들의 형태를 마음대로 고치지 못하도록 하는 최초의 법적 근거였다.
서울시에서는 4종 미관지구들 각각에 대해 건축조례를 따로 정해
서 건축물의 양식, 구조 형태를 제한한다. 굳이 집을 고쳐 지으려는
사람에게는 부분적으로만 증축하거나 고쳐 짓는 것을 허용한다. 한
마디로 가회동 일대의 한옥들에 손을 대기 어렵게 되었다. 그리고
손을 대려면 서울시에서 정한 규정을 따라서 해야 된다는 말이었다.

당장 가회동 집주인들이 술렁대기 시작했다. 이런 법이 있는가
말이다. 국가에서 기필코 보존해야 하는 예술적 가치가 분명한 국
보급 문화재라면 또 얘기가 다르다. 그런데 이건 문화재도 아니다.
그냥 일제 전후에 지어진 보통 집들을 특별관리대상으로 정해 놓고
는 마음대로 고치지도 못하게 한다. 당장 내 재산을 내 맘대로 하지
못한다는 얘기다. 그뿐이 아니다. 고도경제성장기를 걷고 있던 당
시 서울 도심의 집값과 땅값은 하루가 다르게 뛰고 있었다. 해방 이
후 50년 동안 서울의 땅값이 4만 배나 올라 세계에서 그 유례를 찾
기 힘들 정도인데, 종로를 지척에 두고 있는 서울의 노른자위 땅 가
회동 일대 집들에 손을 대기 어렵게 되었으니, 집도 잘 팔리지 않을
것이고 땅값도 오르기 어려운 게 당연하다. 가회동 주민들의 불만

이 얼마나 클 것인지는 상상하기 어렵지 않다. 하지만 당시만 해도 서슬이 퍼런 신군부의 군사독재 정권 시절이었다.

서울시에서 내놓은 보상책은 집주인들의 재산세를 줄여 주는 정도였다. 그러니까 1983년 11월에 새로 조례를 작성해서 그 다음해 5월부터 재산세를 절반으로 감면해 주기로 한 것이다. 주변 서울 도심 땅값은 천정부지로 솟고 있는 판국이다. 몇 천 원에서 몇 만 원에 불과한 재산세의 감면이 당시 가회동의 집주인들에게 의미 있는 보상이 될 턱이 없었다.

제4종 미관지구로 지정해 놓았어도 집들이 워낙 오래되어서 보수를 하지 않으면 구조물들을 안전하게 유지하기 어려운 경우도 많았다. 또 생활하다 보면 집에 손을 대기 마련이다. 이런 것들을 어떤 기준에 의해서 허용하고 막을 것인지 규칙을 정하는 것도 간단한 문제가 아니었다. 결국 다음해인 1984년 4월에 가회동 '한옥보존지구'를 위한 건축 기준이 서울시 조례 18조로 고시되었다. 말하자면 무엇은 어떤 모양으로 하고 무엇은 어떤 지붕으로 해야 한다는 대강의 기준안이 고시된 것이다. 그리고 다시 같은 해 7월에는 가회동 일대 '한옥보존지구'를 '도시설계구역'으로 정하고 도시설계를 하기 시작했다. 가회동 일대를 그냥 그대로 놔두고 보존만 하는 것이 아니라 보다 적극적으로 가꾸고 정비하기 위한 설계를 시작한다는 것이었다.

이렇게 해서 설계되기 시작한 결과는 그로부터 1년 8개월 뒤인 1986년 3월에 '한옥보존지구 도시설계안'이라는 이름으로 발표되기에 이른다. 이 도시설계안의 발표 후 서울시와 중앙정부는 그에 따라 가회동의 환경을 얼마나 개선하는 작업을 했는가? 설계안이 발표되었다고 그대로 실행이 되는 것은 아니다. 땅을 사들일 곳은 사들이고 잘라낼 곳은 잘라내야 하는데, 측량을 하고 보상액을 결정하고 다시 그것을 시행하는 데는 적지 않은 시간이 걸린다. 막상 예산을 짜서 그것을 집행하기 위한 준비를 하는데도 행정 당국은 상당한 시간을 들였다. 게다가 워낙 여러 사람의 이해관계가 얽힌 일이다 보니 추진도 쉽지 않았다. 이 일을 강력하게 밀고 나갈 추진주체도 그리고 방향성도 명확하지 못했다.

이렇게 도시설계안에 대한 구체적인 시행이 주춤하고 있는 사이에 새로운 계획안이 또 하나 만들어졌다. 이전 설계안보다 거창한 뜻을 담은 이름으로 '전통문화지대 복원정비계획' 이 1988년 8월에 발표된 것이다. 이제는 사업의 목적이 이전보다 분명해졌다. 단순히 한옥을 보존하는 것으로 그치는 것이 아니라 '전통문화지대' 를 '복원' 하고 '정비' 한다는 적극적인 제목이 표방되었다. 그것은 1976년에 '민속경관지역' 을 명목상으로만 지정했던 것에 비추어 볼 때 상당히 진전되고 적극적인 개입을 천명한 셈이었다. 그 동안에 시간이 좀 걸린 것도 사실이고 그러는 중에 기존 가옥들이 더러 훼손된 것도 있었다. 일부에서는 구체적인 설계안이 마련되지 못한 사이 체계적이지 못한 임시방편의 공사들이 급하게 이루어진 것도 있었다. 하지만 이제는 가회동 일대에서 한옥 몇 채를 보존하는 것으로 그치는 것도 아니고 경관의 일부를 살리자는 것도 아닌 훨씬 포괄적인 '전통문화지대' 를 만들겠다는 계획안이 공포되었다. 악화된 주거환경과 시설을 '정비' 해서 치워내는 대신, 이미 쇠락하고 있거나 없어진 집이나 부속 구조물 중 가회동 일대의 역사와 전통 문화를 빛낼 수 있는 것들은 새로 복원을 해서라도 원형을 살리겠다는 정책이 발표된 것이다. 그것은 서울의 역사성을 일반 주거지역의 차원에서도 살려내고 새로이 가꾸어 나가는 데 노력을 기울이겠다는 선언적 사건이 되었다.

여기서 잠깐, 이런 일들이 가능했던 시대적 맥락을 짚어 보자. 1979년 박정희 대통령의 피습과 사망 그리고 신군부의 쿠데타로 인한 권력장악은 1980년 광주사건으로 이어져, 한국 현대사의 암울한 군부독재가 시작된다. 그런 와중에 1988년 서울에서 올림픽이 열리기로 결정되었고, 그에 앞서 1986년에는 서울에서 아시안 게임이 열리게 되었다. 급속한 근대화와 도시화 시대를 일차 마무리 지어 가던 당시로서 이 두 행사는 한국의 사회경제적 수준을 세계에 알리기 위한 전시장인 동시에 부분적으로는 당시 군사정권의 정당성을 간접 표방하는 행사처럼 인식되기도 했다. 그리고 그런 맥락에서 중요한 것 중 하나는 서양화된 발전만을 현대화로 여기며 줄곧 달려온 한국에도 한국만의 고유한 문화와 정체성이 있다는 점, 그런 한국문화의 우수성을 실제 눈앞에 보여 줄 물리적 실체들이 필요하다는 점이었다.

아시안 게임과 올림픽 게임 동안 전 세계에서 몰려올 방송과 신문 기자들은 운동경기뿐 아니라 한국의 이모저모를 취재해서 알릴 것이다. 각국 운동선수와 임원뿐 아니라 관광객들도 적지 않게 몰려와서 동아시아의 구석에 감춰져 있던 나라 한국의 오늘을 보려 할 것이다. 이런 맥락에서, 전통문화의 중요성은 전과 달리 새로운 조명을 받기 시작했다. 1960년대 이래 내내 주창되었던 현대화는 곧 서양화를 의미하는 것처럼 여겨졌고, 한국의 전통문화와 민속은 저발전과 가난의 대명사처럼 인식되었었다.

그런데 이제 막상 산업화와 도시화, 현대화를 일차적으로 달성한 시점에서 전 세계에 한강의 기적을 자랑하려고 보니 세상에 보여 줄 자신만의 고유한 것, 그러니까 '정체성'의 모습이 없어져 버린 것을 깨달은 것이다. 한국 사회 전반에서 전통문화가 점차 관심을 끌고, 그나마 조금씩 대접을 받기 시작하는 것도 바로 이 즈음이라고 할 것이다. 그리고 그런 와중에 가회동 일대의 한옥지대를 역사문화지구 혹은 전통문화지대로 살리는 적극적인 계획안이 나온 것이다.

한 가지 더 짚어둘 것은 1986년의 아시안 게임과 1988년 서울 올림픽에 즈음해서 제시된 것이 가회동 한옥지대에 대한 보존과 복원 정비사업 완성보고가 아니라 복원하고 정비하겠다는 '계획안'일 따름이라는 점이다. 이때는 이미 서울의 역사를 살아 있는 것으로 제대로 보여 주기에는 늦었다고 판단될 정도로 한옥들이 열악한 상태에 놓여 있었다. 군데군데 새로 지은 집들도 들어섰고, 오래된 집들은 파손되고 있는 상황에서, 그것을 그렇게 썩 자랑스럽게 전 세계인들 앞에 내어놓기에는 부끄러운 것이었다. 하지만 그것이나마 보여 주지 않을 수 없었다. 그것마저 없다면, 서울이 역사도시, 문화도시, 전통을 지닌 살아 있는 도시라는 것을 보여 줄 증거가 별로 없었다. 박제화된 박물관과 같은 몇 개의 왕궁, 그나마 일제에 의해 구조가 훼손된 궁궐들의 일부 외에는 말이다. 그래서 어지러운 흔적으로 남아 방치된 한옥군을 조심스럽게 펼쳐 놓았다. 문화 국민인 우리가 이제 그것을 이렇게 근사하게 복원하고 정비하겠다는 안을 내놓음으로써 자기 문화를 등한시해 온 부끄러움을 덜어내고자 했던 것으로 볼 수 있다. 이제부터는 제대로 하겠다는 약속으로서 말이다.

5. 용두사미

1988년 서울 올림픽이 끝난 얼마 뒤, 1990년 12월에 가회동 전통문화지대 복원정비계획안을 대폭 변경한다는 발표가 내려졌다. 1988년 8월의 복원정비계획을 막상 제대로 실행해 보지도 않은 채 2년 남짓 흐른 뒤 나온 변경안이다. 이 변경안에서는 기존의 복원정비 구역의 범위를 대폭 축소시켰다. 그러니까 가회동과 계동 일대 전체의 블록이 대상 구역이 아니라 따로 370동의 건물에 대해서만 보존할 가치와 의의가 있다고 해서 그 건물들만 특별관리를 한다는 이야기였다. 그래서 370여 동의 건물들이 있는 곳은 '전통 건조물 보존지구'로 결정되었다. 그 밖의 가회동 지역에 대해서는 1984년부터 준비하고 1986년에 발표된 도시설계안을 적용하지 않고 전면적으로 새로 도시설계를 실시해서, '주민들의 욕구를 반영'하고 '재산권 행사를 옹호' 하게 한다는 것이었다. 한 마디로 전통문화지대 계획안을 포기하고 취소한다는 내용이었다.

용어와 개념도 바뀌었다. 동네 전체의 역사문화 환경을 보존하고 적극적 복원과 정비를 한다던 1988년의 계획안에서 다시 멀찍이 물러나 각 개별 가옥들인 '전통 건조물'을 보존한다는 말이다. 그런데, 우리가 이미 앞에서 본 것처럼 가회동의 현존 한옥들 중 대다수는 굳이 '전통 건조물'이라고 주장하기 어려운, 그저 어중간한 20세기의 도시형 한옥들이다. 그렇다면 전통 건조물 보존책은 이미 그 논리가 미약한 것이 된다.

아니나 다를까. 1991년 5월에는 한 술 더 뜨는 정책이 발표되었다. 가회동 일대에 대한 '한옥보존지구' 제한구역 지정을 전면 해제한다는 것이다. 물론 예외는 있었다. 가회동 11번지에서 31번지, 그리고 삼청동 35번지 일대의 약 70동 건물에 대한 제한구역 지정은 해제시키지 않고 남겨둔다는 것이었다. 하지만 그것도 오래가지는 못했다. 1991년 가을에는 이 70동의 건물 주인들이 정부에 거세게 항의하며 자신들의 재산행사를 할 수 있도록 해달라는 민원을 제기했다. 서울시는 "시민의 뜻을 존중한다"는 어설픈 명목 아래 이 70동에 대해서도 한옥보존지구 제한을 전면 해제했다. 이후 이 지구에 한정된 특별관리는 없어졌다. 다만 다른 동네에서도 적용되는 건축물의 높이 제한과 용적률 제한 등이 남아 있을 뿐이다. 다세대 주택을 올려 짓는 것도, 빌라나 아파트를 짓는 것도 가능해졌다. 비록 서울시 도시설계 관리에 따른 고도제한으로 높은 층의 아파트나 상업형 고층빌딩이 들어설 수는 없었다지만 말이다.

이제는 단층 한옥들 사이로 비죽비죽 4, 5층짜리 다세대 주택들이 볼썽사납게 들어섰다. 이 다세대 주택들의 벽면에는 빨간 벽돌

장식이 붙어 있는 것도 많았다. 지붕은 어쨌든 대다수가 기와지붕을 올렸다. 그런데 그 기와지붕들은 기존 한옥의 지붕과는 아무 상관이 없는 것이었다. 빨간색, 노란색, 파란색에다 두께와 모양도 가지각색으로 국적불명이다. 지중해식 빨간 기와도 있고, 반듯반듯한 파란 기와도 있다. 정신 사납고 어지러운 것은 차치하고 높이가 들쑥날쑥해서 동네의 지붕선이 제대로 보이지 않게 되었다. 저렇게 할 양이면 대체 왜 지붕은 기와로 올리라고 한 것일까? 차라리 평평한 콘크리트 슬래브 지붕이 더 정직하기라도 하지. 저런 모양으로 여전히 여기가 한옥보존지구입네 하는 것은 서글픈 이야기다.

그렇게 위로 뻗기 시작한 집들은 이 같은 정책 공백상태를 틈타더 목소리를 높이고 층을 높여서 그 동안 억눌려 온 재산증식의 한이라도 품겠다는 듯 안간힘을 쓰는 것 같다. 1994년 8월, 그때까지 이 지역의 건축물 고도제한이 10미터로 한정되었던 것을 다시 완화했다. 이제는 16미터 높이까지 집을 지을 수 있다. 어림잡아 두세 개 층을 더 올릴 수 있고 그만큼 임대수입이나 재산가치가 오른다. 민원을 받아들이면서 조금씩 조금씩 기존의 한옥보존지구 정책은 뒷걸음질을 쳤다. 전통문화 복원 정비안의 야심찬 적극성은 더 이상 간 데가 없다.

그 사이에 대통령이 바뀌고, 서울 시장이 바뀌고 담당 공무원들이 바뀌면서, 어제의 제법 적극적이고 체계적이었던 정책은 내일의 휴지조각이 되어 취소되고 수정되고 움찔움찔 뒤로 물러섰다가 또 앞뒤로 흔들린다. 그 결과는 서기 2000년이 되면서 오늘 우리가 물려받은 가회동의 모습을 낳았다. 한옥보존계획은 점진적으로 발전

가회동 일대의 오늘. 어쨌든 모두가 기와집이라고 외쳐댄다!

되다가 가장 일관적이고 야심적이며 적극적인 1988년의 계획안이 발표된 직후부터 실질적으로 파국의 길을 걸었다.

그런데 실상 이런 파국은 이전부터 예고된 것이기도 했다. 1976년 이래 1988년 사이에 '정책안'들은 한 걸음씩 더 체계적이고 광범위한 것으로 발전되어 갔지만, 계획안을 발표하면 그뿐, 그 정책을 실제로 집행하고 추진하는 일은 제대로 이루어지지 않았다. 최소한의 수동적인 조치들, 그러니까 이렇게 하지 말고 저렇게 하지 말라는 식의 '규제'들만이 난무해 갔다. 그러는 중에 다시 시간은 흘렀다. 집들은 낡아져 갔고, 집들은 버려져 갔고, 집들은 스러져 갔다. 그 틈새에서 비죽비죽 '불법 구조물'들이 솟아났다. 그 틈을 와락 제치면서 현대 사옥이 병풍처럼 가회동 입구를 막아 쳤다. 헌법재판소가 풍양 조씨 가옥들과 박규수 가옥의 흔적들을 뭉개면서 웅대하게 건축되어 모순된 국가의 위엄을 어설프게 외쳐대고 싶어했다.

백성들에게는 기와도 제대로 손대지 못하게 하면서 나라에서는 먼저 나서서 자기의 권위를 뽐내는 현대식 건물을 높이 올렸다. 그 건물들은 나라와 도시정부의 법적 일관성과 원칙을 스스로 부정하는 증거물이었다. 이러할진대 한옥보존지구를 완전 해제하라는 민원이 일지 않는 것이 이상할 수밖에 없다. 가회동 지구의 입구를 가로막고 서 있는 현대 계동사옥이 1983년에 들어설 때, 그리고 박규수 집터에 헌법재판소가 들어설 때, 가회동 한옥보존지구는 이미 논리적인 모순을 확연히 드러내고 있었던 셈이다.

6. 자기 역사를 못 지킨 도시

가회동 한옥보존지구가 걸어온 길은 한국 현대도시사의 최근 몇십 년을 구조물의 외관이라는 부정할 수 없는 형태로 묵묵히 증거한다. 이제 한옥의 물결치는 지붕들이 연속된 선으로 이어져 보여주는 한성부 북촌의 아우라는 지하철 안국역 대합실의 부조물 외에서는 찾기 어렵게 될 것이다. 이 동네가 그런 동네였던가 하는 것은 아스라한 전설로 남을지도 모른다. 이것이 우리 시대 도시공간의 초상화다.

서울시는 1999년에 들어 다시 대대적인 북촌가꾸기 작업을 모색하기 시작했다. 1999년에 서울시장이 바뀌었다는 것이 가장 중요한 변수였다. 새로운 북촌가꾸기에 대한 보완책과 정비사업이 시작되었다. 일부 낡은 건물들은 철거되고, 또다른 가옥들은 새로 보수작업의 대상이 되었다. 가치가 있다고 여겨지는 가옥들에 대해서는 서울시가 직접 나서서 매입하고 적극 관리하기 시작했다. 민간인들이 한옥을 사들여 보수할 경우, 서울시의 기준에 어긋나지 않게 전통적인 외양을 유지하는 조건을 채우면 보수비용을 지원하게 됐다.

한편, 건축물에 손을 대지 못하도록 하는 규제 대상이었던 가회동 1번지 일대의 기와집들은 그 사이 보수도 되지 않은 채 낡을 대로 낡아 버렸다. 한 마디로 붕괴의 위험에 처하게 되었다. 서울시의 보건위생기준에 따른 주택으로서의 요건도 제대로 갖추지 못했다. 결국은 이 집들은 서울시에 의해 철거되기에 이르렀다. 이런 아이러니가 없다. 오랫동안 보존 대상이라고 해서 손을 못 대게 하더니,

결국 '불량주거' 라고 해서 철거대상이 된 것이다. 한 마디로 사회 공동의 차원에서 기억하고 보존해야 할 가치의 공간들이 그 사이 구체적이고 적극적인 보수와 보존 작업되지 않은채 규제의 이름으로 방치되다가 결국은 불량 가옥의 이름을 뒤집어 쓰고 사라진 것이다.

그렇다면, 거기서 다시 4년이 지나 새로운 시장이 선출된 뒤에는 또 어떻게 정책이 바뀌고 공간의 모습이 바뀔 것인가? 그것은 4년 후 누가 새로운 서울시장이 될 것인지를 미리 알아 맞추기 어려운 것이나 마찬가지다. 이런 지구단위 작업은 현장을 면밀히 조사하고 정책을 입안하는 데만도 1년 이상이 걸린다. 정책 수단들을 확보하고 준비를 하는 데도 시간이 걸린다. 실행을 시작해서 조금 있으면 대통령이 바뀌고 시장이 바뀌고 압력단체가 바뀐다. 어차피 바뀌면 상당수 정책이 도로아미타불이 된다. 그렇다면 담당 공무원을 비롯한 공직자들도 서두를 것이 없다. 조금 하다가 다시 바뀌야 할지 모르니까. 그리고 서울시의 대부분 공무원은 길어야 3년이 지나면 해당 보직을 떠나 다른 보직으로 이동한다. 그러다 보니 혹 그중 일부는 괜히 강한 민심의 반대에 부딪치면서 무리해서 일을 추진할 필요가 없다고 생각할지도 모른다. 어차피 도로 물러서는 정책을 펼지도 모르는 미래를 두고 있는데 말이다.

1976년 이래 가회동 한옥보존지구의 환경을 개선하고 전통경관을 보존하려는 방책들과 연구 보고서는 수십 편이 만들어졌다. 가회동 일대에 대한 수많은 조사가 있었고 계획 도면도 수없이 그려져 제출되었다. 정책 입안도 십여 차례가 넘고, 서울시 조례가 바뀐 것만도 십여 차례가 넘는다. 담당자가 바뀌면 새로운 용역이 이루어졌고, 시장이 바뀌면 또 새로운 계획안이 나왔다. 그러는 가운데 가회동의 한옥들은 별 다른 대책 없이 낡아만 갔다. 그리고 그 사이로 비죽비죽 다세대 주택과 그 밖의 수상한 모습의 집들이 흉물스레 가회동의 하늘을 어지럽혀 왔다. 그 많은 훌륭한 보고서와 정책 기획서들은 실제로 현장에서 제대로 실천되지 못했다. 결과적으로 가회동의 한옥지구에서는 이제 이전처럼 물결치는 기와의 연속적인 장관을 연출하는 곳을 찾아보기 힘들게 되었다. 개별적인 가옥들 차원에서라면 20세기 중반의 도시형 한옥을 간신히 보여 주는 것들이 몇 채 있지만, 연속적인 도시경관의 차원에서는 보존할 대상이 대부분 사라지고 있다.

문제는 어디에 있는 것일까? 먼저, 가회동 한옥보존지구에 대해서는 처음부터 무엇을 어떻게 보존할 것인가에 대한 사회적 합의가 분명치 못했다. 서울시와 중앙 정부의 방향설정이 분명하지 못했고 계획의 체계성이 부족했다. 아직 경제개발 제일주의의 가치가 지배적이던 시절, 전통 유산으로서의 도시경관이라는 가치를 정책자들과 공무원, 집주인들과 주민들, 기타 사회구성원들이 공유하지 못했다. 결과적으로 가회동 일대에 대한 보존정책 자체가 계속 이리저리 치이고 물결에 떠밀려 왔다. 도시정치에서 결정권을 가진 이들의 가치관이 정립되지 못했고, 방향성과 신뢰가 약했다. 밀고 밀리는 민원정치와 이권 교환에서 어정쩡하고 엉거주춤한 상태만 계속되었다.

한옥들 사이로 비죽비죽 솟아난 다세대 주택들─그 기와지붕은 대체 무슨 의미가 있는 것인가?

일단 계획안으로 잡히고 조치로 지시된 것들도 실제로 실행되지
는 못했다. 그것은 정부 스스로의 모순에서 기인하기도 한다. 민속
경관지역 지정 후에도 계동과 원서동 일대에는 대형 건축물들에 대
한 건축허가가 내려졌다. 예를 들면, 제4종 미관지구 조치가 내려지
는 1983년에 가회동 입구를 시각적으로 가로막는 계동의 현대건설
사옥이 준공되었다. 그것은 이 일대의 역사경관과 상징적 가치를
확대하고 보존하겠다는 특별조치가 내려지는 바로 그 시점에서 처
음부터 정부의 공공연한 허용 아래 대기업이 그 가치를 사실상 파
괴하는 사건이었다. 이 문제는 이후로도 박규수 집터가 있던 창덕
여고 자리에 정부가 다시 헌법재판소라는 웅장한 현대식(?!) 건물을
지어 올림으로써 가회동 일대 역사경관의 가치를 다시 한 번 스스
로 파괴시킨 사례와 일맥상통한다.

이렇게 정부와 재벌자본이 앞서서 역사경관을 파괴했다. 그러면
서 시민들에게는 강력한 규제조치를 내려 집을 고치지 못하게 했다.
그것은 논리적, 법적 정당성을 상실한 행위였다. 정책 실행자들이
스스로 어떤 가치를 지켜야 하는지에 대해 분명한 생각을 가지지
못한 상태에서, 그 모호하게 표방한 가치나마 자신부터 지키지 않
은 혼란이 반복되었다. 사회적 합의를 끌어내기도 전에 스스로의
논리를 저버리고 자가당착의 모순을 습관적으로 반복했다. 한옥보
존지구로 지정된 곳의 집주인들이 민원을 제기하고 보존정책에 반
발하는 것은 너무나 당연한 일이었다. 그런 민원이 반복되는 것을
겪으며, 정부는 정당성과 권위를 스스로 상실했기 때문에, 역사환
경 보존 조치들을 지속적으로 후퇴시키지 않을 수 없었다. 찔끔 찔

끔 어떤 근본적 대책과 실행도 이루어지지 못한 채 말이다.

중간에 나름대로 과감한 사회적 합의 도출 작업이 시도되었지만, 시장이 바뀌고 정권이 바뀌면 이전의 계획은 다시 원점으로 돌아갔다. 학계의 연구자들과 행정 책임자들은 이 같은 정책 방향의 혼선이나 가치관의 확신, 정당성에 대한 것보다는 기술적인 점들을 집중적으로 논하다가 시간을 놓쳤다. 기존 한옥이 갖는 불편한 공간 구조 문제. 한옥으로 재개발하면 길이 좁고 경사가 많이 지는 곳이라 위험하다는 의견. 어차피 자동차들이 다니기 어려우니까 낙후될 수밖에 없는 곳이라는 자포자기. 도심에 자리잡은 동네여서 상업기능이 주거기능하고 섞여 버릴 수밖에 없으니까 별 대책이 없다는 소극적인 생각… 어디에도 책임자들의 확고한 가치관과 의지가 지속적으로 나타나지 못했다.

2000년에 새로 정리된 계획안에 따른 서울시의 북촌 가꾸기 정책은 개별적인 가옥들 차원에서 보수와 정비를 더 적극적으로 하고, 가회동 일대의 주거환경도 개선하는 방향으로 자리가 잡혔다. 하지만, 그 후 서울시장이 다시 바뀌고 담당자들이 바뀐 이 시점에서 2000년에 수립된 계획의 순조로운 실천 여부에 대해서 아무것도 장담할 수 없다. 대통령이 바뀌고 시장이 바뀌고 구청장이 바뀌어도 지속될 사회적 합의에 도달하지 못했기 때문이다.

가회동 일대의 집들이 한 채 한 채의 차원에서는 문화재 정도의 가치를 갖지 못할지도 모른다. 하지만 한옥들이 모여 이루는 유서 깊은 동네의 경관은 그 자체로서 도시의 역사 상징공간의 가치를 만들어 낸다. 이제 이것이 사라져 가고 있다. 다른 나라 어디서나 볼 수 있는 특징 없고 평범한 현대도시의 고층빌딩과 콘크리트 숲이 그나마 남은 막연한 노스탤지어의 흔적을 뒤덮어 지워 버릴 가능성이 크다. 서울이라는 도시의 정체성, 그 외관과 역사성, 공동의 기억과 이미지, 도시 사회의 공동 재산으로서의 상징적 이미지는 이렇게 소멸해 가고 있다. 개별적인 땅 주인의 단기적 재산 가치를 올려 주고, 거기에 집을 지은 정부와 재벌기업과 소시민들의 단기적인 이익을 대변해 주는 사이에 무엇과도 바꿀 수 없는 도시 공동의 기억의 공간, 정체성의 공간이 지닌 계산할 수 없는 막대한 가치는 흩어져 간다. 서울이 어떤 도시인지를, 우리가 어떤 사람들인지를 말해 줄 수 있는 역사와 기억의 흔적이 사라져 간다.

양평군
−서울의 전원형 식민지[1]

1. 소도읍에서 중심성을 찾는 까닭

오래 전부터 그런 생각을 해왔다. 지금 한국에서 벌어질 수 있는 가장 중요하고 의미 있는 일 중 하나는 지방의 중소규모 도시 하나가 균형 있고 아름답게 자생력을 가지며 살 수 있는 곳이 되도록 만

---

1) 이 글의 초안은 1999년 겨울 양수리 두물문화센터에서 열린 경기건축전 "99양평00"
에 참가하는 과정에서 작성된 것이다. 당시 우리는 경기도 양평군의 읍내 도시에 대
한 각자의 시각을 나누며 현실적인 대안을 모색하고 있었다.

드는 일일 것이라고 지방의 작은 타운 하나가 그곳 주민들이 느끼
기에 '살 만한 곳', '살고 싶은 곳', '떠나고 싶지 않으며 의미 있는
삶의 도시'가 되는 것이라고 그리고 그것은 어떤 혁명이나 극적인
정치적, 경제적, 문화적 변화보다도 중요한 사건이 될 것이라고 불
처럼 번져 갈 수 있는 폭발력으로 한국의 도시 모양을, 생활양식을,
가치체계를 바꿀 수 있으리라고 헛헛한 생활을 바꾸리라고

그것은 오로지 '중심'과 '중앙무대'만을 향해 달려온 우리 시대
의 사람들이 그 '중심성'만을 추구하며 기어오르고 또 오르느라 결
국은 자신이 거주하고 자리잡은 모든 공간을 단지 더 높은 곳으로
이동하기 위한 '사다리'로만 여기는 것에 대한 다른 목소리의 시작
일 수 있을 것이다. 한국의 현대를 살고 있는 이들이 '지금, 이곳'의
내용을 충실히 채우지 못하는 이유는 자신이 사는 곳을 근본적으로
부정하기 때문이다. 자신이 사는 모든 집과 동네는 결국 또 다른, 중
심부에 더 가까운 곳으로 접근하기 위한 중간단계일 뿐이다. 그래
서 가능하면 빨리 그곳을 다시 '벗어나야' 하는 이상의 큰 의미를
갖지 못하기에, 자신들의 공간에 대한 정성과 합의가 그렇게 어려
운 것이다. 사실, 중심에 더 가까운 곳으로 끊임없이 접근해 가는 삶
의 양식은 사람들이 살아가는 모든 공간을 '임시적 공간'으로 만들
고, 결국은 중심이라 생각되는 곳에 가 닿더라도 다시 그곳은 또 다
른 중심을 향한 이행의 임시공간, 별로 의미가 없는 텅 빈 헛껍데기
공간임을 발견하게 되지 않는가!

그렇다면, 더 이상 또 다른 '더 큰 중심'을 향하지 않기 시작할 때
에야, 즉 우리 자신이 현재 살고 있는 그 공간이 마침내 우리에게 온

전히 의미 있는 공간이 되기 시작할 때에야, 우리는 우리 동네를 비로소 돌아보기 시작할 수 있을 것이라고 생각했다.

해서, 그 누구도 부정하지 않는 한반도 남쪽의 '중심'인 서울에서 지척에 있는 양평을 대상으로 생각하고 이야기를 모으는 기회를 빌려 나는 어쨌든 '양평에 사는 사람들에게 의미 있는 공간으로서의 양평'을 찾아보고 싶었다.

그런데, 그리고, 그러나… 양평에 사는 사람들의 자세한 생각을 알기에는 이방인인 내가 여기서 보낸 시간이 너무 짧았다. 이 글과 그림들은 처음부터 그런 어설픔의 한계를 안고 태어났다.

나는 어쩌면 여전히 서울에 사는 사람으로서, 그러니까 지방에 거주하는 사람들에 비해 소위 공간적 '중심성'에 더 많이 다가가 사는 사람으로서, 그리고 그럼으로 해서 그러한 중심성을 욕망하고 추구하는 정도가 더욱 강렬해진(은퇴하기 전까지는 절대로 서울을 떠날 계획이 없는!) 현대 서울의 한 주민으로서, 자신의 상상을 담아 양평 기행을 한다. 그래서 결국 나는 양평에 들르는 서울 사람의 모습을 다시 훔쳐보고, 양평 사람을 또 한 번 훔쳐보고, 내가 찾아낸 자료와 통계수치와 인터뷰 자료들에 상상을 덧씌워 나 스스로의 그림자가 어쩔 수 없이 덧칠해져 섞여 버린 양평의 그림을 그리고 있는지 모른다.

내가 양평에서 양평의 '중심'을, 그러니까 서울이라는 너무나 지척에 있는 저 거대한 인력의 중심성으로부터 상대적으로 독립된 자기 존재의의와 의미를 갖는 양평의 '주체적 중심성'을 찾고자 했던 것은 그렇게 어정쩡하고 모순적인 나 자신으로부터 벗어날 수 있을 어떤 이상적인 형태의 한 옷자락을 부여잡고 싶었던 것인지 모른다.

여하튼, 그래서 나는 스스로 중심성을 추구하기에는 '거대한 중심' 서울과 너무나 가까이 있으며, 그러기에 서울로부터 의미를 부여받음으로써만 그 존재 가치를 갖게 된 오늘의 양평을 되보고 뒤집어보면서, 거기에서 벗어날 '양평만의', 혹은 '양평의, 양평에 의한, 양평을 위한' 양평의 중심성을 찾아보고 싶었다. 서울이 아니라 그 어떤 곳과도 당당히 마주 서서 작으나마 자기 자신의 목소리, 정체성, 주관, 자기다움을 내어놓으며 건강하게 상호 작용할 수 있을 그런 양평의 중심성을 말이다.

2. 애초부터 서울에 매인 자리

역사를 뒤져 보면, 양평의 형성은 애당초 예부터 서울과 갖는 관계 속에서 자리매김이 이루어졌다. 현재 양평읍의 주요부를 이루던 옛 양근군은 석기와 청동기들이 발견되는 선사 시대부터 주거지였고 삼국 시대 한강유역 쟁탈전의 주된 무대 중 하나였지만, 비교적 조용한 마을들이 자리잡고 있었다. 그러다가 조선 건국과 함께 한성부가 들어서면서 한강수운의 의미가 더 중요해졌다. 양근 일대는 조선 후기 사탄(沙灘)과 신은천(神恩川)이라는 남한강 하류의 중요 장시가 섰던 곳이다. 이곳을 거친 남한강 물길의 대동미와 물자들이 곧 송파와 사평장을 거쳐 한성으로 당도하고 있었다.

한강수로가 조선 후기에 가졌던 경제적 활동의 중요성은 일제 강점기에 들어서서도 쉽게 감소하지 않았다. 오히려 한강은 일제 강점기 도시의 성장과 교통에 더 큰 영향을 미쳤다. 그 증거로, 1938년의 경기도 장시들 중 연간 거래액이 가장 높은 세 곳의 장시에 수원장과 안성장, 그리고 양평장이 꼽히고 있다. 당시의 양평장은 주변 마을들의 산물을 교환하는 경제 중심지 개념을 훨씬 넘어서 경성부와 한반도 남쪽 일대를 수로로 잇는 지점에서 경성부 진입 직전의 큰 장을 형성했음을 보여 준다.

한편, 양근 일대의 물길과 산이 어우러져 만들어 내는 경치의 빼어남은 그보다 훨씬 일찍부터 서울 경기 사대부들의 문학적 소재로 등장한다. 그중 하나에는 흥미롭게도 양근강상(陽根江上)에서 왕손(王孫)의 별장을 보며 주세붕(1495~1554)이 적은 시구가 들어 있다. 이 시는 과장을 섞어 말하기를 돛대를 단 배 일천 척이 지나는 커다란 물길 옆으로 한가롭게 서 있는 강가의 휴양지를 노래함으로써, 양평군 일대 강가가 이미 왕손과 귀족의 '전원 주택터' 노릇을 하고 있었음을 엿보게 한다.

그러나 1940년에 중앙선 철도가 들어서고 이후 전국이 철도와 도로 중심의 육지교통망으로 재편되면서 양평을 지나는 수운의 비중은 그 의미를 점차 상실하게 된다. 그 결과 한강수로를 통한 상업중심지로서의 양평은 힘을 잃기 시작한다. 대신 해방 후 여러 단계에 걸쳐 이루어진 수도권 정비계획과 상수도원 및 그린벨트 개발제한 정책에 따라 양평군 일대는 '자연보호구역'으로 지정된다.

서울을 중심으로 한 수도권 정비권역은 다음의 셋으로 구역을 나눈다. 먼저 인구와 산업을 유치하고 수도권에서 신설되는 기업들을 관리하기 위한 성장관리권역이다. 다음, 인구와 산업유치를 억제하기 위한 과밀억제권역이 있다. 그리고 원칙적으로 현재 상태에서 더 이상의 개발을 막는 자연보호권역이 있다. 이 중 양평군 전역은 세 번째에 속하게 됨으로써 이후 인구의 성장이나 산업시설의 유치, 기타 도시적 확장에 한계를 갖기 시작한다. 특히 서울의 상수도를 공급하는 팔당 상수보호구역에 인접한 상류지역으로서 양평의 도시적 전개는 본격적으로 서울의 그것에 종속된 채 서울의 '맑은 물' 공급을 위한 배후지로서 규제를 받게 된 것이다.

그나마 이러한 이유로 인한 경제적 정체상태를 일시나마 극복하게 해 준 것은 군사지역으로서의 양평이다. 양평은 예부터 서울로 우회해 들어오는 주요한 길 중 하나이며, 서울을 강원도와 충청북도로 연결시키는 철도 및 도로상의 요지에 위치했다. 자연보호권역이 된 이후 이곳의 다른 산업 발달은 억제되었다. 그렇지만 그 군사적인 위치의 중요성이 인정되어 양평은 주변에 군부대들이 주둔하는 주요 포스트의 하나로 발전하였고, 거기서 발생하는 시장적 수요가 양평 경제의 한몫을 담당했다. 그렇다 해도 그것이 도시경제를 지탱하는 데는 한계가 있어 1960년대 이래의 이촌향도 경향을 막는 힘이 되지는 못했다. 그러기에는 또한 서울이 너무나 가깝기도 했다.

이렇게 1966년을 정점으로 인구가 감소하는 추세를 보여 오던 양평은 한국의 경제발전과 특히 1980년대 자동차도로의 통과와 확장,

그리고 서울 일대 주민들의 자동차 보급률이 급격히 늘어난 1990년대에 들어 새로운 의미를 부여받기 시작한다. 이른바 '서울시민을 위한 휴양, 관광지로서의 양평'이다(현재 양평군에서 군을 홍보하는 비디오테이프를 제작하였는데, 그 제목 또한, 당연히, 의심할 여지 없는『관광 양평』이다).

3. 누가 '양평 사람' 인가?

우선 여기서 내가 거론하고자 하는 것은 양평 읍내임을 분명히 하자. 왜냐 하면 양평군 일대 전부를 포함하는 양평이라는 지명과 양평군청이 위치한 시가지인 양평 읍내를 가리키는 양평은 전혀 다른 내용을 담고 있기 때문이다. '양평'이라는 검색어로 최근 5년 내의 신문기사와 정보들을 색인하여 찾아보면 그 결과물 중 대부분은 양평군 일대의 휴양지와 카페, 관광구역들을 가리키는 내용을 담고 있다. 양평군의 행정적 '중심지'인 양평 읍내에 관한 언급은 거의 나타나지 않는다. 이것은 분명 1990년대 말 현재의 양평이 갖는 구도이다. 그리고 거기에는 위에서 잠깐 살펴본 역사적인 연원도 무관하지는 않다.

1960년대 시작된 이농현상으로 지속적으로 인구가 감소해 온 양평군에서는 1995년을 기준으로 다시 인구가 늘어나기 시작했다. 그것은 양평의 절대인구 증가에 힘입는 것이 아니다. 양평에서 외지로 이주하는 사람 수에 비해 외지에서 양평으로 유입하는 인구가 더 많기 때문이다.

양평의 읍내에는 조선 후기부터 주변지역과 그 밖의 지역에서 간간이 이주해 들어오는 인구가 있었다. 1945년의 해방 이후 철도의 발달과 함께 군사지역으로 자리잡은 것이 현재의 양평 읍내 상가가 발전하는 데 한몫을 한 것도 사실이다. 이러한 상가의 발전은 이전부터 농사를 짓고 있던 양평군 각 지역의 자연마을 주민들을 시내로 유인하기보다는 수도권 일대에서 흘러 들어온 사람들, 특히 전국적인 이촌향도 바람을 따라 서울 일대로 이주해 온 사람들 중 일부가 다시 서울근교의 소도읍 상권으로 자리를 잡아간 현상과 관련이 있다.

그리고 다시 1980년대 후반부터 본격화된 수도권 자동차 문화의 확산과 도로망의 발달, 그리고 1990년대 중반부터 자동차 1일 이동권역 속에서 가속화되기 시작한 서울 근교 레저산업과 전원주택지의 발달이 양평에 영향을 미쳤다. 산수가 빼어나고 자연보호구역 및 상수도 보호권역의 영향으로 그 자연환경이 난개발의 공격을 상대적으로 덜 받은 양평 일대가 새롭게 주목받게 되었다. 그 결과 양평군의 산악과 강변 일대에 적지 않은 휴양지와 업소들이 자리잡게 된다. 한편 양평 읍내도 그러한 활동의 행정적, 상업적 배후지로서 부분적으로나마 경제적 혜택을 누릴 '기회'를 갖기 시작했다.

1960년대 이래 급진전한 이촌향도 현상은 부분적인 읍내 인구의 증가로 나타나기도 한다. 1975년부터 현재까지 양평군 전체의 인구는 크게 감소하고 면 지역 인구 또한 점진적으로 줄어들었다. 그런데 양평읍의 인구는 거의 감소하지 않고 오히려 조금씩 증가해 온 경향마저 보인다. 이 같은 추세는 양평군 내 철도 역사를 이용하는 승하차객의 숫자 변화에서도 나타난다. 즉 양평군 내 기차역을 이용하는 승하차객의 숫자가 계속 줄어드는 가운데 양평읍을 관통하는 양평역의 이용객 수는 거꾸로 서서히 증가하고 있다. 연간 전입과 전출자의 비율이 각기 총인구의 5퍼센트에서 8퍼센트 사이를 오가는 양평군의 장기적 추세에서 양평군 각 면 지역을 떠나는 사람들의 상당수는 양평군 밖의 도시지역, 그중에서도 서울지역을 향했다고 볼 수 있다. 그리고 그중 일부는 다시 양평 읍내에 자리를 잡으면서 양평의 소도시 인구를 불려 나갔을 것으로 추측된다.

4. 토박이와 외지 출신

하지만 직접 양평 읍내에서 활동하거나 거주하는 주민들과 인터뷰 하면서 알게 된 것은 현재 양평 읍내에 거주하는 사람의 상당수가 지난 이삼십 년 사이에 양평군의 외부에서, 더 나아가서는 수도권 밖에서 이주해 들어온 '타지 사람들'이란 점이다. 예컨대 현재 양평 읍내 시장에서 상업을 하고 있는 상당수가 호남 출신의 상인들이었다. 그 밖에도 북한에서 월남한 피난민의 후예나 충청권, 그리고 일부는 인천이나 서울 등지에 한 번 자리를 잡았다가 다시 양평 읍내로 흘러 들어온 경우도 드물지 않다.

이렇게 다양한 출신의 인구구성은 이미 1980년대 초부터 잘 나타나기 시작한 것으로 보인다. 도시의 성격상 당연한 것이겠지만, 1975년의 군 통계에 따르면 양평 읍내에 거주하는 세대들의 절반 이상이 농업이 아닌 비농업 가구를 구성하고 있다. 그리고 1980년에 이르면 양평 읍내의 비농업 가구 비중은 더욱 커져서 전체 세대 중 약 3분의 2에 육박하는 세대가 비농업 세대로 분류된다. 이런 수치는 양평 읍내에서 바로 강을 건넌 맞은편의 강상면이나 강하면의 인구가 최근까지도 농업인구 절대 우위의 경향을 유지해 온 것과 대조된다.

조선 후기 이래 양평의 상업 요충지적 성격이 이전부터 외지인들을 끌어당긴 것과 무슨 관련이라도 있는 것일까? 실은 양평 읍내의 비농업인구는 이전부터 형성되었던 한강수로의 장시(場市)에서 활동하는 상인들이 다수였다. 특히 양평 읍내의 비농업 인구 중 상당수는 지방 각지에서 서울을 향해 올라온 사람들 중 서울에 자리를 잡지 못하고 다시 부근으로 이동하는 과정에서 양평 읍내에 자리를 잡은 것으로 나타난다.

물론 1990년대 이후 양평 읍내로 전출해 들어오는 인구 가운데는 양평군 일대의 준농림지 구입과 건축을 위해 소위 '가전입' 혹은 '위장전입'을 하는 사례도 드물지 않다. 이 경우 '서울 사람들'이 주종을 이루는 전입자들은 양평군 내의 토지를 매입하고 그곳에 전원주택을 짓거나 일부 그린벨트 지역의 농가주택을 개조해 사용하기도 한다. 혹은 경치 좋은 물가와 산자락 어귀에 카페와 모텔, 음식점, 아틀리에 등을 짓기도 했다. 이렇게 들어오는 이들 또한 사실적 차원에서나 서류상의 기록 차원에서, 그리고 무엇보다도 양평군의 땅들을 실제 소유하고 그곳에 영향을 미치는 데 있어서 구체적인 양평읍내 인구구성의 주체이다. 그렇게 본다면 양평 읍내는 일찍부터 양평군 출신이 아닌 '외지 출신 사람들' 이 자리잡고 활발히 활동해 온 곳이라고 할 수 있다.

5. 서울 사람들이 그리는 양평

그런데, 서두에서도 언급했지만 현재 서울 사람들을 비롯해 양평군 밖에서 들어와 양평을 찾는 이들이 지향하고 만나는 양평은 양평 읍내가 아니라 양평군 곳곳에 자리를 잡고 있는 강가와 산, 계곡, 삼림이다. 즉 서울에서 지척인 이곳이 자연보호구역과 상수원보호구역제도 덕에 보존해 온 '자연' 의 기운이 질펀한 양평이다. 그래서 외지 사람들, 그중에서도 특히 서울 사람들이 오늘날 '양평에 간다' 하는 것은 대개 양평의 행정과 경제 중심지인 양평 읍내로 간다는 이야기가 아니다. 그것은 양평군 일대 곳곳에 흩어진 자연과 그곳에 세워진 카페 등의 업소, 또는 콘도와 눈썰매장 등의 위락시설과 용문사 등의 문화유적지를 소풍삼아 방문한다는 것을 뜻한다.

'양평' 을 검색어로 하여 뽑은 1990년대 이후 일간신문의 기사색인 결과는 거의 예외 없이 다음과 같은 내용들을 담고 있다. 그것이 바로 일간신문, 특히 '지방지' 아닌 '중앙지' 즉 '서울지' 기자와 독자들이 경험하는 양평의 의미가 된다.

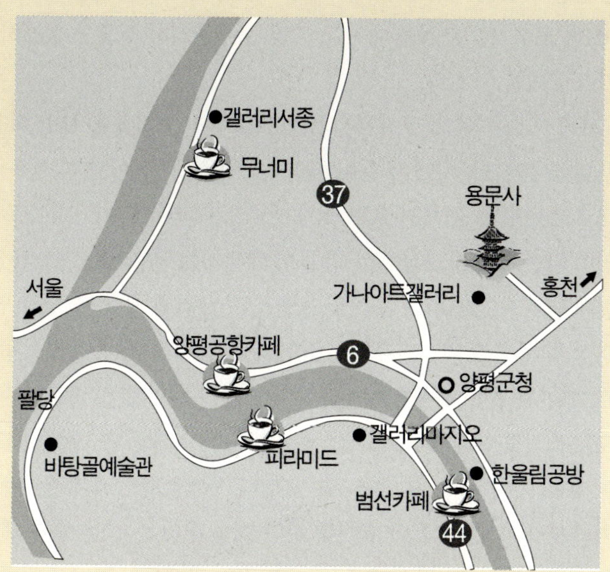

양평군 용문사 근처의 카페와 화랑들

　성실한 농부들에겐 반가운 비 소식이지만 도시인은 음울하다. 장마로 더 더욱 회색빛이 강해지는 도시. 그래서 회색이 없는 곳, 양평으로 탈출한다. 서울에서 양평으로 가는 6번 도로, 양평에서 분원으로 가는 308번 도로. 이 두 길을 이어 달리면 장마철 하루 정도는 상쾌하게 즐기고 돌아올 수 있다.

　6번 도로를 탄다. 무시무시한 속도로 달리는 차들을 보면 대충 '아우토반' 쯤 된다. 최근 새 길이 뚫리면서 왕복 2차선이던 이 길은 6차선 대로로 변했다. 강에서 호수, 호수에서 산속 터널로 이어지는 길을 달리며 강변 풍경을 감상한다. 앞을 살펴야 하는 운전자는 속상하겠지만 곱게 펼쳐진 강변은 보는 이의 눈을 한껏 즐겁게 해 준다. 양평 만남의 광장 못 미처 오른편으로 작은 섬이 나온다. 주인 없는 나룻배, 좁은 수로, 그리고 짙은 냄새를 뿜어내는 밤꽃들이 잘 그린 그림같다. 비포장 도로에 차를 대 놓고 잠시 거닐어 보면 어떨지. 그림 속으로 들어간다.

　양평 읍내를 지나 양평대교를 건너 우회전하면 카페촌이다. 이곳 카페에서 차 한 잔, 혹은 요기를 한다. 기차를 닮은, 성을 흉내 낸, 서로를 닮으면 큰 일이라도 날 듯 개성 만점인 카페들이 늘어서 있다. 왼편으로 '그대 그리고 나' 라는 묘한 이름을 가진 모텔이 보이면 삼거리에서 좌회전한다.

　길은 산으로 이어진다. '어떻게 경기도에 이런 고갯길이 있나' 싶을 정도로 한적하고 외진 길이다. 원시림 빽빽한 고갯길엔 가끔 드나드는 버스와 트럭, 주민 차량 정도 비라도 내리면 적막뿐. 시간은 잠시 정지. 모든 게 그저 느긋해진다. "부자들이 어디로 갔나 했더니 여기 숨어 있었네" 하고 놀라게 되는 예쁜 전원주택들이 양지바른 곳에서 모습을 드러낸다. 성덕리와 항금리 마을을 돌아 나오면 다시 308번 도로다.

　광주군 분원마을로 가는 나머지 여정은 끝까지 호수를 품에 안고 있다. 원 없이 만났던 카페촌 무리는 흔적없고 대신 푸른 숲과 푸른 호수가 반긴다.

때로는 왼편으로 때로는 오른편으로, 혹은 고개 너머 솟는 길은 끝이 없다. 그때는 처음 6번 도로에서 맛봤던 짜릿한 속도감이 아니라 외갓집 앞을 걷는 그 느릿한 발걸음이 어울린다.

그러다 마지막 닿는 곳이 분원마을. 분위기는 도회풍으로 바뀌지만 마을은 붕어찜으로 유명하다. 해마다 붕어찜 축제가 열린다. 맛깔스런 붕어 요리를 맛본다. 도시에 비가 내릴 때, 혹은 모처럼 맑게 갠 날, 길을 떠나자. 언제나 그날은 우리네 남은 생의 첫날. 그 첫날 떠날 세상이 우리 앞에 열려 있다.

(1999. 6. 26. 조선일보)

특정 지역에 거주하는 미술인들이 대거 참여하는 이색 전시회가 양평에서 열리고 있다. 지난 8일 오후 5시 양평의 갤러리 아지오에서는 '남한강 사람들의 그림 이야기전' 의 개막식이 있었다. 전시회에는 양평에 거주하면서 작업실을 갖고 있는 화가 180여 명 중 31명이 참가, 다양한 작품세계를 선보이고 있다. 다음달 4일까지 열리는 이 전시회 참여 작가들은…

(1999. 1. 11. 조선일보)

'우리는 지금 숲으로 간다' –지휘자 임헌정 씨와 뉴서울 필하모닉이 양평 중미산 휴양림에서 콘서트를 한다. 5일 '환경의 날' 을 맞아 오

후 7시, 오후 11시 두 차례, 환경을 주제로 연주한다. 달빛을 가로지르
는 바이올린, 밤하늘을 깨우는 트럼펫, 낙엽송 가지에 걸린 달… 밤 11
시 콘서트는 국내 최초 심야 야외콘서트로, 양평에 터 잡고 사는 양평
예술인협회가 환경 프로그램으로 마련했다.

(1999. 6. 2. 조선일보)

서울 사람인 독자를 겨냥하여 작성된 전형적인 양평 방문 소개
기사인 위 신문기사들은 1990년대 말 현재 양평이 서울 사람들에게
의미하는 바를 단적으로 보여 준다. 그것은 우선 서울이라고 하는
거대도시의 주민인 독자가 '도시의 찌든 때'를 벗어나 한나절, 가능
하다면 한 시간여 안에 자동차로 닿을 수 있는 곳이다. 대부분 자신
들의 자동차로 움직이는 양평 방문객들은 그들의 도시를 '잠시' 벗
어나 수려한 산과 강을 맛본다. 그러한 환상적인 자연, 대도시 지척
에 남아 있다고는 믿기지 않았던 자연의 풍광과 여유, 거기에 환상
의 요소를 더해 주는, 동화에서 나올 것 같은 마법의 성, 혹은 팍팍한
대도시 생활에서 상실해 버린 그 어떤 제각각의 '꿈'을 담아 내놓은
장소들을 찾아간다. 거대한 회색도시 서울에 사는 사람들에게는 그
러한 자연과 꿈이 너무나 절실한 구원이다. 그것은 서울 도심 시가
지와 동전의 양면을 이루는 양평의 환경이다.

반면 그러한 서울 사람의 양평, 외지인에게 의미 있는 양평의 지
도 그 어디에도 양평군청 소재지인 양평 읍내의 모습은 등장하지
않는다. 확실히, 저물고 있는 1990년대 말 서울에서부터 당도하는
사람들이 찾아가는 양평의 중심 공간은 각 골짜기와 강가, 그리고
그곳에서 낭만적 치장을 한 업소들이다. 위 신문기사에서 소개된

것처럼 6번 국도를 타고 서울에서부터 쏜살같이 달려온 사람들은 양평군 관내에 들어서면서 제각각 자신이 찾아온 혹은 자연, 혹은 식도락, 혹은 그 어떤 낭만과 환상, 혹은 즐거움과 휴양을 찾아 각 강가와 각 골짜기, 그리고 계곡들로 흩어져 간다. 그러한 각 골짜기와 강가와 카페와 모텔과 예술가들의 갤러리들은 이제 각자가 양평군의 '중심'을 이루어 가고 있다.

그리고 그곳들은 이제 단순히 서울 사람들이 찾아가는 양평의 중심공간일 뿐만 아니라 양평군에서 농사를 짓거나 일대에서 상업 또는 서비스업 등으로 전환하며 살아온 이들의 관심까지 끌어당겨 '양평 사람들의 새로운 중심 공간' 성격마저 갖기 시작했다. 그곳에 '문화'와 '예술', 그리고 그에 따른 '돈'과 '기회'가 집중되기 때문이다.

그래서 서울 사람들의 양평, 그리고 그들이 만들고 있는 분산된 '양평의 중심'들은 단순히 서울 사람이나 외지인들에게만이 아니라 양평군 일대에서 상대적으로 여러 세대 오랫동안 거주하며 살아온 이들에게도 점점 더 중요한 '중심들'이 되기 시작한다. 그리고 각지에 사통팔달 뚫리기 시작한 아스팔트도로의 확장은 양평군의 각 골짜기와 강가들을 양평 읍내보다는 곧바로 서울 시내의 여러 지점들로 연결하기 시작한다.

그 가운데도 새로 늘어나는 양평군 각 곳의 '새로운 중심들' 즉 신흥 관광개발지들의 변화과정에 참여하지 못하고 개발에서 더욱 '소외되는' 인구 또한 적지 않다. 그럴 경우, 방문객들에 의해서, 혹은 방문객들과 함께 만드는 양평군의 새로운 중심들은 서울 등지에

서 오는 외부 사람들이 자동차 시대를 맞아 손쉽게 자신들의 도시
를 잠시 벗어나 그 거대도시의 어지럽고 빠른 환경 속에서 채 누리
지 못했던 자연과 여유와 환상을 선사하는 곳이 된다.

그것은 다르게 보면 서울 사람들의 생활 시공간 영역 안에 적극
적으로 포함되기 시작한 양평일 것이며, 따라서 이미 서울의 일부
로 편입되어 들어가는 양평의 작은 중심점들을 의미한다. 그런 계
곡과 강가, 그 강가의 카페들이 양평군의 새로운 중심이 되는 까닭
은 그 '중심성'을 부여하는 이들이 바로 '중심'에서 직접 와서 이용
하고 가는 서울 사람들이기 때문이다. 이미 적지 않은 '서울 사람
들'이 양평을 단순히 방문할 뿐만 아니라 양평 안에 들어와 자리잡
고 살고 있다. 그들은 양평을 서울에 대한 대체물로 활용한다. 동시
에 주된 관객을 서울에서 초청해 불러들인다. 즉 여전히 서울과 강
하게 연계되어 있는 것을 전제로 하면서 양평군 일대의 각 공간들
을 서울과 묶어낸다. 그렇게 해서 곳곳에 흩어진 양평의 '새로운 중
심들'은 부분적으로 서울이라는 한국 사회의 '중심 도시' 중 일부
로 편입되어 간다. 그렇게도 원했던 '중심'을 품안에 받아들임으로
써 중심에의 종속이 강화되는 셈이다. 그러한 양평은 이제 '서울시
환경특구'인 양평으로 발전하고 있다.

6. 다시 찾는 양평 읍내, 도시의 중심

결국, 양평을 오가고 양평에 관한 자료를 뒤지는 그 짧은 기간 동

안 나는 양평 스스로의 중심성을 그 어디서도 찾지 못했다. 특히 양평 읍내는 양평군이라는 공간 전체에서 행정과 상업적 '배후지' 이기는 하되, 결코 양평 사람들을 끌어당기며 보듬어 안는 '중심지' 는 되지 못했다.

오늘날 양평군 전체로 볼 때 양평 읍내의 타운은 아무것도 아니었다. 거기에 군청이 있고 학교가 있고 장이 서고 상설시장이 있고 역이 있다는 것 외에는. 왜냐하면 사람들의 눈과 귀와 마음은 다른 곳에 가 있었기 때문이다. 그것들은 양평군의 각 골짜기와 강가와 계곡 곳곳을 향하고 있었다. 그리고 서울을 향하고 있었다.

그렇다면 오히려 더 잘된 것인가? 그만큼 중심성이 골고루 분산, 해체되어 양평 읍내라는 중간 형태의 중심성도 필요 없을 만큼 양평군의 모든 자연 마을과 모든 골짜기, 강가들이 각자 주민들의 정체성과 정서와 기억과 '의미를 담는' 공간으로 실현된 것인가? 실은 그것도 아닌 듯했다.

양평군의 각 골짜기와 계곡과 강가들이 갖고 있는 자기 나름의 중심성 주장은 심한 말로 표현하자면 '식민화된 중심성의 파행적 이식' 이었다. 그런 면에서 거대한 외부의 중심성에 대한 종속은 무엇보다도 심각해 보였다. 그리고 그 속에서 양평 읍내는 다시 한 번 소외당하고 있는 타운으로 보였다(나는 아직도 나의 생각이 잘못 되었기를 바란다…).

해서 나는 양평 읍내에서 이 소도시 스스로의 중심성을 찾는 일을 일순 깨끗이 포기하고 싶었다.

혹은 벌판 위에 혹은 강가에 흩어져 있는 모텔과 카페, 음식점들

애초부터 이건 될 일이 아니었다.

양평 읍내는 그나마 스스로 가지고 있던 기억 속의 신성성과 역사성과 자기 정체성의 공간들마저 순순히 내주고 분열되고 찢어지고 덧칠되도록 놔두고 있었다. 스스로의 전설들을 그냥 그때그때 도려내어 팔아먹고 있는 것처럼 보였고, 그것이 공간의 모습으로 물적 증거의 형태로 그렇게 실현되고 있는 것으로 보였다. 그 대표적인 것이 양근나루와 객사, 갈산의 의미에 대한 망각이요 무관심이다. 모두가(나 자신을 포함해서) 한탕에 돈을 챙긴 뒤 다른 곳으로 뛸 궁리에 바쁘기만 한 세상에서 말이다. 어차피 이곳도 내가 오래 살 곳은 아니다.

나는 교과서에서 타운이나 도시의 의미는 우선 그 '중심성'에 있다고 배웠다.

일상생활의 중심이요, 정치의 중심이요 경제의 중심이면서, 무엇보다도 기억의 중심이요 상징의 중심이요 의미들의 중심이라고 배웠다. 의미가 빠져 나간 고층빌딩들과 넓은 차도들이 뻗은 도시중심은 허탄한 알파빌(Alphaville)이요 고탐 시티(Gotham city)일 것이다. 하물며 자기 주변에 위치한 작은 계곡과 강과 골짜기와 마을들마저 인정하지 않는 '단순 배후지'로서 스스로의 역사를 돌아보지 않고 '거대한 중심'에서부터 밀려드는 손님들이 뿌리는 의미의 파편을 주워 먹고 살기로 한, 살이 너무 쪄서 날지 못하게 된 비둘기 같은 도시. 그리고 그것을 자랑스러워하기로 한 양평의 읍내로서야…

그러나, 그래도 포기하기에는 너무 아까웠다. 포기하기에는 양평군 일대가 너무나 아름다웠다. 읍내는 읍내대로, 양평 읍내의 이렇게 저렇게 갈라지고 찢겨지고 봉합된 조각이불 형상이 너무 충격적이기도 했다. 한국 땅 어디서나 볼 수 있는 그 소도시의 어지러운 경관은 그냥 버려둘 수 없을 만큼 너무나 친숙한 우리 모두의 동네 모습이기도 했다. 강남의 뒷골목이 그렇듯, 종로의 옆길들이 그렇듯, 그 어느 군청 소재지가 그렇듯, 그 어느 해안도시가 그렇듯.

그리고 말이다. 이렇게 멋들어진 곳에 자리잡은 소도시가, 그리고 이렇게 지적에 경제적인(오! 얼마나 중요한!) 자생력을 제공해 줄 수 있는 서울이라는 자원을 가진 소도시가 포기된다면 대체 다른 어떤 곳이 또 '가능할 것' 인가?

해서 나는 여전히 외부자의 시각을 유지하는 한계를 안고 있음에도 불구하고 제 딴에 양평의 중심성을, 양평 읍내에서 그 의미와 기억과 경관과 생활의 중심을 세울 만한 곳을 물색하기 시작했다. 새로 도시를 창건하러 내려온 전설 속의 정령이 된 심정으로.

찾기 시작하는 순간 그것은 놀랍도록 순식간에 찾아졌다!!!(역시 나는 착각을 잘한다…) 그것은 양평이 예전부터 가지고 있던 것이었으며, 오늘날 '서울 사람들' 에 의해서 그 가치가 최고도로 인정받기 시작하고 있는 그것이었다. 바로 양평의 자연 속에 양평의 중심이 있었다.

양평 읍내가 '자연 속의 양평' 의 중심이 되는 타운이 되려면 바로 그 수려하고 기억이 가득 담긴, 기운이 풍성하고 정감 있으며 역사성이 담긴 '자연'을 양평 읍내 한가운데로 안아 받아들이기만 하면 되는 것이었다. 모든 길은 양평을 통과하도록, 아니 양평군의 한강 줄기와 용문산과 백운봉, 중미산, 그리고 수려한 산과 계곡의 모든 기운이 유서 깊은 양근나루의 기운과 함께 양평 읍내의 한가운데로 모이고 다시 나누어지도록 하면 되지 않을까? 그것은 일부 건축물들을 들어내고 환경정비 작업을 함으로써 충분히 가능한 일이다.

대한민국의 어느 읍내도 어느 골목길도 나의 '고향'으로 인식하지 못하는 나. 끊임없이 이주하는 유목민의 세대로 태어나고 자란 내가 이방인으로서 또 지나가는 사람으로서 바라보고 상상하고 꾸며 본 지극히 유치하고 단순무식한 이 기록은, 그런 대로 이 시대를 살고 있는 한 평범한 시민이 '양평의 중심을 찾아서' 떠나 본 어느 초겨울의 기행으로나마 생각의 재료로서 의미를 가질 수 있기를 간절히 바랄 뿐이다.

7. 후기

위 글을 적은 지 어느덧 5년이 지난 2004년 현재, 양평의 서울 식민지성은 거의 변하지 않았다. 아니 오히려 강화되었다. 각종 잡지와 신문기사에서 소개하는 양평군 관련 기사도 역시 서울 사람들을

양평 중미산 자연휴양림

위한 '전원생활 맛보기'의 프로그램 소개를 주된 내용으로 하고 있다. 다만 좀 달라진 게 있다면 양평 외에도 수도권, 나아가 강원도 일부와 충청권 및 서해안 일대까지 서울로부터의 일일 나들이 권역이 확대되고 있다는 점과, 이전보다 적극적으로 가공된 전원문화 소비 패키지들이 발달하고 있다는 점이다.

신문기사들은 그렇게 주제별로 모아진 상품들을 모아 소개하고 있으며, 지역적 특성은 거기서 희석된다. 특히 그 동안 주 5일 근무제가 적용되기 시작했고, 펜션이라고 하는 새로운 상업적 주거상품이 발전한 것, 서해안 고속도로 등의 도로가 신설 혹은 확장된 것이 이전에 비해 더욱 적극적인 서울시민의 '전원생활 나들이' 권역을 넓히고 있다. 그리고 양평은 이제 그런 많은 여럿 중의 하나일 뿐인 상품이 되었다. 다음의 기사들을 보면 그것이 명백히 드러난다.

밤 줍는 손길 가을을 줍는다

여름 내내 사흘돌이로 비가 퍼붓더니 가을 문턱에서 태풍이 할퀴고 지나갔다. 그래도 계절은 어김없다. 들판에서는 곡식과 과일이 익어가고 있다. 어느 해보다도 모진 시련을 이겨낸 것들이기에 더 더욱 반갑고 고맙다.

이번 주말에는 아이들의 손을 잡고 밤 농장을 찾아 가을을 가득 주워 담아 보자. 밤줍기는 이맘때 자연학습을 겸한 가족나들이로 제격. 밤나무 아래 수풀을 헤집고 다니며 알밤을 줍다 보면 가족간의 사랑도 토실토실 영근다. 서울에서 주말나들이로 밤줍기 체험을 해볼 수 있는 곳을 소개한다.

포천 깊은 산골 옹달샘

경기 포천시 관인면 중리계곡에 자리한 전원휴양지. 콘도식 민박동과 10여 개의 방갈로를 갖추고 있다. 밤나무 군락은 계곡을 따라 1km 정도 길게 형성돼 있으며 거의 토종이다. 나무들이 워낙 커서 장대로 밤송이를 떨어뜨리기는 어렵고 아침 일찍 소풍 때 보물찾기 하듯 숲을 헤치며 밤새 떨어진 알밤을 주워야 한다. 손님들에게 무료로 개방하며 숙박을 할 경우 1박 2식 기준 3만 3000원. 특히 이곳 더덕불고기(1인분 1만 5000원)는 별미로 소문나 있다.

용인 서전농원

경기 용인시 원삼면 좌전마을 뒷산에 있는 농원으로 5만여 평의 산자락에 5000여 그루의 밤나무단지가 조성돼 있다. 품종이 다양해서 10월 중순까지 밤줍기를 즐길 수 있으며 주변 30여만 평의 숲에 사슴 100여 마리를 비롯 토끼 오리 토종닭 등을 키우고 있어 아이들의 자연학습장으로도 손색없다. 입장료는 어른 1만 3000원, 어린이 8000원. 밤은 1인당 3kg 정도 가져갈 수 있다.

연세대 덕소농장

경기 남양주시 와부읍 예봉산 기슭에 조성된 대규모 밤나무단지로 지난 99년부터 일반에 개방됐다. 입장료는 1만원. 5kg들이 그물자루에 가득 담아갈 수 있으나 여름철 잦은 비로 작황이 좋지 않은 탓에 솔직히 종일 주워도 채우기 힘들다.

천안 유성농장

충남 천안시 북면에 소재한 국내 최대규모의 밤나무 농원. 20여만 평에 2만여 그루의 밤나무를 재배하고 있다. 입장료는 12세 이상 6000원, 어린이 4000원. 주운 밤을 구워 먹을 수 있으나 농장 밖으로 가지고 나갈 경우 도매시장 공판시세대로 돈을 내야 한다. 4kg에 1만 2000

~3000원.

고양 밤나무농장

경기 고양시 고양동 인근 야산 4만 평에 1500 그루의 밤나무농장이 조성돼 있다. 농장에서 주워 현장에서 삶아 먹는 것은 공짜이나 담아 가는 것은 1kg에 4000원씩 받는다. 줍기만 하고 가져가는 손님들이 거의 없어 손해가 크지만 농장 주인이 도시인들을 위한 농촌체험장으로 무료 개방하고 있다.

양평 밤농장

용문산 인근 월드관광 밤농원은 10월 초순까지 밤줍기 체험행사를 실시한다. 참가비는 어른 1만원, 어린이 5000원. 3kg까지 주울 수 있으며 농장 앞 개울에서 다슬기잡이를 할 수 있다. 또 강하면 동오1리 금호농원도 이달 말까지 '아빠의 추억'이라는 이름의 밤줍기 프로그램을 운영한다. 참가비는 어른 1만원.

공주 정안밤농원

공주 정안면은 국내 생산량의 15%를 차지하는 밤생산지. 정안 밤농원 가운데 전평리 금정농원에서 밤줍기를 체험할 수 있다. 참가비는 없으며 5000원(1.5kg)과 1만원짜리(3kg) 자루를 구입한 다음 밤나무 숲으로 들어가서 자루에 밤을 채워 가면 된다.

(2003. 9. 17. 일간스포츠)

양평 나들이(경기도 양평군 강하면 · 용문면)

서울에서 1시간 남짓 나가도 늦가을 정취가 물씬 풍긴다. 경기도 양평만 가면 추수가 끝난 논, 가로수의 노란 은행잎, 높고 파란 하늘이 있다.

양평에 가거들랑 새벽에 강가로 나가라. 남한강과 북한강이 마주치는 두물머리에 가면 평생 잊지 못할 장면이 기다리고 있다. 세상을 삼켜 버린 물안개 사이로 떠오르는 아침 해. 숨이 턱턱 막히는 장관이다. 일교차가 심할수록, 날이 맑을수록 물안개가 심하다. 일년 중 가을이 가장 심하다.

나라에 변고가 있을 때마다 소리를 내어 알렸다는 용문산의 은행나무도 있다. 1천 1백 살 먹은, 높이 60m, 둘레 14m의 천연기념물(30호)이다. 용문사로 가는 길은 붉게 물들어 있다. 바탕골예술관과 양평 미술관에선 공예·도자기·한지·금속공예 등 창작 예술 체험이 가능하다. 양평군청 지역경제과(031-770-2068~9).

(2003. 11. 03. 조선일보)

긴 주말, 넉넉한 전원생활

펜션 돌풍으로 잠시 소외됐던 전원주택에 다시 관심이 쏠리고 있다. 주 5일 근무제 법안이 국회를 통과하고, 기업들의 참여가 늘면서 전원생활을 꿈꾸는 사람들의 발길이 빨라졌기 때문이다. 최근 땅값이 크게 오르면서 전원주택을 투자 개념으로 접근하려는 수요도 적지 않다. 택지개발지구내 단독주택지가 불티나게 팔리는 것도 같은 맥락이다.

…(중략)…

수도권 동북부=전원주택 개발이 활발하다. 이 중 양평은 과거 수도권에서 공급된 단지형 전원주택지의 45% 정도가 집중될 만큼 인기지역이었다. 남한강과 북한강을 끼고 있고 있는 청정지역이기 때문이다. 양서·강상·강하·서종면 등 강이 보이는 곳에서 개발이 이뤄지고 있다. 다만 건축규제가 까다로워 유의해야 한다.

남양주에선 평내택지지구에 조성중인 전원주택 단지를 비롯해 수동면 일대와 축령산 수동계곡이 전원주택지로 각광받고 있다. 아직 서울과 접근성이 떨어져 가격도 비교적 싼 편이다.

장기적인 투자처를 찾는다면 경춘고속도로 나들목 예정지역인 가평군 설악면도 괜찮다. 다만 한강주변은 수변구역으로 묶여 있어 신규 개발 제한이 많으므로 유의한다.

수도권 서북부＝서울 강북이나 여의도에 직장을 둔 사람에게 적합하다. 고양시는 일산신도시의 편의시설 이용이 가능한 게 장점으로 자유로와 가까운 가좌동을 비롯해 성석·덕이·지영동 일대가 주요 전원주택지다. 수요층도 탄탄해 환금성이 좋은 편이다.

파주는 탄현면과 택지개발지구로 지정된 교하읍이 전원주택지로 뜨고 있다. 이곳은 자유로쪽에 자리잡아 교통이 편리하고 지역에 따라서는 한강을 바라볼 수 있는 이점이 있다. 교하읍 삼학산을 중심으로 한 산남·송촌·신촌리와 통일동산의 성동·죽현리 일대에 건축이 활발하다.

수도권 서남부＝최근 서해안고속도로 등 신규 도로개통으로 새롭게 급부상하고 있다. 김포는 택지개발지역 인근이나 신도시 예정지는 땅값이 많이 올라 외곽지역이 낫다. 48번 국도 4차선 확장과 수도권 외곽순환도로 개통으로 출퇴근이 편리해진 양촌·대곶·하성·월곶 등지가 유망하다. 이중 대곶면은 강화 길상면과 강화 제2대교로 이어질 예정인 352번 국도변에 있어 주목받고 있다. 김포 역시 군사보호구역이 많아 미리 확인해야 한다…

(2003. 10. 14. 중앙일보)

청계천 공구상가 (1)[1]
–현대산업의 산 역사

1. 천덕꾸러기 공구상가?

2002년 6월, 이명박 씨가 서울시장에 당선됐다. 시장 선거에서 가장 큰 이슈가 되었던 것은 뭐니 뭐니 해도 청계천 고가도로와 복개도로를 걷어내겠다는 공약이었다. 이와 함께 서울의 강남북 발전의

----

1) 이 글은 2003년 7월의 청계천 복원공사 이전에 작성된 것이다. 그리고 2004년 1월 27일, 청계천 일대 공구상가들은 송파구의 문정지구로 이전되어 새로운 '도심형 산업단지'가 조성될 것이라는 계획이 발표되었다. 이 글에 담긴 내용도 어느새 '과거'가 되고 있다.

차이를 조절하고 균형발전을 이뤄 보겠다는 공약도 발표됐다. 그중 왕십리 뉴타운은 마침 청계 6가와 7가 일대에도 연결되어 있다. '뉴타운 건설'이 발표되고 나서는 그 동네의 땅값이 오르기 시작했다. 청계천로 일대가 덩달아 '좋아진다'는 말에서 일반 시민들은 그곳 일대에 어지럽게 얽혀 있는 '지저분해 보이는 시장'이 딴 걸로 바뀐다는 식으로 이해했다.

직접 거론되지는 않았지만, 이렇게 보나 저렇게 보나 새로운 서울시장 팀이 청계천변에서 가장 구체적인 '재개발' 대상으로 염두에 두었던 것은 공구상가들인 것 같다. 공구상가는 이전부터 서울시로부터 천덕꾸러기 취급을 받아왔으니 말이다. 하지만 2003년 1월에 서울시측은 공구상가를 어떤 인위적인 방식으로 철거하거나 재개발하지는 않겠다고 말했다(그로부터 다시 몇 개월이 지나 청계고가 도로가 철거된 2003년 9월에는 일부 지역에 대한 재개발 계획들이 거론되기 시작했다…). 청계천 상인들의 반대가 워낙 결사적이었기 때문이다. 청계천 상인들은 공구상가의 이전이나 재개발에 절대적으로 반대할 뿐만 아니라 청계천 복원 자체에 반대했다. 왜 그럴까? 청계고가가 철거되면 청계천로 일대의 교통망이 바뀌는 셈이다. 그리고 청계천이 복원되면 이 일대는 자연스럽게 재개발의 압력을 받을 것이다. 하지만 청계천은 재개발이나 하천 환경 살리기 등등의 이슈를 넘어서 훨씬 복잡한 산업생태계로 얽혀 있다. 골목들이 펄떡펄떡 뛰며 움직인다. 이제 그 청계천 복원대상 지역의 심장부, 청계천 공구상가의 공간 속으로 파고 들어가 그곳의 내력부터 살펴보기로 하자.

2. 서울 복판에 어지러운 골목

현기증이 날 만큼 많은 기계와 부품들이 이리저리 널려 있다. 어디가 주차장이고 어디가 일반 도로인지 알 수 없을 만큼 자동차와 물건, 사람들이 길 위에 얽혀 북적댄다. 때로는 구불구불한 좁다란 골목길 안에 해방 직후에나 볼 수 있었을 것 같은 시꺼멓고 허름한 작업장에서 선반이 돌아간다. 쇳물과 가루들이 바닥에 질펀히 흐르기도 한다. 60~70년대에 어울릴 듯한, 농촌 읍내에서도 요즘 보기 힘든 옛날식 다방이 다 낡은 건물 지하나 이층에 턱 하니 자리잡고 있다. 아가씨들은 보온병 싼 보자기를 들고 골목을 누비며 커피를 나른다. 점심시간이 되면 신문지 한 장 척 덮은 밥쟁반을 머리에 이고 된장백반과 꽁치구이백반을 나르는 아줌마들의 발길도 바빠진다. 오토바이와 손수레는 온갖 이름모를 재료와 부품들을 잔뜩 싣고 그 틈을 비집으며 종횡무진이다.

청계 3가에서 4가, 그리고 좀더 넓게는 배오개길과 그 너머 세운상가, 대림상가 뒤까지 온갖 기계부품과 공구, 재료를 파는 상가가 진을 치고 있다. 여기는 지리적으로 서울의 한복판이다. 하지만 대부분 시민들은 종로나 광화문까지는 자주 드나들되, 거기서 지척으로 가까운 청계천 공구상가 속으로 깊숙이 발을 들여놓지는 않는다. 특별한 볼일이 있는 사람이 아니면 말이다. 충무로나 을지로변의 극장을 가는 길에 이곳을 지나는 사람들 중에는 눈살을 찌푸리는 경우도 있다. 술집과 음식점, 극장, 학원, 유흥가가 서울 복판에 많다면 싫어하지 않을 것이다. 하지만 기계부품과 공구, 재료상들이 서

복원사업 이전 청계천 공구상가 일대의 지적도

울의 한복판에 떡 하니 자리잡고 있는 것은 왠지 거칠고 불결하다고 느낀다. "미관상 좋지 않다"고 얘기한다.

공구상은 과연 청계천 일대에서 철거해야 할 애물단지인가? 꽤 오랫동안 몇몇 전문가들과 서울시청의 일부 담당자들은 그런 생각을 해온 것 같다. 시장이 몇 차례 바뀌는 동안 청계천의 공구상가들은 소위 '도심 부적격 시설'로 지정되었다. 86아시안 게임과 88올림픽을 앞두고는 다른 나라에서 오는 관광객들에게 주는 이미지가 좋지 않다고 해서 이 상가들을 용산과 구로동, 그리고 마장동 일대로 이전시키려고도 했다. 그 결과 용산전자상가와 구로 공구상가가 탄생했다. 하지만 2004년을 맞이한 지금까지도 청계천의 공구상가는 여전히 건재하다.

88올림픽 즈음 이전계획이 시행되기 전에 있었던 업종들 대부분이 여전히 청계천에서 장사를 하고 있다. 비좁고 복잡한 골목길들 사이로 얽히고설킨 채 그것들끼리 발전시켜 온 신경망을 작동시키고 있다. 그 생태계 속에서 나름대로 자기 가게의 역할과 기능을 발휘해 왔다. 개중에는 심지어 1980년대 말에 구로동이나 용산 등으로 이전했던 업소가 다시 청계천으로 돌아온 경우도 있다. 좀 큰 가게의 경우는 구로동의 기계상가에도 가게를 가지고 있다. 하지만 도심의 청계천 상가는 여전히 그 중심지적 위치를 유지해서, 거래의 중요한 부분이 이루어지는 '본부' 혹은 '맏형' 역할을 한다. 왜 그럴까? 공구상들은 왜 하필 이 청계천에서 발전했을까? 그리고 왜 떠나지 않으려고 할까? '경제의 세계화' 같은 단어를 즐겨 쓰는 전문가들 중 일부는 기계제조업 계통의 중소규모 공구상과 부품업이

IT혁명의 시대에 들어 '낙후 산업' 이 되어 버렸다고 말한다. 세계는 이제 제조업이 주도하는 시대가 끝나고 유통과 금융, 서비스, 지식산업이 중심이 되었다는 이론이 대유행이다. 그래서 청계천이 재개발되면 이 자리에 국제 금융기구들이나 소프트웨어 개발실, 패션산업 디자인실 같은 좀더 '폼 나고' 멋들어져서 소위 '도심의 감성과 미학적 수요에 알맞은' 것들이 들어서야 한다고 주장한다.

솔직히 말해 청계천 공구상가 가게들이 그렇게 깔끔하고 폼 나는 것은 아니다. 하지만, 왜 도시중심부에는 깔끔하고 고급스런 취향의 활동만 어울리는가? 우리가 사는 집안을 보자. 아파트에도 다용도실이 있고, 멋들어진 신식 화장실 구석에도 세숫대야와 걸레통이 있다. 서울 도심의 제조업체들에 관한 근래의 한 연구내용은 이렇게 말한다. 그러니까 겉으로 보기에 구질구질하고 기름때가 엉킨 기계들, 각종 요란한 부품과 공구를 파는 가게들이 도시의 복판에 자리잡는 것은 다 그 나름대로 이유가 있다는 것이다. 그리고 이 기계를 만들고 판매하는 일은 역사의 뒤안길로 사라져야 하는 사양산업이 아니라는 것이다. 오히려 이전보다 유연하게 움직이는 산업, 그러니까 각기 다른 소비자 입맛에 맞게 소량을 다양한 품목에 걸쳐 발 빠르게 주문받고 만들어 낼 수 있는 가게들이라는 것이다.

그뿐이 아니다. 이 공구상들은 남대문시장에서 동대문시장 사이에 걸쳐 있는 섬유, 화학, 조명, 인쇄, 사진출력 같은 업종들과 깊숙이 연결된 채 활동한다. 그것들은 서울이라고 하는 거대 도시의 중심부에서 이뤄지는 각종 업무와 그것을 뒷받침하는 도소매 기능들에 얽혀서 기능한다. 다르게 말하자면 해방 이후 한국의 산업화를 뒷받침해 온 부품지원센터의 역할을 했고, 각종 시제품들을 만들어 보고 적용하는 차고형 실험실, 인큐베이터, 혹은 벤처기업의 산실 역할을 해 왔다. 여기서 한국섬유산업을 지탱한 각종 부품과 장비들을 지원했고, 여기서 전국의 중소 제조업들을 떠받쳤다. 그리고 지금 테헤란로와 분당으로 나간 벤처 회사들 중에도 세운상가 일대에서 그들의 꿈을 시작한 업체들이 부지기수다. 청계천 일대는 그 모든 것이 가능한 최적의 환경을 갖추었다. 적은 양으로 필요한 모든 것들이 부근에서 손쉽게 조달된다. 도면 하나만 들고 가면 그 자리에서 부품들을 깎아다가 물건을 만들어 준다. 지방에서 올라와 물건을 주문하고 구입하고 또 시제품도 만들고 회사 달력과 카탈로그도 찍고, 다른 볼일도 한꺼번에 본 다음 내려갈 수 있다. 그런 곳이 남대문에서 동대문 사이, 그리고 을지로에서 종로 사이의 거대한 블록 위에 펼쳐져 있다. 청계천 공구상가는 그 거대한 그물망 중 하나를 구성하고 있을 뿐이다.

이제 공구상가가 들어선 블록 중 한 곳을 떼 내어 그 안을 더 자세히 구경해 보자. 전형적인 공구상가 블록이면서, 소위 가장 '지저분하고 낡은 건물과 골목이 많은' 곳 한 군데를 보는 것이 좋겠다. 북으로 청계천 3가 일대 입정동과 관수동에서 시작해서 대림상가 왼쪽까지, 그리고 남으로는 을지로 3가변까지의 기계공구 상가와 소규모 기계제작업체들에 초점을 맞추어 보자. 우리는 이곳의 오늘을 만들어 온 역동성을 만나보고 싶다.

특히 관심을 가져 볼 것은 이 가게들이 터 잡고 있는 복잡하고 지저분해 보이는 공간이 이 동네가 기능하는 방식과 어떤 상관이 있느냐는 것이다. 어지러운 블록 형태, 복잡한 골목길들의 연결, 그리고 대로변에 위치하는 공구상들과 은행, 상품 판매상들에서부터 뒤로 물러서는 골목 안 깊숙이 찾아가야 만나게 되는 조그맣고 지처분한 소형 기계제작업소들, 식당과 다방, 숙박업소와 구멍가게 등에 이르기까지 가게들이 자리잡은 양상은 이 일대에서 활동하는 사람들의 생활내용과 깊은 상관관계를 가진다.

청계천 공구상가들이 자리잡은 공간의 특징 중 하나는 외형상 불규칙적이라는 것이다. 물리적인 공간 자체가 불규칙적이다. 게다가 골목길과 자동차도로를 점거한 채 물건을 쌓아놓고 길에서 작업도 하는 것이 다반사다. 주차장이 따로 분간이 안 갈 정도로 도로변 불법주차가 상식화되어 있다. 반듯반듯한 정비가 거의 불가능해 보인다. 이런 공간모양의 불규칙성, 즉 통제가 안 되는 외양은 그곳의 경제활동 중 상당 부분이 '비공식 경제'일 가능성을 내비친다.

실제로 이곳의 경제활동 수치는 무시 못할 정도로 중요하다. 하지만 그 내용이 막상 공식적인 통계수치에 제대로 포착되지 못하는 일이 허다하다. 경제활동 내용도 그렇고 여러 가게와 단체들이 얽혀 있는 사회적 연결망과 거래형태도 그렇다. 이런 비공식성과 인간관계에의 의존도는 공구상가뿐 아니라 종로에서부터 청계로, 을지로, 충무로, 퇴계로에 이르는 다른 여러 가게와 공장들에 이르기까지 공통적으로 중요한 몫을 차지한다. 결국 서울 중심부의 거대한 블록을 차지하는 이 다양한 업체들은 정도 차이는 있지만 상당한 규모의 '비공식적 경제행위' 혹은 '반(半)지하경제' 성격을 갖는다. 청계천의 공구상가 골목은 그런 현장 중 하나다.

이제 골목길로 깊숙이 들어서기 전에 한 가지를 짚어 두자. 청계천 공구상가 일대의 경제적 연결망을 제대로 이해하려면 이 일대를 넘어서는 훨씬 넓은 범주를 염두에 둬야 한다는 것이다. 청계천로와 종로, 을지로, 충무로 일대에 깔려 있는 수많은 가게들 사이의 협력과 연결망뿐이 아니다. 청계천 일대의 공구상가는 수도권 전체, 나아가 전국 그리고 이제는 중국을 포함한 동아시아권 일대를 거래 상대로 한다. 많은 가게들이 적어도 그런 차원에까지 영향력을 발휘하는 서울 도심부의 '중심성'에 의존해서 사업을 한다. 그러니까 이들이 활용하는 장소의 '중심성'은 서울 도심 바깥과 전국에 깔려 있는 네트워크, 그리고 근래에는 한반도를 넘어 동남아와 중국 일대에 진출한 한국 제조기업들과의 연결 속에서 각자 자신의 몫을 담당하며 기능해 왔다는 것이다.

말하자면 어느 골목길 식당에서 단골로 밥을 배달시켜 먹는한 부품 가게는 십년 전까지 부산의 신발 공장과 대구의 섬유공장에 부품을 대 왔지만, 그 공장들이 인도네시아와 베트남으로 장소를 옮겨감에 따라 계속 그쪽과 거래를 유지하기도 한다. 골목길 식당 옆에 있는 여관과 목욕탕에는 밤새 작업하는 인쇄골목의 출력집 직원들이 쉬기도 하지만, 지방에서 저녁 늦게 올라온 공장 자재과장이 눈을 붙인 후 이튿날 아침 일찍 골목에 나가 회사 제품 카탈로그와 부족한 기계부품 몇 박스를 주문하고 동대문에서 다른 볼일을 본 다음 내려가기 위한 쉼터이기도 하다. 따라서 어느 한 가게 또는 어느 한 블록의 업체들이 맺어온 연결망과 그 권역을 따져 보면 그것은 금세 청계천 일대를 훌쩍 넘어서는 큰 영역의 그림이 된다. 이렇게 넓은 영역에서부터 공통적으로 접근이 쉬운 '중심성'이 서울 도심인 청계천 일대에서 공구상가가 성업중인 이유다.

3. 공구상가의 내력 — 일제 강점기까지

언제부터 청계천변 일대에서 공업 활동이 시작되었을까? 그 내용은 분명치 않다. 하지만 조선 시대의 흔적이 없는 것도 아니다. 현재 퇴계로변 극동빌딩의 정문 앞에 가 보면, 거기가 조선 시대 주자서(鑄字署) 터였다는 것을 알리는 비석이 서 있다. 그러니까 인쇄 관련 수공업장이 지금의 충무로 일대에 있었다는 말이 된다. 그렇다면 지금 우리가 보는 충무로 출력소들과 부근 을지로 인쇄골목은 꽤 족보 있는 터 위에서 전통을 잇고 있는 셈이다.

한편, 조선 시대부터 종로는 서울의 중심 상업거리였다. 종로변에 도소매상이 발전하면서, 거기서 가까운 곳에 수공업이 발전하는 것은 자연스런 이치다. 그래서 그런지는 모르지만 종로에 인접한 청계천 남쪽에는 조선 시대부터 중인과 공인들이 집중적으로 거주한 흔적이 있다. 이 일대에는 잡철전, 장목전 같은, 요새 말로 하면 건축자재와 기계공구상들이 있었던 것으로 보인다. 일찌감치 도심형 수공업에 적합한 터였다는 말이 된다. 그것은 종로라는 큰 시장에 가까운 도심 하천, 즉 청계천이 제공하는 입지조건이었을 것이다.

이런 전통은 일제 강점기에도 근근이 유지된다. 최초의 근대식 인쇄소인 박문국(博文局)은 지금의 을지로 2가에 자리를 잡아, 을지로 인쇄골목의 선배가 되었다. 또 남산골을 비롯해 용산 일대에 모여 살았던 일본 사람들 중에서 인쇄나 기계업을 운영하던 이들은 집에서 가까운 청계천 부근에 가게를 차렸다. 종로는 조선인들의 상권이었고, 청계천변과 그 이남은 일본인들의 터전이었던 것이 이 일대에 일본인들이 주도하던 기계업종 터의 성격을 강하게 만들었다.

제2차 세계대전이 진행되던 1940년을 기준으로 보면 전국의 금속 및 화학공업 장소 중 80퍼센트 이상이 38도선 북쪽에 몰려 있었다. 반면 전국 기계기구 공장의 72.2퍼센트는 38도선의 남쪽에 있었다. 이 시절 기계기구공업 중 많은 부분은 일제의 전쟁물자 군수산업을 지원하는 기계공업이었다. 굵직한 군수 공장을 들어 보면, 부평에 일본 육군 조병청이 있었고, 서울과 부산에는 철도 공작창이, 그리고 안양에는 조선 비행기공장 등이 가동되고 있었다. 민간 업체로는 서울 용산공작소와 인천의 일본차륜이 자동차 정비와 조립을 했다.

그러면 이런 기계공업이 가능하도록 공구를 대는 공구업체들은 어떤 것들이 있었을까? 영등포에 있던 소화 정공주식회사와 조선줄공업회사 들은 쇠를 깎는 절삭공구를 만들었다. 강도가 높은 고속도강으로 만든 절삭공구 제작업소는 전부 일본 사람들이 운영하고 있었다. 한국 사람들이 운영하는 가게에서는 기계공구를 만들지 못했고, 나무를 깎는 목공구와 돌 다듬는 석공구, 그리고 농업용 농공구를 만들어 파는 정도였다. 그렇다면 그때 청계천에는 그런 공구업체들이 많았을까? 청계천 일대의 인쇄와 기계업에 관련해서는 일제 강점기 군수산업에서 필요한 기계공구를 파는 가게가 몇 개

있었을 뿐, 시장다운 시장은 없었던 모양이다. 기계공장에서 금속 기계를 만드는 일 자체가 일본인들이 주도하던 업종이어서, 한국 사람들은 대개 일본인 기술자 밑에서 간단한 심부름을 하는 정도가 고작이었다.

4. 청계천 다리 밑에 그림 같은 집을 짓고

그러다가 1945년 해방이 되었다. 새로운 독립국이 되려는 한국이 산업 현대화를 이루려면 어쨌거나 최소한의 공업부터 시작을 해야 했다. 기계공업의 경우, 일본인 사장과 기술자 밑에서 지내던 한국 사람들이 그 일을 이어나가기 시작했다. 하지만 그때만 해도 한국 내 산업이 너무나 미약해서 일거리가 부족했고, 그래서 빠르게 성 장할 수도 없었다.

해방 직후인 1946년의 통계를 보면, 서울에 있는 중요 기계관련 공장들은 여전히 사대문 안에 있거나 사대문 주변을 크게 벗어나지 않았다. 아래 〈표 1〉은 종업원 수가 10명 단위 이상인 기계관련 공 장에 대한 정보를 담았다. 그 공장들은 어떤 곳에 모여 있는가? 용산 의 철도관련 공작창과 주물제작소, 그리고 영등포의 몇 개 공장을 제외하면 아직도 많은 중대규모 기계제작 공장들이 '시내' 라는 영 역 안에 자리잡고 있는 것을 알 수 있다. 여기서 '시내' 라고 불리는 곳은 어디일까? 전반적인 정황으로 볼 때 여기서 말하는 '시내' 는 물론 사대문 안이다. 그중에서도 시장과 각종 수공업체들이 자리잡

〈표 1〉 서울시 기계공업 현황(1946년 12월 현재)

소재지	업종	공장명	생산품명	종업원수
시내	기계	서대문 기계제작소	각종 원동기, 광산기구, 농기구, 화학용구	29
시내	기계	수협유기공장	각종 유기, 수도용전	15
시내	기계	수도주공소	코크스, 선철	47
시내	기계	주식회사 조선착암기제작소	현미기, 정미기. 탈곡기	189
시내	기계	대동기계공장	자동차수리	50
시내	기계	조선소방기 제작회사	소방서원 내의	39
시내	기계	유한상공 주식회사	광산기계, 공작기계, 철도기계	309
시내	기계	극동기계공작소	정미기, 제분기, 자동차 부속품	54
시내	기계	농림주동 주식회사	조선솥, 기타 가정필수품, 농기구, 기계부속	112
시내	기계	국립병기공업 주식회사	무기류	84
시내	기계	삼화 주물공장	알루미늄, 마세크, 코크스, 선연	80
영등포	기계	중앙기계공업소	일반기구, 농기계, 내연관	57
영등포	기계	주식회사 조선펌프제작소	터빈펌프, 연료펌프	63
영등포	기계	조선자동차공업 주식회사	스리부, 뻐스통	89
영등포	기계	삼화공업 주식회사	보통강, 특수강, 무연탄	80
용산	기계	동운 주물제작소	정미기, 현미기, 방직기	42
용산	기계	용산공작 주식회사	기관차, 객화차, 전차, 철도 차고용품	1,029
용산	기계	경성주물제작소	농구, 가연용품 기계부분품	189
용산	기계	조선형기 주식회사	자동호, 천호, 대호, 본간	73

『서울통계자료집 미군정기 편』, 서울특별시사 편찬위원회, 1997.

왔던 종로와 중구 일대라고 보아야 한다. 자동차로 수송하는 여건이 지금보다 불리했던 당시, 이 공장들에서 소용되는 각종 재료와 공구들 역시 이에 근접한 사대문 안에서 조달되었을 가능성이 크다.

해방이 되면서 한반도가 일본의 군수물자 기지역할을 하는 시대는 끝났다. 하지만 해방 후에도 외부에서 많은 공작기계와 공구들이 한반도로 흘러 들어왔다. 해방 이후에 주인이 바뀐 공장들을 대상으로 하는 공구와 기계들이 그 대부분이었다. 일제강점기에 일본인들이 주로 운영하던 기계공업 공장들은 미군정기 동안 대부분 적산으로 취급되어서 민간에 불하됐다. 물론 철도와 전기, 조선 등 중요한 시설은 정부 수립과 함께 정부로 이관되었지만 말이다.

기존의 공장이 민간에게 불하되는 과정에서 공장 문을 아예 닫는 경우도 적지 않았다. 그때 공장에 있던 공구들이 시중으로 흘러 나와 고물상 같은 곳을 통해 거래되기도 했다. 하지만 실제로 공장을 뜯으면서 설비와 공구를 파는 경우가 그렇게 많지는 않았던 것 같다. 다만, 정상적인 거래 시장이 없고 수요공급도 일정하지 않아서 가격이 제대로 형성되지 않았다.

그런 중에 1946년 이후 1950년에 이르는 동안에는 한국인들이 운영하는 공구관련업체가 나타나기 시작했다. 서울의 영등포와 인천, 안양, 용산 등지에 약 10여 개의 공구 생산공장이 생긴 것이다. 이 공장들에서는 기어, 대패, 끌, 스프링, 가위, 농공구, 선반, 공작기계 등을 생산하기 시작했다. 한편으로는 농업과

목공을 지원하고, 다른 한편으로는 조금씩 생기기 시작하는 기계공
업이 중소공장의 형태로 꿈틀거리는 것을 지탱해 주는 공구 판매가
게가 나타나기 시작했다. 그렇다 해도 당시 이런 공장의 규모나 숫
자는 정말 미미했나 보다. 공구를 만들어 파는 서울의 공장들에서
고급 기술자라고 할 수 있는 사람은 모두 합쳐 봐야 30여 명이 채 안
되는 수준이었다. 그나마 있던 몇 개 공장시설도 1950년 6·25 전란
으로 대부분이 폐허가 됐다. 조선 시대의 흔적마저 거의 남지 않게
된 것이다.

　그러면 일제 강점기 이후 청계천변은 어떻게 되었을까? 일제 강
점기에 만들어진 서울의 상업지대 중 제일 중요한 것은 일본인들이
장악했던 황금정(黃金町), 그러니까 지금의 을지로 일대를 중심으로
충무로, 남대문통, 명동 일대였다. 청계천변은 이런 번듯한 상업지
대에 끼지 못하고 있었던 것 같다. 예나 지금이나 청계천변은 깔끔
하게 차려 입은 신사와 요조숙녀가 찾는 백화점 같은 곳과 거리가
멀었던 모양이다.

　청계천변에 막상 꼴을 갖춘 시장이 생기는 것은 6·25 직후로 보
인다. 그것도 제대로 된 기계공구 전문시장이 아니고, 이른바 '청계
천 다리 밑에' 온갖 물건을 갖다놓고 파는 노점상들이 어수선하게
진을 치고 있는 시장이 생겼다. 해방 후 급속도로 인구가 증가하고
시골을 떠나 서울로 올라오는 사람이 늘기 시작했다. 6·25 직후에
는 이북에서 월남한 사람들까지 합쳐 서울 인구는 폭증을 거듭하고
있었다. 이렇게 서울로 몰려든 사람들 중에는 비싼 서울의 주거비
용을 감당하기 힘든 경우가 많았다.

그런데 청계천변은 서울 사대문 안의 하수가 모이는 하천 주변 공터였으므로, 청계천 다리들 주변에 각종 판자와 양철조각을 갖다 대고 붙인 무허가 판잣집들, 소위 '하꼬방' 들이 만들어졌다. 이런 하꼬방과 다리 밑 주변에 생활필수품과 일용 잡화, 그리고 어디서 가져왔는지 알기 어려운 각종 중고 물건들을 거래하는 장소가 서서히 자리잡기 시작했다.

휴전협정으로 6 · 25가 일단락되면서부터는 용산에 자리잡은 미군부대에서 상당한 양의 군수물품과 공구장비가 흘러나와 청계천변의 노점상을 중심으로 활발히 거래되기 시작했다. 나중에 청계천변에서 가장 멋지고 현대적인 대형 건물로 기획되어 들어선 세운상가에서 미군부대 물건을 파는 '도깨비시장' 이 성업한 것도 이런 맥락 속에 있다. 청계천변에는 서울 수복 후 월남한 피난민들까지 몰려들어 성시를 이루게 된다. 이렇게 커 갔던 노점상 중 여러 곳에서 공구들을 취급하게 되는데, 이 노점상들이 오늘날 청계천 공구상가의 가장 직접적인 출발점이자 한국 공구 유통시장의 시발점이라고 할 수 있다.

청계천변에 주욱 들어선 노점상들은 말하자면 이런 형상이었다. 그러니까 청계천의 뚝방길 안쪽 하천 방향으로 경사진 둑 위에 나무판자 등으로 들마루 모양의 좌판을 설치해 놓고, 그 위에다 물건을 늘어놓고 파는 형식이었다. 말하자면 청계천변 판자촌과 이어진 연속선상에 위치해 있었던 셈이다.

그렇다면 좌판 위에 널린 각종 기계들은 대체 어디서 나온 물건들일까? 미군부대와 일본에서 들어오는 것, 그리고 공장에서 뜯어

청계로 주변 인도와 차도 일부를 일상적으로 점거하는 공구상가의 상품들

다 주워놓은 것이 대종을 이루었다. 그렇게 마구잡이로 여기저기서 주워다가 혹은 훔쳐 갖고 나오거나 몰래 들여온 것들을 파는 경우가 많다. 그래서 물건을 파는 사람도 그 기계가 무엇에 쓰는 물건인지 제대로 모르는 채 대충 어림짐작으로 값을 부르는 경우가 많았다고 한다. 물건의 가치는 오히려 물건을 사는 사람들—대부분이 일본이나 조선의 일본인 공장에서 일해 본 경력이 있는 사람들, 혹은 미군부대 부근에서 일하는 사람들—이 스스로 '대충 알아서' 자기에게 소용되는 용도를 가늠해 가며 물건을 샀다. 심지어 물건을 파는 사람도 모르는 물건의 사용처를 오히려 손님들이 와서 가르쳐 주는 경우도 꽤 있었다.

해방 후 공장을 하던 한국인들은 앞에서도 말한 것처럼 일본이나 한국의 일본인 소유 공장에서 일하던 이들이 대부분이다. 이 사람들이 해방 후 이제는 독자적으로 공장을 차리고 일을 하려고 연장을 구했는데, 그 연장과 공구를 주문할 곳도 없었고 그것을 제대로 구해서 팔아줄 안정된 시장도 형성되지 못하는 형편이었다. 그래서 제조업을 하는 이들은 궁여지책으로 여기저기 고물상도 뒤지고 청계천변 노점상도 뒤져 가면서 뭐든 소용이 될 만한 것들, 혹은 비슷한 것들을 '주워 모아' 대용품을 얻었다. 몇 개가 부러진 부품이나 어중간한 쇳덩어리 부속들을 사 가지고는 새로 손질하고 조립하는 작업을 거치면서 각자의 용도에 맞는 부품과 공구를 조달하고 사용한 것이 일반적인 경향인 것 같다.

6·25전쟁 후에도 공장들은 그런 방식으로 공구를 구해서 초기의 봉제업, 방직, 신발공장 등을 가동시켰다. 청계천변에서 거래되

는 공구는 그들에게 가장 중요한 작업기계와 부품 조달처였던 셈이
다. 그런 거래처의 도움을 입으면서 비로소 한국은 공업 근대화의
걸음마를 시작했다.

천변의 노점상에서 일정한 영역을 차지하고 있던 공구상들이 보
다 제대로 자리를 잡는 것은 청계천 복개와 관련된다. 1958년 이후
에는 광교 하류, 그러니까 지금 조흥은행 본점 부근부터 복개되었
고, 1961년에는 광교와 오간수교 사이에 도로가 놓였다. 이 구간이
복개되면서 폭 50m, 길이 500m 가량의 도로가 청계천을 덮게 되고
도로 양쪽에는 사람들이 걸어다닐 수 있는 보도가 만들어진다. 복
개가 되면서 청계천 뚝방 안쪽에서 장사하던 사람들은 뚝방 밖으로
나갈 수밖에 없었다. 그들은 먼저 뚝방 너머 길가 주택 쪽으로 진출
을 시작했다. 이전에 장사를 해서 이미 쏠쏠한 수입을 올리고 있던
참이라, 이대로 공구 장사를 그만두고 싶지는 않았다. 또 그 동안에
돈도 좀 벌어놓은 상인들은 비교적 값싼 청계천변 주택들을 사거나
세를 얻어 가게로 개조하면서 장사를 계속 할 수 있었다. 그 결과 무
허가 노점상에서 벗어나 제대로 된 건물 안에서 장사하는 청계천변
공구상가가 자리를 잡기 시작했다.

5. 베트남전 특수

공구상가에서 오래 장사해 온 상인들은 해방 후 우리나라 공구상
이 발달하는 큰 분수령으로 6 · 25 전쟁 직후와 한국의 베트남전 참

전을 꼽는다. 초기 우리나라의 기계공구는 대부분 해외에서 들어오는 물자였다. 그러니까 6·25 전쟁 때부터 한국의 공구상들은 주로 미군 등 참전국 군인들의 장비와 공구가 한국 시장에 흘러 들어온 것을 가지고 장사를 했다. 베트남전 참전 당시에도 한국 파월부대의 군인들 중 일부는 미군측이 공급하는 물자들을 우리나라에 가지고 들어와서 내다 팔았다. 그 물건 중에는 기계공구도 일정한 몫을 차지했다. 그러다 보니 국내 공구상의 물자공급은 처음부터 꽤 '비공식적'이고 '음성적인' 루트를 통해 자리를 잡았다.

그런 비공식성은 일부 공구를 조달하는 데만 한정된 것이 아니다. 국내 제조업체들에 조달되는 공구 대부분이 이런 비공식적 유통경로에 의존하고 있었던 것이다. 이 시절의 한국 유통경제에서는 기계공구뿐 아니라 면도날, 종이, 라디오, 그릇류 등 각종 생활용품에서 우유 등 식료품에 이르기까지 소위 '도깨비시장' 또는 '양키시장'이라고 불리던 음성적 지하시장이 차지하는 비중이 적지 않았다. 청계천변 노점상과 베트남전 시기의 청계천변 가게들은 그런 비공식적인 유통망의 전형을 보여 준다.

베트남전을 계기로 국내에 공구와 기계들이 흘러 들어온 것은 주로 미국 등지의 생산품이 베트남을 거쳐 한국에 들어온 것이다. 수입 수출이 자유롭지 않던 시절, 베트남에 파병되었던 한국 군인들은 지참한 물품에 대해 관세가 면제되는 특혜를 누릴 수 있었고, 그 기회를 십분 활용했다. "뭐가 물건되는지(즉 비싸게 팔 수 있는 물건인지) 알지도 못한 채 (베트남에서) 손에 닿는 것 그냥 전부 주워서 박스째로" 가지고 나왔다고 한다. 특히 기계류의 경우는 공사와 설비를 많이 취급하는 미군 공병대와 함께 머물렀던 부대에서 군수물자들을 빼내 올 '기회'(?)를 십분 활용했을 가능성이 높다. 그렇게 해서 이전까지는 한국의 시장에서 볼 수 없었던 기계류와 공구, 기타 제품들이 흘러 들어와 청계천 공구상을 가득 메웠다.

파월 군인들이 가지고 온 것 중에는 미군 PX에서 면세로 구입해 가지고 온 텔레비전, 라디오 등이 일반 시민들에게 인기 있었다. 하지만 청계천변에서 특히 인기 있던 품목 중 하나는 전동공구들이었다. 부피가 작은 전동공구의 경우, 장교 한 사람이 심지어 몇 십대씩 가지고 나와 상인들에게 물건을 넘기는 경우도 있었다. 물건을 국내로 반입해 온 군인들도 이익을 보았을 테지만, 국내시장에서는 가격 자체가 형성되지 않던 물품들을 가지고 상인들은 임의로 가격을 매기며 되팔아 큰 이익을 볼 수 있었다. 1970년대 초에 부유층 주거용 아파트를 포함한 야심적인 구상 속에 세워진 세운상가 주변에는 특히 이 시기부터 전자제품을 취급하는 시장이 본격적으로 형성되기 시작한다. 세운상가 주변의 가게들에서 전동공구들이 암시장, 혹은 도깨비시장의 형태로 공급되던 한 사례를 보자:[2]

아줌마들이 가게에 와서 이렇게 말하는 거예요 "우리 집에 그 뭐냐, 전기에 웽웽 돌아가는 것이 있는데 사겠느냐"고 그래서 가져와 보라고 하면 그걸 어떤 때는 아예 박스째로 갖고 오는 사람도 있어요 그런데, 뭔가 전기로 작동되는 공구이긴 한데 어디에 쓰는 건지 나도 모르

---

2) 아래 직접 인용된 내용은 대림상가 부근의 봉제산업 관련 공구상인 '옥천상사' 창업자의 증언임.

는 경우가 많아요. 전에 한 번도 듣지도 보지도 못하던 거니까. 이런 거를 대충 모양 보고 무게 나가는 거 가늠해서 어림짐작으로 쳐서 부르면 그게 구매가격 돼 버려요.

우리한테 물건 주는 사람들은 그 사람들대로 자기네가 돈 주고 산 것도 아니고 그냥 주워 가지고 나온 거니까 아예 값을 모르지요. 그렇게 우리가 대충 값 쳐주고 물건을 받아 놓으면, 다른 장사하는 사람들이 와서 웃돈 얹고 사 가는 수도 있어요. 아니면 자기네 공장에서 필요한 공구를 직접 필요로 하는 사장이나 기술자들이 여기저기 헤매다가 가게가 죽 늘어선 데 와 가지고는 물건들을 보고 자기 용도에 따라 이것저것 사 가지고 가서 다시 맞추고 조립해서 쓰는 거지요. 우리나라 공장이 그때는 그런 식으로 돌아갔다니까요…

손님한테 파는 가격도 웬만큼은 우리가 임의로 매길 수 있지요. 어떤 때는 가게에 찾아온 손님한테 우리가 먼저 가격 제시해 보라고 하기도 해요. "대충 얼마 쳐주겠느냐"고 우리는 짐작이 안 가는 것도 많으니까. 그렇게 해서 우리 상인들이 주고 사온 돈보다 가격이 꽤 높으면 팔고 하는 식으로 거래한 적 많아요.

그때 장교들이 물건 엄청나게 갖고 왔어요. 전기제품들 갖고 (국내로) 들어온 대령급 군인들 집에 우리가 직접 가서 택시타고 가서 상자째로 물건 실어 나오면, 그 다음날은 요새 돈으로 한 건에 100만 원은 쉽게 떨어졌어요. 어떤 것은 그 당시 국내에서 아직 사용할 방법이 없는 기계들인 경우도 있었어요. 그래서 손님이 아예 없는 물건이라고 하면 그 군인들이 난감해 하다가, 버릴 수도 없고 하니까 군인들이 우리 보고 그냥 가져가라고 하는 경우도 있었지요. 그런 경우는 신제품을 몇 박스 완전히 공짜로 얻는 거지요. 시간이 한참 지나서 내놓으면 그 물건 찾는 사람이 생겨서 파는 수도 있고 그러니까 그게 우리나라 공업발전 속도를 잴 수 있는 셈이고… 말하자면 말이죠.

6. 청계천의 남과 북

청계천은 조선 초기에 서울이 수도로 정해진 후 만들어진 도성 안을 남북으로 나누는 형상을 이루고 있다. 특히 일제 강점기 동안에는 일본인 거주구역인 남촌(南村)과 조선인 거주구역인 북촌(北村)이 나뉘는 상징적 경계선 역할을 해 왔다고[3] 한다. 그렇다면 청계천변에 공구상이 자리를 잡는 데에도 하천의 남쪽과 북쪽은 어떤 구분의 의미가 있을까? 결론부터 말하자면, 공구상가만 놓고 볼 때 청계천이 복개되기 전이나 복개된 후, 그리고 그 위에 다시 고가도로[4]가 놓인 것은 청계천 남쪽과 북쪽을 어떤 영토나 업종 측면에서 구분시키는 계기로 작용하지 않은 것 같다. 물론 고가도로 같은 것은 시각적인 구분 기준이 되지만, 그 이상으로 어떤 경계의 역할은 없었다고 본다.

청계천에서 오래 활동해 온 이들의 증언자료[5]를 보면, 청계천변에서 공구상가가 발전하기 시작한 곳은 원래 하천의 남쪽이 아니라

---

3) 중구, 『중구지』, 1994, 상권. p.436.; 전우용, 앞의 글, 1998, p. 11.

4) 청계천 복개도로가 난 위에 다시 고가도로를 설치하는 일은 1969년과 1970년에 시작되었다. 삼일로 구간(삼일로―동대문)은 총 2,700m의 길이로, 그리고 청계로 구간(삼일로―남산터널)은 총 441m의 길이로 설치된다. 중구, 『중구지』, 하권, 1994. pp.202 ~203.

5) 일왕상회, 옥천상사, 경복통상 등. 특히 일왕상회는 해방 직후부터, 그리고 옥천상사는 1960년대 초부터 현장에서 활동해 온 창업자들이 현재까지 활동하거나 은퇴 후에도 관여하고 있는 드문 사례들이다. 반면 현재 청계천로 일대에서 활동하는 대부분 기계공구 관련 사업체들은 그 소유자나 직원들이 현업에 종사한 지 20년을 넘는 경우가 드물다.

북쪽이었다고 한다. 그것은 종로변에 늘어선 가게들의 상권과 청계천변의 노점상이 연결된 형태로 발전했기 때문이다. 그러니까, 종로가 큰길이라면 청계천변은 그 배후지라고 할 수 있다. 해방 후, 종로에서부터 청계천의 북쪽 사이 길목에는 자동차 부속상, 베어링상, 공구상 등 세 가지 장사가 주종을 이루었다. 1960년대 말이 되면서부터 거기에 전기제품과 전자제품이 가담해서, 이 일대의 장사가 더욱 흥하게 됐다. 이렇게 종로하고 연결된 장사여서 그랬는지, 1960년대 후반 청계천이 복개되기 전에는 하천의 남쪽보다 북쪽에 뚝방길 노점상들이 더 바글바글 장사가 잘되었다. 그러니까 종로에서 가까운 청계천의 하천 북쪽에 노점상이 꽉 찬 다음, 거기에 더 들어갈 자리가 없게 되면서 하천 남쪽으로 노점상이 번져간 것이라는 얘기다.

서기 2000년대에 이른 지금은 양상이 조금 다르다. 하천이 복개되고 그 위에 고가도로가 들어선 이후로 공구를 취급하는 큰 도매상은 대부분 청계천로의 남쪽에 있다. 청계천 북쪽에서 종로까지는 종로에서 밀고 들어오는 일반 상업과 유흥업, 그리고 세운상가를 중심으로 번져 나가는 각종 전자계측기구와 조명기구들이 득세한다. 아마도 종로 쪽이 일반 시민들과 더 접촉이 많은 곳이기 때문에 그쪽이 훨씬 유행에 민감한 변화를 보이는 것이리라. 그러니까 기계공구류는 청계천의 북쪽에서 남쪽으로 밀려 내려온 형국이 된다.

실제로 지금 청계천로의 남쪽에서 장사하는 가게들 중에는 청계천로 북쪽에서 사업을 시작했다가 시간이 지나면서 점차 청계천로 남쪽으로 이동해 와서 장사를 계속하는 곳이 여럿 있다. 여기서 청계천이라는 하천과 복개된 공간 위의 도로 자체는 어떤 구분이나 경계가 되지 않았다. 그냥 점차적으로 흐르는 경향이다. 특히나 가게들간에 서로 돕는 협조와 유기적으로 연결돼 있는 연계망이 발달해 있는 이 사업장들간의 관계에서도 청계천 이남과 이북의 구분은 별 의미가 없다. 일상적인 거래관계, 급한 물자를 꾸어 주는 것, 그리고 기계공구들을 구입하는 소비자의 행동권역상으로도 청계천로는 일제 때 같은 경계선 역할을 거의 하지 않는 것으로 나타났다.

7. 경제개발 시대에 휘날린 깃발

1971년에 베트남전은 끝났다. 그러자 베트남 특수를 통해 한국으로 들어오던 기계공구의 공급도 끊기고 말았다. 곧 이어 1973년에 중동전쟁이 발발하고 원유가가 급등하는 이른바 '석유파동'이 일었다. 경제사정 전반이 갑자기 나빠져 청계천 상가에서도 일순간 거래가 얼어붙기 시작했다. 하지만 청계천은 새로운 도약을 준비하고 있었다. 1970년대 초반 무렵에 한국은 제3차 경제개발 5개년 기간에 들어섰고, 이 시기에 섬유류 생산을 시작으로 수출산업이 발전하기 시작한다. 이제는 국내에도 공장들이 본격적으로 건설되기 시작했다. 그리고 이 공장들을 가동시키는 데 필요한 기계부속품과 관련 공구들에 대한 수요가 빠른 속도로 늘어나게 된다.

청계천에서 조달하는 공구들이 어떤 흐름을 타느냐 하는 것은 우리나라 경제를 이끌고 간 제조업종들이 어떤 것들이었느냐를 그대로 보여 주는 생생한 증거다. 경제 개발기에 청계천에서 본격적으로 팔리기 시작한 기계부속은 재봉틀 기계에 관련된 것이었다. 우리나라 섬유관련 업체들이 미국과 일본 등지로 스웨터를 수출하면서 편직 기계와 부속품, 그리고 관련 공구에 대한 수요가 생겼다. 그리고 봉제 가공업이 여러 군데 설립되어서 청계천과 동대문 일대에 자리잡은 기계상에서 재봉틀 기계가 잘 팔리기 시작했다. 초기의 봉제 가공업들은 특히 가까운 동대문시장을 중심으로 발전하고 있었다. 그리고 방직과 기타 관련 산업은 영등포 지역을 중심으로 발전하고 있었다.

그러니까 청계천 일대 공구상의 발달에는 조선 시대와 일제 강점기 이래 드문드문 있었던 전통적인 도시 내 수공업 지대의 역사 외에도 새로 부흥하기 시작하는 한국 경공업의 현장과 가까운 곳에 위치했던 입지가 한몫을 했다고 볼 수 있다.

이후 한국의 제조업은 섬유에서 신발 관련 업종으로, 그리고 나중에 전기전자 업종으로 발전해 나갔고, 공업지역도 서울 중심부에서 외곽으로 그리고 지방 도시로 확산되어 갔다. 그러는 가운데 청계천 공구상가는 우리나라의 제조업 가동을 뒷받침하는 부속과 재료, 공구들을 제공하면서 시장을 다변화해 나갔다. 공장들은 전국으로 흩어지고 업종도 다양해졌다. 하지만 그 공장들에서 필요한 재료 구입과 시제품 제작, 그리고 점차 전문화되는 다양한 종류의 공구들을 한꺼번에 구입할 수 있는 곳은 청계천 일대뿐이었다.

그뿐이 아니다. 바로 인접한 을지로에서는 달력과 카탈로그를 인쇄할 수 있고 설계도도 만들 수 있다. 그 도면만 가지면 청계천에서

기계제작업소와 작은 식당들이 어우러진 공구상가의 뒷골목

는 시제품을 조립해 볼 수 있다. 필요한 재료들의 샘플을 직접 구경하고 자재를 주문하는 일도 이 일대에서 한꺼번에 처리할 수 있다. 게다가 공장에서 만들어 낸 상품들 중 적지 않은 물량이 인근의 남대문과 동대문시장, 세운상가 등에서 다시 전국 시장으로 퍼져 나간다. 이렇게 청계천 일대는 소위 '제조업 지원 중심시장' 으로 발전했다. 그러면서 인근 지역에 얽혀 있는 생산자 서비스업들과 함께 긴밀하게 연결된 종합 서비스 지역으로 자리를 잡아가게 되었다.

그러면, 여기서 현재 일반 시민들이 가장 '지저분하고 미관상 좋지 않다' 고 생각하는 곳을 한 번 들여다보기로 하자. 1960년대에는 대장간도 겸했던 곳, 지금도 공구상가의 어두컴컴한 뒷골목에서 시끄러운 소음과 함께 거무튀튀한 쇳가루와 흙물이 바닥에 흥건히 흐르는 소규모 기계제작 업소들은 청계천 공구상가 일대의 독특한 풍경을 만드는 데 한몫을 해왔다. 1960년대 말부터 청계천로 남쪽의 블록에서는 길가 앞쪽에 공구를 파는 공구가게들이 자리잡았다. 그리고 그 뒤편으로는 구불구불하고 좁다란 골목길을 따라 선반과 밀링머신 등으로 직접 시제품들을 만드는 가게들 ('마치꼬미' 라고 부른다)이 들어섰다.

어떤 물건을 만들려고 할 때 필요한 기계는 처음부터 큰 규모로 또 대량으로 만들어 낼 수 없다. 규모가 큰 기계제작 공장들에서는 설비 투자에 비용이 많이 들기 때문에 제작기계를 대량으로 생산해야 최소한의 이익을 확보할 수 있다. 따라서 특수한 목적에 필요한 소량의 기계를 만들자고 따로 주문을 받는 경우는 드물다. 하지만 실제로 크고 작은 기계를 가동시키려면 시제품도 만들어 봐야 한다.

또 세부 수요에 맞는 다양한 특정 기계들도 만들어 볼 필요가 있다. 그렇게 하려면 기계류 물품을 만들 재료들을 부근에서 몇 개씩 구해다가 이리저리 맞춰 보고, 또 일일이 깎고 용접도 해보면서 제작할 필요가 있다.

제조업 공장들만 그런 것도 아니다. 예를 들면 어떤 가게나 공장에서 자기네 가게나 현장에 맞는 크기와 용도의 냉동고가 다섯 개 필요하다고 할 때, 그것을 주문할 수 있는 큰 공장은 별로 존재하지 않는다. 결국 특별한 형태와 크기의 냉동고를 다섯 개만 만들어 줄 제작업체가 있어야 한다. 큰 공장에서는 이런 작업이 타산에 맞지 않고, 다섯 개의 냉동고를 위해 따로 이리저리 재료를 구하고 쇠를 깎아 물건을 만들 용의도 없다. 이런 소량의 시제품과 필요에 따른 주문생산을 즉석에서 할 수 있는 곳은 바로 청계천 일대의 소형 기계제작소들이다. 예컨대, 사업장의 크기와 용량에 맞는 냉각기 세 대를 주문생산하면 현장에서 물자를 구해다가 즉석에서 조립해 낼 수 있는 것은 청계천 일대의 복합적 연계망 속에서만 가능하다. 이렇게 지속적으로 발생하는 수요 앞에서 유연한 주문생산과 조립을 해주면서 한국 중소제조업을 뒷받침해 온 것이 바로 청계천의 소형 기계제작소들이다.

청계천에 이런 제작소들이 발달할 수 있었던 근거는 두 말할 것도 없이 각종 재료에서부터 공구들, 기타 필요한 것들을 주변에서 모두 손쉽게 얻을 수 있기 때문이다. 입지상으로도 중소기업에서 대기업에 이르기까지 제조업 관련회사들이 모두 청계천 상권의 손님으로서 지속적으로 그곳을 드나들기 때문이다. 즉 업소들간의 상호보완성과 중심성 덕분에, 손님들을 쉽게 만날 수 있는 '길목' 혹은 '시장어귀'에 자리잡고 있었다는 점이다. 그렇기 때문에 청계천의 상인들은 1985년과 1989년에 구로와 시흥에 공구상가가 형성된 후에도 청계천에 오지 않으면 중요한 물건, 또는 반드시 원하는 물건을 구할 수 없다고 주장한다. 그것은 다시 한 번 청계천 공구상가가 동대문시장과 남대문시장을 동쪽과 서쪽에 둔 채, 바로 주변에 인쇄거리, 전자전기상가, 각종 부속상, 금융기관들, 기타 가게들과 어울려 산업 커뮤니케이션의 지리적 중심성에 의존해 기능하고 있다는 것을 강조해서 보여 준다.

국내 제조업이 발전할수록 이런 소형 기계제작소들이 담당하는 일의 몫도 많아졌다. 하지만 근래에 들어 국내 제조업체들은 하나둘 동남아와 중국으로 떠나기 시작했다. 국내에 제조 공장들이 줄어들면 이들 시제품 제작 공업사들도 이전보다 장삿거리가 줄어들 수밖에 없다. 그 역할도 줄고 숫자도 감소하는 추세다. 아무리 그렇다고 해도 청계천의 시제품 제작 공업사들은 한국 산업의 실험실이며 인큐베이터 역할을 톡톡히 해온 일등공신임을 자부한다. 하지만 오늘날은 IT 관련 산업 쪽으로 산업의 주류가 이동중이고, 그에 따라 기계 시제품 제작소들은 '도심 부적격 산업'이라는 꼬리표와 함께 천덕꾸러기가 되었다. 그들 스스로 생각할 때 어찌 기막힌 노릇이 아니겠는가. 하지만 그것 또한 도시의 역사고 산업의 역사가 아닌가.

청계천 공구상가 (2)
─생태복원에 무너지는 산업생태계

1. 골목의 생명

청계천 공구상가를 이해하려면 공구상가를 보다 큰 그림 위에다 펼쳐 놓고 볼 필요가 있다. 복잡한 골목길이 왜 그런 모양이 된 것인지, 그리고 그 사이에서 벌어지는 사람과 가게들 사이의 거래 관계는 무엇인지 이해하기 위해서는 청계천 일대를 벗어나 볼 필요도 있을 것이다. 사대문 안으로 범위를 넓혀 보고, 다시 서울 바깥, 나아가 전국으로 연결되는 상권도 짚어 볼 만하다.

청계천 공구상가는 공구상가 혼자서만 덩그러니 탄생한 것이 아니다. 그랬다면 오늘날까지 계속 흥해 오지도 못했을 것이다. 국내 최대규모의 시장들인 광장시장, 평화시장, 동대문 종합시장들을 동쪽에 접하고 있다. 국내 최대의 인쇄관련 제작과 공급업체들을 남쪽 을지로에 두었다. 서쪽은 서쪽대로 남대문시장이라는 거대 시장과 접해 있다. 북쪽에는 전통적으로 서울에서 가장 중요했던 종로 상가들과 붙어 있다. 공업 관련업체끼리만 봐도 그렇다. 공구상들은 종로 방면과 을지로, 동대문시장, 용산 방면과 영등포까지 이어지는 일대의 기계류, 그리고 그것을 이용하는 산업체들과 밀접한 보완 관계를 이루면서 발전해 왔다.

청계천 일대에 공구상가가 자리잡는 것은 청계천에서 장사하는 상인들의 입장뿐 아니라 청계천에서 공구를 구입하고 서비스를 제공받는 손님들 입장에서도 중요하다. 제조 공장을 운영하는 사람들은 한 공장 안에 여러 가지 종류의 설비를 갖추고 일한다. 그리고 한 종류의 중심 설비를 갖추면 그것을 관리하고 보수하기 위한 여러 가지 장비와 교체용 부품이 계속 필요하다. 그런 유지 보수장비와 교체용 부품, 그 밖에 부수적인 물품들을 구입하려면 시장이 여러 가지 잡다한 것들을 고루 갖추어야 한다. 그리고 공장에서 필요로 하는 여러 가지 서비스와 설비시장에서 가까울수록 손님은 편하다.

실험적인 제품을 만들고 도면을 작성하는 곳, 인쇄와 포장 서비스를 제공하는 곳 같은 제조업 관련 서비스 업체들이 가까운 곳에 있어서 한몫에 일을 볼 수 있으면 정말 좋다. 제조업 관련 수요품은 보통 시민들이 찾는 일상적인 생활 상품과는 종류가 다르다. 그래서 그런 품목을 찾아 여기저기를 따로 헤매며 돌아다니는 것은 쉽지 않은 일이다. 청계천 공구상가의 손님들은 대량생산을 거쳐 쏟아져 나오는 공장 완제품을 구입하는 일반 시민과는 다른 손님이다. 최종 소비자에게 물건을 팔기 위해 자기들 스스로 상품을 만드는 사람들이다. 따라서 그 상품을 만드는데 필요한 설비와 공구를 실험하고 설치하고 유지하고 개선할 필요가 있는 사람들이다. 그런 필요를 충족하기 위해서 그들은 청계천으로 와서 자신들의 공장에서 필요한 것과 관련해 이런 저런 볼일을 한몫에 보고 간다. 청계천 일대는 그들이 필요로 하는 서비스가 주변에 거의 다 갖추어져 있는 세상에 둘도 없는 곳이다.

한 오래된 공구가게 상인이 들려 주는 이야기를 들어보자.

"공장을 운영하는 사람들, 공장에서 거기서 일하는 사람들의 습성이 이래요. 한 번 시내에 나오면 필요한 걸 주변에서 한꺼번에 다 구해 맞춰 가지고 갈 수 있어야 돼요 동대문시장, 방산시장, 종합시장, 을지로 건재상, 인쇄소, 세운상가, 종로변 전자계측기상 같은 게 주변에 다 같이 몰려 있어야 해요 예를 들어서 말이죠, 섬유나 봉제 관련 업체들 한 번 봅시다. 공구상가에 와서 부품 사고 공구 사고 하는 걸로 그치는 게 아니에요 다른 것도 필요하거든요 그래서 옆에 있는 시장에도 들러요 방산시장하고 동대문시장 부근에는 봉제공구 부제품이 종류별로 완벽하게 갖춰져 있어요 그래서 필요한 거는 그 부근에서 다 사거나 예약하고 갈 수 있어요 그게 바로 변두리 전문 상가하고 큰 차이가 있는 겁니다. 변두리 전문 상가를 가면 다시 동대문으로 한 번 더 와야 되는 거지요 그런데 그 사람들이 그럴 시간이 어딨어요?

건축공구를 구입하는 사람 경우도 그래요 여기 을지로 4가에서 냉난방 기계하고 공구, 자재를 다 보고, 3가에서 가구하고 재료들을 본

공구상가 일대의 전형적인 거리 풍경

다음에, 청계천 3, 4가에서 공구를 사가지고(또는 계약하고) 갑니다. 필요한 도면이나 샘플 사진은 바로 옆 충무로에서 출력하고 말이지요. 자기 머리속에 그리고 온 것(계획하고 온 것)을 한꺼번에 주욱 다니면서 다 구입해가지고 가는 거지요.

이 볼일 보러 따로 오고 저 볼일 보러 따로 오고 하지 않습니다. 그보다는 한꺼번에 다 모아 적어 가지고 와서 일을 봐요. 그러려면 가게마다 돌아다니면서 주차하고, 물건보고 사거나 해서 그거 싣고 다시 부근 어디로 움직이면서 일보고, 이래야 되는 거지요. 업종들은 다르고 전문화되어 있어도, 일대의 시장이 그렇게 전부 한 덩어리로 얽히는 겁니다. 여기서는 어떤 업종이 먼저 생기니까 다른 것이 따라 생겼다기보다도, 자생적으로 서로 필요하니까 이것저것이 생겨 얽힌 겁니다. 벌써 1960년대부터 여러 가지 업종들이 서로 얽히면서 지금 같은 모양의 기초를 잡아놨다고 할 수 있습니다.

위 인터뷰 자료에서도 나타나듯 청계천 일대 공구상들은 품목이나 종류가 서로 다른 가게들 사이에서도 상호 보완을 한다. 이것은 꼭 가게들 사이에서 직접적인 거래나 협력관계가 발생하는 것만 염두에 둔 것이 아니다. 그런 협력도 적지 않지만, 어떤 한 업종을 하는 소비자들이 이런 품목과 저런 품목을 다 필요로 하니까 손님을 통해 연결되는 경우도 많다. 예를 들면 어떤 특정 업종의 사업체 사람들이 다니는 행동반경 안에 같이 위치하는 것이다. 그런 연유로 종이나 천, 비철금속 재료나 전동기, 인쇄와 컴퓨터 사진 출력 등 속성이 매우 달라 보이는 것을 다루는 가게들이 하나의 소비자층에 의해 연결될 수 있다.

그뿐이 아니다. 중구 일대에 모여 있는 금융기관들과 명동의 사채골목이 가까운 것도 각지의 제조업자인 손님 입장에서나 공구상 입장에서 모두 유리한 조건이다. 행정관서가 가까운 것도 마찬가지다. 그런 식으로 서로 보완하면서 공존할 수 있는 것이 바로 도심의 중심성을 활용하는 것이라고 하겠다. 한 마디로 "이 일대에는 없는 게 없다"는 말이 각 산업체의 제조업자들, 그리고 청계천 일대 시장의 소비자들에게 의미하는 바가 큰 것이다.

2. 중소기업의 버팀목

이렇게 소량 다품종으로 구성되는 가게들의 성격, 그리고 주변에 있는 대형시장들과 보완하면서 만들어지는 중심성은 이 공구상과 부품상들이 서울이라는 도시 범주를 훌쩍 뛰어넘어 전국적인 제조업 연결망 속에서 중요한 공급처로 기능하게 했다.

실은 1980년대 초에 영등포와 장안평 지역에도 전문 공구상가들이 생겼다. 그리고 1980년대 후반에 들어서는 소위 '도심 부적격 시설' 이전계획에 따라—그런데 왜 그것이 도심에서 부적격일까?—구로와 시흥 지역에 전문 공구상가들을 건설해서 일부를 이전시켰다. 그럼에도 불구하고 국내 공구의 상당량은—약 70% 정도로 추산되지만 정확한 통계는 잡히지 않는다—아직 청계천을 통해서 공급된다. 전문화된 공구를 직접 제작하는 공장들 자체는 창원 기계공업단지를 비롯해 지방 여러 곳에 자리를 잡고 있다. 하지만, 거래가 이루어지는 곳은 청계천이다. 새로운 제품 수요에 대한 정보도 청계천에서부터 교환된다.

　그러다 보니 지방 각지에서 생산된 공구 제품들이 일단 청계천으로 들어왔다가 다시 각 지방의 제조공장으로 팔려 나가는 경우가 많다. 예를 들면 경남지방의 공구제작업체에서 만든 공구가 서울의 청계천 상가에 납품, 진열된다. 그러면 경북지방의 다른 제조업체에서는 자기들이 필요한 제품들을 구하러 청계천 상가에 와서 그중 한 품목인 경남지방 업체가 만든 공구를 주문, 계약해서 구입하고 내려간다. 수요와 공급이 만나는 정보와 유통의 중심지 역할을 청계천 공구상가가 하고 있는 셈이다.

　이런 형태의 중심성은 한국의 공장들이 한국을 떠나 중국과 동남아 각지로 진출하면서도 쉽사리 없어지지 않는다. 해외 현지 공장에서 필요한 공구를 공급하기 위해서는 단순한 거래뿐 아니라 외상과 신용, 그리고 물건에 대한 신뢰가 있어야 한다. 그래서 해외진출 공장들과 청계천 상가의 거래관계는 국경을 넘어 계속되기도 한다.

　도시 중심부에서 인근 제조업체들하고 관계를 맺으면서 구역을 형성했던 업종들이 만드는 중심성과 연결망은 전국적인 차원의 중심성으로 확대되면서 상권을 형성했다. 그리고 공장들이 한국을 벗어나 아시아 각국으로 진출하면서는 그곳 현지 공장들에 대한 제조업 지원 서비스로까지 이어지는 현상도 나타나는 것이다. 그렇다면 청계천 공구상가가 경제의 전지구화에 부응하지 못하는 업종이라는 세간의 이론은 너무 단편적인 선입견이 아닐까.

　물론, 청계천에 있는 가게들이 전부 다 이렇게 시장을 국제적으로 확산시키는 것은 아니다. 국내 제조업 중 쇠퇴하는 업종과 관련된 공구상과 부품상들은 그 산업을 따라 쇠퇴하거나 업종을 바꾼다. 또 막대한 매출을 올리는 가게 바로 옆에도 운영이 힘든 고만고만한 소매상이 붙어 있을 수도 있다. 특별히 산업 자체가 쇠퇴하는 경우는 기존의 중심성이 계속 발전하기 어렵다.

그렇지만 공구상들이 겉으로 보아 작은 가게라는 것을 가지고 그 가게가 담당하는 중심성 여부를 판단하는 것은 문제가 있다. 겉보기에는 넓이가 6~7평 남짓하고 종업원이 한두 명뿐인 가게라도 경우에 따라서는 동남아 진출 공장들까지 상대하면서 상당한 매출액과 자본금을 갖고 있다. 벌써 꽤 오래 전인 1983년의 한 조사에 따르면 5평 내외의 공구상이 당시 화폐가치 기준으로 한 업소 당 연간 10억 원 이상의 매출을 하는 곳이 드물지 않으며, 자본금도 당시 기준으로 몇 억 내지 몇 십억 원에 이르는 곳이 적지 않다. 청계천의 공구상들이 외관상 영세해 보이고 기계류와 부품이 주는 거친 이미지 때문에 휘황찬란한 상가가 아니라고 해서 무시하면 곤란하다는 말이다.

각 공장에서 부품과 자재 조달을 담당하는 사람들이 여러 업소를 돌아다니면서 물건을 사느라, 또 가게들이 배달용 트럭을 여기저기 부리느라 일대에 상습적인 주차문제를 일으키는 것도 사실이다. 그래서 더 더욱 서울시에서는 이 가게들을 '도심 부적격 업종'이라고 판정내렸는지도 모른다. 하지만 이 가게들이 실제 기능하는 모양과 역할로 볼라치면 얘기가 달라진다. 그러니까 청계천의 공구상들이야말로 그것들이 도시 중심부의 복합적인 연결망에 의존해서 작동하고 있는 양상과 역할로 볼 때, 무엇보다도 도심이 갖는 중심성 및 주변과의 연계성을 바탕으로 기능하는 '도심형 사업체들' 이라고 해야 할 것이다. 그 도심형 사업체들이 여태까지 한국의 산업화를 지원하고 서비스해 온 주역의 하나였던 것이다.

3. 길목의 법칙

어떤 동네를 이해하려고 할 때, 시루떡 자르듯이 구역을 나누어 잘라놓고 보는 방식이 있다. 이 선을 넘어서 저기까지는 무엇을 파는 가게가 모여 있고, 그 다음 덩어리에는 어떤 집들이 모여 있다 등등. 청계천 공구상가와 주변을 볼 때도 지역을 여러 덩어리로 쪼개서 덩어리 별로 가게의 업종들을 구분해 보는 방식이 적용될 수 있다.

그런데, 실제로 청계천 일대를 찾는 손님의 머릿속 지도를 따라가 보면 그것이 그렇게 덩어리진 블록들로 인식되지 않는 것을 알 수 있다. 그런 경우에는 각 업종 손님이 '다니는 길목' 의 구불구불한 선을 따라서 청계천을 이해할 필요가 있다. 한 제조업 분야의 공장에서는 이쪽 길목에서 한 가지를 구입하고 거기서 좀 지나 다른 쪽 길모퉁이에서 다른 볼일을 보면서 이동해 간다. 그런 움직임의 선을 따라서 일정한 업종의 손님들이 이동하다 보니, 청계천에서 장사하는 상인들 입장에서도 블록 단위 이외에 자신의 장사판이 어떤 길목 위에 있는 것인지를 따지는 것이 중요해진다. 그러니까 자기 가게가 어떤 길목을 주로 다니는 사람들의 이동 영역 위에 있는

가를 따지게 되고, 그 길목 위 어디쯤에 자리를 잡아야 하는지를 판단한다. 그에 따라 가게 위치의 전략적 중요성도 달라진다. 거기에 맞게 판매 전략도 만들고 자신의 상권을 엮어 나가게 된다. 여기서 우연을 기대한다는 것은 부질없는 일이다.

이렇게 각 업종 손님에 따라 움직이는 길목이 중요하다는 것을 감안하면, 객관적인 지리적 거리에 못지않게 사람들이 실제로 서로 소통하는 사회적 거리와 실천의 거리가 중요하다는 사실이 드러난다. 길목에서 움직이는 거리가 멀고 가까운 것을 감지하는 것은 업종들 사이에서 보완관계가 얼마나 강한지, 그리고 손님 입장에서 보기에 가게들 사이에 어떤 연속선을 그리는지에 따라 결정된다.

사실 손님 하나하나를 놓고 보면 손님은 자기가 걸어다는 시장 길목 밖으로 10미터도 채 벗어나지 않으려는 속성이 있어요. 예를 하나 들어 볼게요. 우리 가게에 출입하는 손님은 여기 앞에 있는 한 길을 건너가지 않고, 길 이쪽 편에서 볼일을 거의 다 봐요. 여기서 15미터 되는 행길 하나 건너 세 번째 집에다가 우리 가게에 차려놓은 물건을 그대로 옮겨놓고 똑같은 값을 매겨 놓아도 그 집에서는 이 물건들이 안 팔립니다. 왜냐면 그 가게는 그 업종 손님이 움직이는 길목 흐름에서 10미터 이상 벗어났기 때문이지요. 한 가게에 오기 전에 어떤 가게에 들르고, 그 다음에는 또 어떤 곳으로 이동할 건지가 미리 다 결정되어 있다는 말이지요. 그런 식으로 손님마다 자기가 다니는 코스가 따로 있어요.

여기 손님들은 다 공장사업자들이라 그만큼 바쁘게 움직입니다. 쓸데없이 호기심을 따라서 10미터를 더 가지 않아요. 괜히 "저

길 건너 가게에도 한 번 가볼까?" 이런 것 거의 없습니다. 그러니까 그 업종 손님이 '다니는 길목' 바로 위에 물건을 벌려 놔야 팔리는 거지, 그렇지 않으면 아무리 갖다 놔도, 또 아무리 싸게 준다고 해도 눈에 안 들어와요. 그리고 여기 오는 손님들은 서울하고 수도권뿐 아니라 전국 각지에서 옵니다. 그래서 자기가 신용을 갖고 거래해 오던 곳들이나 자기 업종 관련된 물건 상점이 모여 있는 길목들을 나름대로 다 꿰고 있어서 정해진 루트를 다니는 거지요…

따라서 손님들 각각은 이렇게 자신이 '다니는 길목', 그러니까 자신이 종사하는 제조업체에서 필요로 하는 물품과 서비스를 제공하는 업체들이 자리잡은 '길목'을 따라 꽤 복잡하고 긴 거리를 바삐 움직인다. 그들이 움직이는 거리 자체는 몇 백 미터가 될 수 있고 킬로미터 단위가 넘을 수도 있다. 하지만 중요한 것은 '길목을 따라' 움직인다는 것이다. 이 길목을 이루는 것은 공구상가만이 아니다. 청계천을 둘러싼 인쇄업소, 인근의 재료상, 동대문시장의 판매장, 명동의 사채시장과 제2금융기관, 들러서 잠깐 밥을 먹는 식당, 다방들까지 포함한다. 청계천 일대의 도심 산업생태계는 그렇게 수많은 길목들이 겹치는 형국으로 엮어져 온 것이다.

4. 골목의 시장생태계

각도를 약간 달리 해서 이제는 손님 중심에서 벗어나, 청계천 일대에서 하루를 보내는 공구상인들이 그들의 영토 언저리에서 보내는 나날의 활동권역을 들여다보자.

공구상이나 소규모 기계제작소에 들르는 손님들은 앞에서 본 것처럼 각 업종의 전문성에 따라다니는 '길목'이 있다. 청계천에서 손님을 맞는 가게들의 입장에서 보더라도, 그들 스스로의 필요에 따라 만드는 자신들의 길목과 영역이 있다. 물론 상인들의 길목 일부가 손님들의 길목과 겹치는 것은 가능하다. 동일 혹은 유사업종도 각 상인의 길목 속에 들어간다. 자기 가게에서 급히 필요한 물품을 빌려다가 파는 경우, 자기 가게 물건을 만드는데 필요한 재료상, 또 손님 입장에서 필요한 유사업종이 주위에 포진하면서 직접 거래관계도 만들어진다. 그런 것들이 일종의 네트워크를 구성한다. 하지만 청계천 상인들의 길목은 자기 가게에 찾아오는 손님들이 움직이는 길목과 일치하지 않는다. 청계천 가게 상인의 목적과 보통 소비자의 그것이 다르기 때문이다.

공구상가의 상인들이 청계천 일대에서 물건을 팔기만 하는 것은 아니다. 그들도 적지 않은 물건과 서비스를 구입해야 한다. 말 그대로 사업도 하고 일상도 영위하며 지내야 하는 것이다. 그것이 청계천 공구상가에서 활동하는 사람들의 일상적 시공간 영역을 만들어낸다. 이 시공간 영역을 가장 단적으로 보여주는 것은 현장의 업소 배치도일 것이다.

[그림 1]은 청계천 공구상가를 포함해서 중구 일대에 깔려 있는 각 블록의 지배적인 업종을 중심으로 만든 지도다. 그런데, 각 블록 안으로 실제 들어가 보면, 그 안에는 [그림 1]에서 표시된 업종들만

있는 것이 아니다. 그보다 훨씬 복잡한 구성이다. 예를 들어 인현동 일대의 블록을 예로 작성된 [그림 2]와 [그림 3]을 보자.

큰길가에 있는 공구 파는 가게들뿐 아니라, 그 뒤편 골목 안쪽에는 소규모 제작공장들이 골고루 깔려 있다. 제작공장들에서는 큰 도로변에서 판매하는 상품 중 일부를 제작하기도 하고, 큰 도로변에서 구입한 부품들을 갖다가 즉석에서 간단히 조립해 시제품을 만들어 주기도 한다. 즉 큰길가의 가게를 드나드는 손님들이 들고 오는 도면을 보고 필요에 따라서 물건을 주문생산하는 게 보통이다. 그런데, 여러 블록들에서 공통적으로 나타나는 기능의 업소들은 기계와 관련된 것이기보다는 오히려 다방, 식당, 목욕탕처럼 공구상가 일대 상인들의 일상적인 생활을 지원하는 것들이다.

그중에서도 특히 골고루 분포해 있는 것은 단연 밥집(식당)이다. 시장 골목안 밥집들이 대개 그렇지만, 이 밥집들은 우리가 흔히 아는 특별한 '외식' 장소인 식당과는 좀 다르다. 주로 '백반류' 등을 배달해 주는 작은 음식점들이 골고루 퍼져 있다. 그것은 청계천 공구상가에서 활동하는 사람들의 행태와 관련이 있다. 비좁은 공간들을 차지하고 들어선 공구상가의 상인들은 한국의 직장인들 상당수가 그렇듯 '찬밥'이 담긴 도시락을 준비하지 않고 즉석에서 혹은 부근에서 갓 준비된 '뜨끈뜨끈한' 음식을 먹는다. 그리고 매일 그렇게 밥을 사먹는다.

하지만 다른 상업구역들과도 다른 것이, 공구상가를 비롯한 일대의 수많은 손님을 식당 또는 음식점이 집중적으로 모여 있는 하나

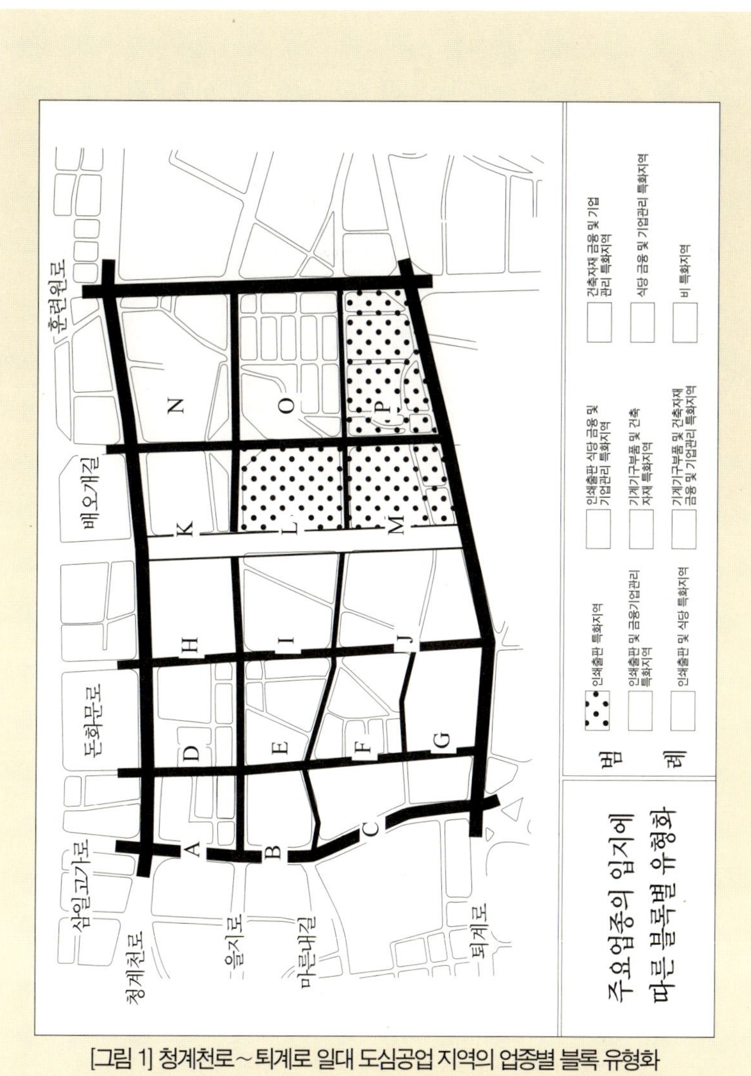

[그림 1] 청계천로~퇴계로 일대 도심공업 지역의 업종별 블록 유형화

출전: 서울특별시 중구, 중구 도심형 산업의 활성화 및 정비계획, 1995, p.72

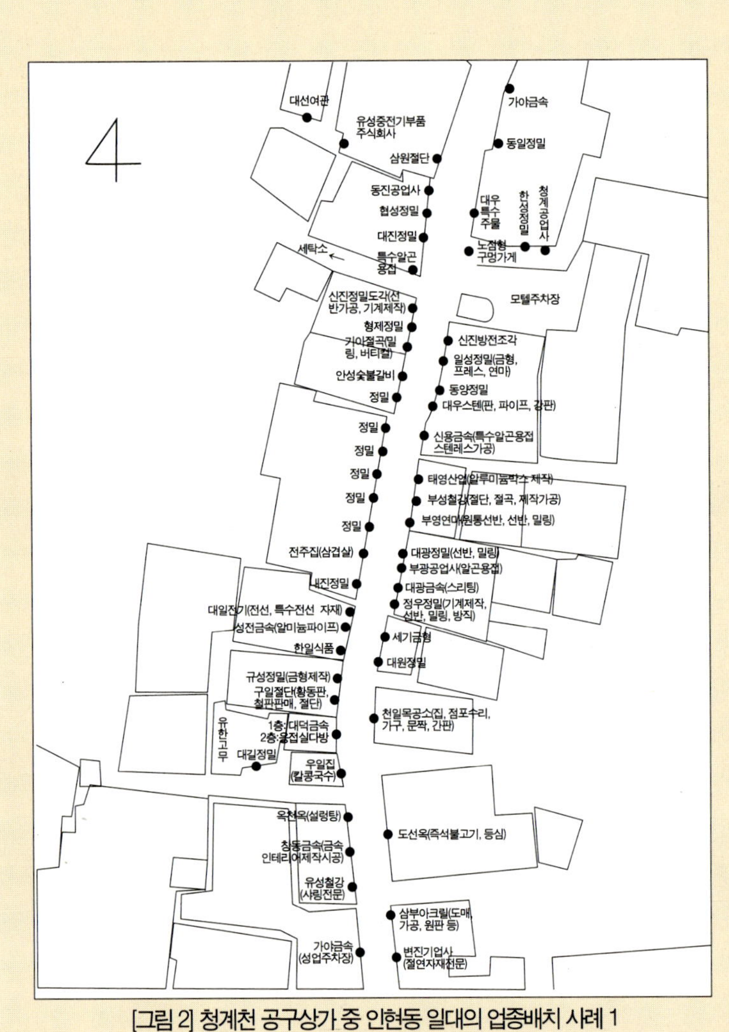

[그림 2] 청계천 공구상가 중 인현동 일대의 업종배치 사례 1

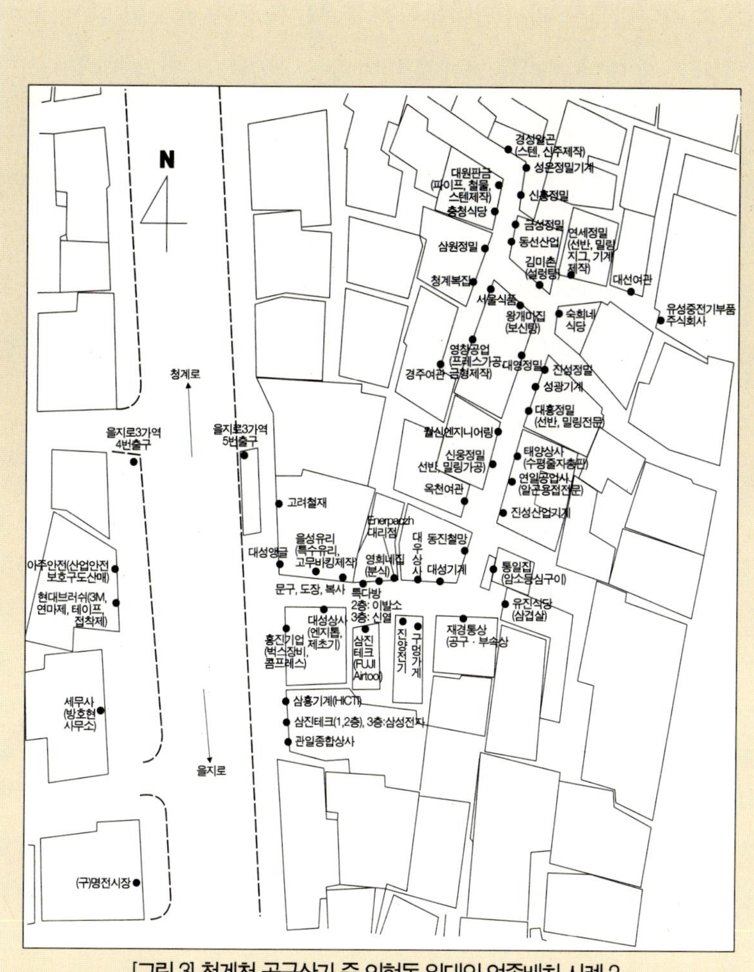

[그림 3] 청계천 공구상가 중 인현동 일대의 업종배치 사례 2

의 커다란 골목에서 받아들이는 경우는 드물다. 적으면 한 명, 많아야 두세 명이 지키는 가게를 비워 두고 상인들은 멀리 떨어진 식당으로 발걸음을 옮기기 어렵다. 그래서 가게를 보는 사람끼리 번갈아 가며 아주 가까운 식당에 가거나, 그렇지 않으면 식당에서 배달해 주는 음식을 받아 식사를 한다. 그러다 보니 금세 걸어서 갈 수 있는 거리 안에 식당들이 퍼져 있게 되었다. 쟁반을 머리에 이고 골목길을 걸어 음식을 배달하는 식당 아주머니들을 위해서도 필요한 조건이다.

물론 오토바이를 이용해 약간 멀리 이동할 수 있는 중국음식점의 배달방식이 없는 것은 아니지만, 매일 밥을 사먹는 상인들이 점심시간에 먹는 음식의 대부분은 가정에서 차려먹는 식사에 가까운 '백반류'가 주종을 이룬다. 그러니까 철가방에 담아 운반하기는 어려운 음식들이고, 배달중 식지 않아야 하는 것들이다. 결과적으로 식당 아주머니들이 쟁반에 음식을 담아 머리에 이고 가까운 거리 안에서 배달을 하게 된다. 식당들의 규모는 좌석 수가 20여 석 이하인 것이 대부분이다. 골고루 퍼져 있고 상대적으로 적은 손님들을 단골 관계 속에서 거래하다 보니 자연스럽게 '면식 관계'가 형성된다. 이런 관계 속에서 몇 년 심지어는 몇 십 년 같은 상대들과 거래하다 보니 공구상가 상인들은 공구 관련 업종뿐 아니라 밥집이나 다방들과도 아예 기간을 정해 외상으로 결제할 수 있는 방식을 사용한다. 식당 입장에서도 단골손님을 확보한다는 측면에서 그게 편하다. 공구상인들은 그들대로 익숙한 면식관계 속에서 식단을 입맛에 맞게 주문할 수도 있고, 서로 여러 가지 편의를 볼 수 있다.

식당보다는 분포된 숫자가 적지만, 그에 못지않게 공구상가의 각 블록 안 사이사이에 퍼져 있는 것은 다방이다. 2000년대에 들어선 지금 이 다방들은 소위 '그때를 아십니까?' 같은 TV 다큐멘터리에 나 나올 법한 '옛날식 다방' 형태다. 규모도 상당히 작다. 공구상인 들이 이 다방들을 이용하는 방식 중 대다수는 식당 밥과 마찬가지로 커피나 차를 각 가게로 '배달' 시켜다 마시는 것이다. 상인들 스스로 차 한 잔을 하거나 손님이 와서 이야기를 좀 나누려 할 때, 비좁은 가게 안에는 일일이 차를 끓여낼 공간도, 그럴 틈도 없다. 이때 전화 한 통화로 커피가 즉시 배달되어야 한다. 그뿐 아니라 이 다방들은 청계천 공구상가의 상인들에게 일종의 간단한 '응접실' 역할을 한다. 비좁은 가게 안에서 손님을 맞다가 좀 중요한 거래나 상담으로 발전하게 되면, 다른 손님들이 번잡스레 드나들 가능성이 적은 바로 근처의 작은 다방으로 손님을 안내해서 이야기를 나눈다. 물론 그럴 때는 대신 가게를 봐줄 사람이 있어야 한다.

공구상가가 문을 열고 닫는 시간은 몇 시에서 몇 시까지라는 식으로 정해져 있지 않다. 공구상가의 방식은 아직까지도 오랜 전통에 따라 대체로 해가 뜨는 시간에 일과를 시작하고, 해가 질 무렵 일과를 마친다. 그런데 기계제작소에서 일하는 사람들의 경우, 몸을 씻고 퇴근을 준비할 만한 시설이나 공간이 따로 마련되어 있지 않다. 그들 대부분이 버스나 지하철을 타고 집으로 돌아가야 하는데, 시커먼 기름투성이의 몸으로 움직일 수는 없다. 그래서 상가 일대에 흩어져 있는 목욕탕들은 특히 기계제작소를 비롯한 공업소와 제작 관련 일을 하는 이들에게 몸을 씻고 잠시 휴식하는 공간을 제공한다. 물론 일반 공구상 상인들도 하루 대부분을 청계천 일대에서 밥 먹고 일하고 쉬며 보내기 때문에, 그런 맥락에서 공구상가 일대에 퍼져 있는 목욕탕에서 목욕을 하는 경우가 적지 않다. 특히 손님이 별로 없는 시간에.

목욕탕과 붙어 있거나 따로 떨어져 있는 여관들 역시 서울 시내의 다른 숙박업소들에 비해 규모가 작고 꾀죄죄해 보이는 것들이 여러 곳에 흩어져 있다. 이곳은 밤새 일하는 작업장 사람들을 위해 준비된 휴식공간이다. 그래서 밤에 자는 투숙객 못지않게 밤새 일한 다음 낮에 잠깐 눈을 붙이고 가게로 돌아가는 손님도 적지 않다. 하지만 특별히 눈에 뜨이는 손님들은 뭐니 뭐니 해도 지방에서 밤새 올라온 중소기업 제조공장의 구매 담당자들이다. 업무시간을 절약하려고 늦은 저녁에 서울에 온 그들은 공구상가와 재료상들 틈새에 있는 작은 숙박업소에서 눈을 붙인다. 날이 밝자마자 그들은 자기의 '길목'을 따라 돌면서 물건 구매를 시작한다. 살 것은 사고, 정보로 들은 것을 확인하며, 계약도 하고 다른 볼일을 한꺼번에 해치운 다음 그날 안으로 서둘러 지방으로 내려간다. 이런 지방 제조업자들에게는 공구상가에서 멀리 떨어져 있는 번듯한 숙박업소가 이동하기도 멀고, 자주 상경해야 하는 처지에 지불해야 하는 숙박비용도 부담스럽다.

하지만 요즘 이 숙박업소는 전처럼 장사가 잘 되지 않는다. 청계천 일대에서 밤새는 일도 줄어들었다. 고속도로와 내부 순환도로 등이 늘어나고 자동차 교통 속도가 빨라짐에 따라 숙박업소들은 다른 업종에 비해 먼저 감소하는 추세다. 그래서 목욕탕과 여관을 겸

하는 곳에서는 목욕탕 기능이 더 늘어난다. 청계천 고가도로를 철거하고 복개도로를 걷어내면 교통이 어려워져서 청계천의 숙박업이 다시 늘어날까? 아니면 아예 이 부근의 상업 자체가 축소되지 않을까?

이제는 좁다란 골목길 바깥쪽으로 고개를 내밀어 보자. 구불구불한 골목길이 아니고 제법 번듯한 큰길이지만, 여기도 어지럽기는 마찬가지다. 일반 시민들에게는 걸리적거리고 짜증스럽기만 하다. 하지만 도로를 상시적으로 점유하고 있는 소위 '불법' 주차공간과 물건들이 쌓여 있는 보도들은 청계천 일대에서 공구상가가 기능할 수 있게 해 주는 중요한 조건 중 하나다.

이곳 도로를 점령한 차들은 자가용 승용차들보다는 대부분 물건을 실어 나르는 트럭이나 밴 등이다. 이 차들은 청계천과 을지로 일대, 그리고 주변의 방산시장과 동대문시장 사이에서 대기하거나 물건을 한 쪽에서 실어 다른 곳에 부리며 이동한다. 쉴 새 없이 물건들이 배달된다. 구입해 가는 손님들도 자신들의 공장트럭을 가져오는 경우가 적지 않다. 그래서 처음부터 주차공간이 제대로 마련되지 않았던 청계천 공구상가 일대는 1980년대 이래 상습적인 주차문제를 발생시키며 오늘에 이르렀다.

청계천 상가의 비좁은 가게들은 물건들을 아예 가게 앞 보도에까지 벌려 놓았다. 어쩔 수 없다. 손님은 어차피 이곳으로만 찾아온다. 그러니까 더 넓은 가게터를 찾아 청계천 바깥으로 나갈 수는 없는 것이다. 대신 물건을 보관하는 창고는 청계천에서 좀 떨어진 별도의 장소에 마련한다. 가게에 들른 손님이 주문한 물건을 가져오려면 창고에 가서 물건을 실어 와야 한다. 이때 주변에서 움직이는 용달차와 오토바이들이 전화를 받고 창고에 달려가 물건을 실어다 준다. 그러면 물건을 사러 온 공장의 트럭은 역시 가게 부근 도로에 잠시 주차해 있다가 오는 물건을 받아 싣고 다음 '길목' 가까운 곳으로 이동해서 대기한다.

서울시에서는 이곳의 주차 문제를 해결하기 1999년에 공동주차장을 건설했다. 하지만 공동주차장은 청계천의 만성적인 불법주차 문제를 해결하지 못했다. 자가용들이 주를 이루고 있다면, 그리고 화물을 나르는 용도가 아니라면 차에 탄 사람들이 어느 정도 걸어서 움직이는 공동주차장이 큰 문제없이 운영될 수도 있다. 하지만 이건 경우가 다르다. 가게와 공장에서 물건을 실어 오고 또 각 곳에 실어 배달해 주어야 한다. 가게들 바로 앞까지 가서 물건을 부려야 하니까, 하나의 커다란 블록 단위로 만들어진 주차공간으로는 문제가 해결되지 않는다. '길목'을 따라 계속 이동하면서 자동차를 세우고 또 이동할 수 있는 방식이 필요하다. 그러니까 청계천로와 을지로변의 활동 속성상 커다란 공동주차장은 애초부터 효과적인 해결책이 되기 어려웠던 것이다.

좁은 골목길 사이를 헤치고 누비면서 빨리빨리 물건을 나르기 위해서는 자동차 아닌 다른 것도 필요하다. 십여 년 전까지도 지게꾼들이 그 역할을 했다. 물건을 잔뜩 실은 자전거도 한몫을 했다. 간단한 손수레들은 요즘까지도 청계천과 충무로, 을지로 일대에서 활발히 사용되고 있다. 그런데 요즈음은 골목길 어디든 종횡 무진하는

복원공사 이전 청계 3가 일대. 도로변의 만성적 불법주차로 길이 막히기 일쑤였다.

배달 오토바이들이 여기서 중요한 몫을 차지한다. 청계천 3, 4가와 을지로 3, 4가 일대의 도로변 귀퉁이를 차지한 채 대기하고 있는 오토바이들은 가게들과 공장의 주문을 받아 필요한 소량의 물품과 재료들을 수시로 날라다주는 신경망 역할을 한다. 지게꾼은 사라졌지만 이들 오토바이 배달꾼들이 맡는 일거리는 좀처럼 줄지 않는다. 물론 공구상가의 블록 내부에서만이 아니라 을지로 인쇄골목들과 방산시장, 동대문시장까지를 연결하는 데도 배달 오토바이가 한몫을 톡톡히 담당한다.

이렇게 청계천 공구상가 안의 블록을 구성하는 여러 서비스 업종들의 특징을 한 마디로 말하라면 '주문생산형'이라고 할 수 있다. 한꺼번에 대량의 수요에 맞추어서 일괄적으로 일을 처리하는 것과는 정반대다. 그때그때마다 생기는 수요에 맞추어 소규모로, 그리고 어떤 획일적인 기준이나 계약에 의존하기보다는 일 대 일 면식 관계에 근거해서 융통성 있게 움직인다. 거래 형태도 그렇고 서비스를 제공하는 방식도 그렇다. 오랫동안 거래하면서 생긴 단골간의 면식관계를 바탕으로 신용이 성립된다. 그 신용을 바탕으로 각각의 상황과 사정에 맞게 수요, 공급 방식도 조절된다.

그런 방식은 청계천 공구상가 일대의 복잡하고 구불구불한 길 모양을 닮았다. 일제 강점기 이래로 오랜 연륜이 배어 있는 건물과 골목들 사이로, 시간의 무게 위에 축적된 비공식적 사회관계와 거래 관행이 이제 후기산업사회의 유동적인 다품종 소량생산 체계와 맞물려 그 생명을 이어간다. 계절에 따라 변하는 일출과 일몰시간에 맞춰 문이 열리고 닫히는 청계천 공구상가의 일상 전체는 이렇게 비공식적이면서도 융통성 있게 각자의 수요에 대응하는 방식으로 성장해 온 것이다. 그래서 이렇게 복잡한 세포단위들이 합쳐져 서울 도심과 전국, 그리고 해외로까지 연결되는 복합적 산업 연계의 서비스 기지로서 그 몫을 담당해 온 것이다.

5. 청계천이 복원되면?

청계천 공구상가를 구성하는 각 기능과 영역들은 그것들 사이에서 종류가 구분되는 '차이' 보다는 도심지가 제공하는 접근성과 각종 시장 기능이 모여 있는 '중심성', 그리고 '상호보완성' 을 바탕으로 서로 긴밀하게 연결된다. 청계천은 특히 대형시장과 금융, 관청이 모두 모여 있고 접근이 쉬운 서울 도심에 자리잡음으로써 한국 전체의 제조업체들을 뒷받침하는 '생산자 서비스 센터' 로서 한몫을 다해 왔다. 내용으로 들어가서는 다품종 소량으로 이뤄지는 공구와 부품, 그것들을 구입하기 위해 이곳에 오는 손님들의 행동 권역이 중요하다. 그리고 공구상가 스스로의 일상생활 관련 서비스망이 함께 작동한다. 공구상가 일대에서 하루를 보내는 상인들의 식사와 음료, 세척과 휴식, 그리고 물품의 이동을 돕는 다양한 '생산자 서비스' 업종들이 청계천의 공간과 영업특성에 맞게 적응하면서 각 틈새에서 활발히 기능한다.

그렇다면 청계천 일대의 공구상가들을 '지저분하다' 는 인상으로만, 혹은 '영세한 가게들이므로 도심에 맞지 않다' 는 주장으로만 간단히 취급해 버릴 수는 없다. 이미 앞서도 보았듯 비좁은 하나의 공구 가게는 수십억 원 이상의 자본금을 가질 수 있고, 그 금액을 상회하는 연 매출을 올릴 수 있다. 이곳의 블록들이 넓은 터를 차지하는 큰 가게들보다는 다품종 소량으로 구성된 작고 다양한 가게공간들로 채워진 것은 한국 중소제조업을 지원해 온 이곳의 오랜 경제적 행태, 그리고 좁은 면적 위에 가능하면 많은 가게들을 집약시켜야 하는 중심부적 효율성의 역학이 낳은 자연스런 결과라고 할 수 있다.

만약 '청결하고 쾌적하고 넓은' 상점들을 현재의 청계천 공구상가 자리에 차려 놓는다면? 하기야 기왕이면 깔끔하고 쾌적한 것을 마다할 사람은 없을 것이다. 하지만 그것은 결과적으로 지금 형성되어 있는 속성의 시장생태계가 무너진다는 것을 의미한다. 변화를 가하는 것은 생각해 볼 수 있으되, 현재처럼 구성된 이유 또한 면밀히 파악해야 한다. 왜냐하면 공간이나 사회는 살아 있으며 자기 진화를 겪는 하나의 생명체처럼 작동하기 때문이다.

주변 시장과의 관계로 볼 때, 공구상가만 따로 떼어서 시 외곽이나 변두리 지역으로 보낸다는 것도 간단치 않은 문제다. 지금의 청계천 공구상가가 누리고 있는 중심성의 역할이 무너지기 때문이다. 심지어 상인들이 구로지역이나 시흥지역의 공구상가에 지점을 두었더라도 청계천 안에도 다만 몇 평짜리나마 가게를 유지하려고 하는 것은 쉽사리 포기할 수 없는 도심부의 복잡하고 조밀한 연계망이 가져다주는 특별한 성격 때문이다.

청계천 복원사업 홍보 포스터

　그렇지만 청계천 공구상가의 미래가 그렇게 밝은 것만은 아니다. 더군다나 청계천을 복원하기 위해 청계고가도로를 철거하고 복개도로를 걷어내는 일이 예정대로 추진되고 있는 지금, 거기서 공구상의 입지는 더욱 좁아질 수밖에 없다. 설령 청계천 복원이 만에 하나 원점으로 돌아가고 복개도로와 고가도로가 철거되지 않는다고 가정해도 미래가 마냥 밝은 것은 아니었다.

　왜냐하면 1990년대에 들어 이미 한국을 주도하는 중심 산업 자체가 이동한 것은 사실이기 때문이다. 그 동안 한국 경제를 이끌어 온 여러 제조업들은 높은 인건비를 비롯해 상대적으로 줄어든 가격 경쟁력 때문에 한국 땅을 떠나가기 시작했다. 한국 기업들이 다른 나라로 진출했고, 아예 한국계 기업의 손을 벗어나 중국, 인도, 베트남 제조업체들의 경쟁력이 거세지고 있다. 한국 내에서 제조업 활동이 줄어들면 그에 따라 공구상가의 매출도 줄어들고 비중도 감소하기 마련이다. 도심부에 자리잡은 중심성의 혜택을 누리기 위해 새로 부상하는 다른 업종이 파고 들어올 여지가 늘어날 수밖에 없다.

　특히 청계천에서 주로 취급해 온 기계공구나 기계적 시제품, 재료들에 의존하는 정도가 상대적으로 적은 반도체와 정보통신, 인터넷 관련 업종이 부상하면서 청계천 공구상가의 위상도 점차 흔들리기 시작했다. 그것은 서울과 수도권에서 차지하는 위상에 그치지 않는다. 지방도시에서도 기존 제조업이 잃어가는 경쟁력을 감안하고, 소위 후기산업사회에서 높은 부가가치를 올리는 업종이 미래 경제의 견인차라고 이야기 한다. 그래서 전국의 도시들이 기존의 제조업 단지들을 '벤처 타운' 또는 IT산업 특구로 변형시키는 데 열

청계천 고가 철거와 더불어 역사 속으로 사라지는 삼일아파트

을 올린다. 그게 안 되는 경우는 오염이 없다는 '문화산업' 의 기치
라도 걸고 나온다.

청계천을 구성하던 일부 업종들과 가게들은 여전히 전자산업과
벤처기업들에서 사용되는 각종 계측기 등을 비롯해 관련된 상품들
을 개발하면서 발 빠르게 변화에 적응해 갈 것이다. 그중 일부는 변
신을 통해 이전보다 사업을 더 발전시킬 수도 있을 것이다. 그러는
가운데 청계천 공구상가를 구성해 온 업종과 기능들 중 적지 않은
것들이 도태되기도 할 것이다. 여태까지 역동적으로 형성되어 온
청계천로 일대의 사회경제적 세포와 생태계를 바탕으로 꿈틀거리
면서 말이다.

하지만, 청계고가의 철거와 복개도로를 걷어내는 대규모 공사는
분명 청계천 일대의 자연적인 진화와 역동성에 인위적으로 큰 충격
을 가하는 사건이다. 이명박 시장은 일단 2003년 7월에 청계 고가도
로를 철거하기 시작한다고 선포해 놓은 상태에서 거꾸로 시간표를
계산하여 청계천 일대에 대한 현황조사와 연구를 마치게 했다. 이
글이 독자들의 손에 닿을 때면 이미 벌써 청계 고가도로는 사라진
후일 것이고 복개도로도 철거되어 없어졌을 것이다. 그것은 하나의
역사, 생태복원이라는 기치 아래 사실은 대대적인 조경사업과 재개
발 사업을 벌이면서 서울의 또 다른 역사의 한 켜가 허물어지는 것
을 뜻한다. 서울 도심의 또 다른 복잡하고 오묘한 사회, 경제, 문화
적 생태계가 그 존재에 종막을 고하는 것이다. 하나의 생명체처럼
꿈틀거리며 작동해 온 세밀한 세포들과 그것들이 얽히고 어우러져
만들어진 다이내믹한 서울 도심부의 산업지원 서비스 영역이 스스

로의 행로를 찾을 여유도 없이 급한 발걸음으로 퇴장하는 것을 뜻
한다. 도시공간을 변화시키는 힘들의 성격은 그렇게 복잡하다. 반
드시 논리 일관적인 것도 아니고 말이다. 이후의 진행에 관한 관찰
은 그래서 새로운 시대, 새로운 연구의 몫이다.

참고문헌

강남

www.r114.co.kr

www.neonet.co.kr

www.drapt.com

www.economist.com

지하철

도로교통안전협회, 『보행속도 조사연구보고서』, 1982.

동아일보. 1996. 9. 20.

박상교, "서울지하철 환승역의 보행자 서비스 실태분석", 성균관대 행정대
　　　학원 석사논문, 1993.

서백생, "지하철 환승역사의 이용자 동선에 관한 연구", 건국대학교 산업대
　　　학원 석사논문, 1988

서울대학교 경영연구소, 『서울특별시 제 2기 지하철 운영체계 관련 연구용
　　　역 최종보고서』, 1993.

서울지하철공사, 『서울지하철』, 1988.

서울특별시, 『서울 도시문화 발전방안』, 1995.

이은령, "지하철 역사 내에서의 보행통행 특성에 관한 연구", 서울대학교 환
　　　경대학원 석사논문, 1991.

정수복, "지하철 속의 일상문화", 일상문화연구회 편,『일상속의 한국문화』,
　　　서울: 나남출판, 1998.

조선일보, 1996. 9. 17.

(주)엄·이건축연구소,『지하철 순환선 정차장 내장공사 설계보고서』,
　　　1979.

Hall, Edward T., (김광문, 박종평 역)『보이지 않는 차원』(*The Hidden
　　　Dimension*), 서울:세진사, 1984.

Ferreira Jose, *Metro-le combat pour l'espace*, Paris: Editions l'Harmattan. 1996.

방문화

강명구,『소비 대중문화와 포스트 모더니즘』, 서울: 민음사, 1993.

강홍빈 외,『서울 도심부 변천과정 연구』, 서울시정개발연구원 보고서, 1997.

김창남,『대중문화와 문화실천』, 서울: 한울, 1995.

김창민, "세계화에 대한 보험업 종사자의 대응",『한국문화인류학』30집 2
　　　호, 1997.

『노래마당』1993. 6월호

로버트슨, 롤랜드, "사회이론, 문화의 상대성, 세계성의 문제", 이영철 엮음,
　　　『21세기 문화 미리보기』, 서울: 시각과 언어, 1996.

바바, 호미, "문화전선과 경계: 소수계의 정치학", 이영철 엮음,『21세기 문화
　　　미리보기』, 서울: 시각과 언어, 1996.

벤야민, 발터,『문예비평과 이론』, 문예출판사, 1989.

송도영, "영토 재편성 과정 속의 문화적 주체 범주—민족주의의 사례",『동
　　　방학지』제 86집, 1994, pp.211~241.

_____, "의례공간 소비의 '키치' 화: 예식장",『한국문화인류학』제 28집, pp.
　　　319~350, 1995.

_____, "문화산업의 구조와 일상적 문화소비 양식: 노래방의 사례", 문옥표
　　　외,『한국인의 소비와 여가생활』, 한국정신문화연구원, 1997.

_____, "1997년-한국-인류학식 대중문화 연구 산책",『현대사상』1997년
　　　가을호, 1997b, pp.103~122.

______, 1999 "베트남 진출 동기에 따른 적응 형태의 차이", 고려대학교 노동문제연구소 편, 『현지화 경영과 노사문제—베트남 내 한국계 기업』, 미래인력연구센터.

송도영 · 전경수, "기업 특성과 문화적응 노력의 관계—인도네시아 진출 한국기업의 사례", 고려대학교 노동문제연구소 편, 『노동인력의 세계화 —인도네시아 편』, 미래인력연구센터, 1998.

서울특별시, 『서울 도시문화 발전방안』, 서울특별시, 1995.

『월간 코러스』 1999. 10월호.

월러스틴, 이매뉴얼(성백용 옮김), 『사회과학으로부터의 탈피—19세기 패러다임의 한계』, 창작과 비평사. 1994.

이병혁, 최종철, 김무경, 송도영(공저), "지구화와 프랑스 문화산업의 대응—영상산업을 중심으로", 『문화정책논총』 제8집, 1996, pp. 47~69.

이병혁 외, 『2002년 월드컵대회 지원을 위한 시민행동양식 및 교육시스템 연구』, 서울 시정개발 연구원 연구보고서, 2000.

이정덕, "세계화에 따른 유통 부분의 변화: 각 부분의 대응과 지방 사회의 변화", 『한국문화인류학』 30집 2호, 1997.

중앙일보, 1999. 11. 9.

______, 1999. 12. 9.

조선일보, 1999. 5. 3.

______, 1999. 9. 7.

______, 1999. 11. 3.

______, 1999. 12. 10.

______, 1999. 12. 19.

______, 2000. 1. 10.

______, 2000. 5. 26.

진양교, 『청량리의 공간과 일상—일과, 시장, 그리고 유곽』, 서울학연구소, 1998.

하비, 데이비드(구동회, 박영민 옮김), 『포스트 모더니티의 조건』, 서울: 한울, 1994.

한경구, "세계화와 한국 사회의 적응과 변화: 소프트웨어 산업을 중심으로", 『한국문화인류학』 30집 2호, 1997.

Appadurai, Arjun, "Disjuncture and Differences in the Global Cultural Economy," in *Public Culture,* vol.2, no.2, 1990.

Asian Wallstreet Journal, 2000. 2. 12.

Baudrillard, Jean, *La Société de consommation,* Paris: Ed. Denoel, 1970.

Bourdieu, Pierre, *La Distinctioin — critique sociale du jugement,* Paris: Ed. Minuit, 1979.

Chaney, David, *Fictions of Collective Life — Public Drama in Late Modern Culture,* London: Routledge, 1993.

Kim, Joochul & Choe, Sang-Cheul, *Seoul — The Making of a Metropolis,* New York: John Wiley & Sons, 1997.

예식장

갈홍 · 이영준, "결혼사진은 누구를 찍고 있는가: 결혼사진의 신화와 상징, 결혼이라는 이데올로기", 『현실문화연구』, 1993.

건축자료연구회 편, 『건축설계자료실례집 23 — 결혼식장 · 의식장』, 도서출판 보원, 1992.

김동욱 외, 『한국민속학』. 새문사, 1988.

김용덕, 『한국의 풍속사 I』, 도서출판 밀알, 1994.

김찬호, "결혼, 그 닫힘과 열림", 『새로 쓰는 사랑 이야기 — 또하나의 문화』 제7호, 1991 .

『뉴스메이커』, 1995. 4. 13.

『동아일보』, 1926. 5. 25.

『마이웨딩』, 1994. 12월호

송도영, "의례공간 소비의 '키치'(kitsch)화 — 예식장", 『한국문화인류학』 제29집, 1995. pp. 319~350.

송도영, "문화산업의 구조와 일상적 문화소비양식 — 노래방의 사례", 『한국인의 소비와 여가생활』(공저). 성남: 한국정신문화연구원, 1997.

『쉬즈마리』,1995. 5월호.

아브라함 몰르(엄광현 옮김),『키치란 무엇인가?』, 서울: 시각과 언어, 1995

월간 건축문화,『한국의 현대건축 8—상업건축I(백화점·예식장)』, 산업도
　　서 출판공사, 1993.

이광규,『한국 전통문화의 구조적 이해』, 동문선, 1994.

이능화,『조선여속고』(1927, 1990), 동문선 1990.

이두현 외,『한국 민속학개설』, 민중서관, 1974.

이효재 외,『자본주의 시장경제와 혼인』, 또하나의 문화, 1991.

장 보드리야르(하태환 옮김),『시뮬라시옹』, 민음사, 1992.

장철수,『한국의 관혼상제』, 집문당, 1995.

조남훈 외,『가정의례에 관한 의식형태조사 결과』, 한국보건사회연구원,
　　1993.

조풍연, "혼인과 결혼",『전통문화』6호: 30～35, 1983.

최성애,『혼수전쟁』, 청산, 1993.

최호,『그림으로 보는 관혼상제』, 팔문당, 1993.

황필수, 증보『사례편람』, 세창서관, 1958.

Appadurai, Arjun, "Disjuncture and Differences in the Global Cutural Economy,"
　　Publbic Culture, vol.2, no. 2. 1990.

Kendall, Laurel, "A Rite of Modernization and its Postmodern Discontents," in
　　Charles F. Keyes *et als.* (eds.), *Asian Vision of Authority*, Univ. of Hawaii
　　Press. 1994.

Moeran, Brian and Skov, Lise, "Cinderella Christmas: Kitsch, Consumerism,
　　and Youth in Japan" (미간행 논문). 1993.

Scranton, M.F., "Grace's Wedding," *Korean Repository*, No. 5. 1898.

가회동

김미진, "도시내 한옥보존지구 지정을 위한 기준에 관한 연구", 서울대학교
　　석사논문, 1985.

김영모, "사회적 상징으로 본 도시환경에 관한 연구", 서울시립대학교 석사

논문, 1990.

김용정 외,『개발과 유산의 보존—그 갈등과 조화』, 유네스코 한국위원회, 1996.

김형진, "서울 가회동 한옥보존지구 내의 상업건물의 형태에 관한 연구", 서울대학교 석사논문, 1989.

노창섭,『서울 주택지역의 연구』, 한국연구원, 1964.

박찬웅, "경제위기와 사회적 신뢰의 위기",『사회비평』, 1998. 19호

서울특별시,『서울 600년사』, 제3~4권, 서울특별시, 1991.

서울특별시,『서울의 주택』, 건축, 서울특별시, 1994.

송도영, "이슬람 전통도시 공간에 대한 사회문화적 해석",『한국문화인류학』32권 1호, 1998.

송인호, "북촌의 옛길과 도시한옥",『건축사』1999. 8월호

유영희, "1930년대 이후 서울의 도시 한옥 주거공간과 주생활 변화특성",『건축학회 논문집』,11권 3호, 1995.

윤정현, "도심내 한옥 밀집 지역의 역사경관 보존계획에 관한 연구", 서울대학교 석사논문, 1991.

이규목, "주택 10년",『공간』, 1977. 1월호.

이규목, "서울시 한옥집단 지구의 보존계획에 관한 연구",『서울시립대 수도권개발연구소 연구논총』, 제 11집, 1983.

임창복, "경제논리와 건축문화",『문화도시, 문화복지』, 1998, vol. 42.

조병수, 윤효진, 정태승, 1998, "도시민의 건축행위 특성에 따른 건축관계규제의 개선방향—가회동의 사례분석으로부터",『대한건축학회논문집 계획계』14권 4호, 1998.4.

조병수, "가회동 주거환경설계", 서울대학교 환경대학원 석사논문, 1994.

종로구 도시정비과, "북촌마을 재정비계획", 1998, 미간행 문건.

최운규, "단위 주거공간 내에서의 여가실태 분석에 관한 연구", 한양대학교 석사논문, 1990.

허영록, "보존과 개발의 갈등을 극복하는 길", 김용정 외,『개발과 유산의 보존—그 갈등과 조화』, 유네스코 한국위원회, 1996.

Beaumont-Maillet, Laure (et als.), 1985, *Paris—de la préhistoire à nos jours*, St-Jean-d' Angély: Ed. Bordessoules.

Benevolo, Leonard, 1996, 『근대 도시계획의 기원과 유토피아』, (장성수 외 옮김), 서울: 태림문화사

Coccossis, H. & Nijkampm P.(eds.), *Planning for Our Cultural Heritage*, Avebury: Ashgate Pub. Ltd., 1995.

Fukuyama, Francis(구승희 역), 『트러스트: 사회도덕과 번영의 창조』, 한국경제신문사, 1996.

Garnham, H.L., *Maintaining the spirit of place: a process for the preservation of town character*, PDA Publishers Corp, 1985.

Gottdiener, Mark, *Social Production of Urban Space*, Univ. Texas Pr, 1994.

King, A., *Re-presenting the City : Ethnicity, Capital, and Culture in the 21st-century Metropolis*, New York: New York Univ. Pr., 1996.

Toynbee, Arnold, *Cities on the Move*, London: Oxford Univ. Pr., 1970.

Zukin, Sharon, *Loft Living : Culture and Capital in Urban Change*, Rutgers Univ. Pr., 1989.

양평

경기도 양평군, 『관광 양평』. 양평군 홍보 비디오, 1998.

『양평군 통계연보』, 1981, 1986, 1991, 1996.

양평문화원, 『鄕脈』 제 7집, 1998.

일간스포츠, 2003, 9. 17.

조선일보, 1999. 6. 26.

______, 1999. 1. 11.

______, 1999. 6. 2.

______, 2003, 11. 3.

중앙일보, 2003, 10. 4.

한국정신문화연구원, 『경기지역의 향토문화』 상권. 1997.

청계천

강우원, "서울 도심부 제조업의 입지특성 연구", 서울대학교 대학원 박사논문, 1994.

『開闢』, 1924. 6월호.

김동권, "한국경제의 축소판, 청계천 상권", 『신동아』 231권, 1983. 11월

매일경제신문, 1999. 6. 3.

______, 1999. 11. 5.

______, 2001. 2 .3.

사센, 사스키아, 『경제의 세계화와 도시의 위기』, 푸른길, 1998,

서울특별시사 편찬위원회, 『서울특별시 통계자료집 미군정기 편』, 1997.

서울특별시 중구, 『중구 도심형 산업의 활성화 및 정비계획』, 1995.

전우용, "청계천과 천변: 공간과 상징의 역사", 1998. 11. 서울학 심포지엄 발표문.

조선은행, 『조선경제연보』, 1948.

조선일보, 1998. 2.5.

______, 1999. 10. 26.

중구, 『중구지』 상권, 1994.

중구, 『중구지』 하권, 1994.

진양교, "청계천변 황학동 시장의 공간적 정체성", 1998, 11. 서울학 심포지엄 발표문.

한국공간환경학회(엮음), 『현대 도시이론의 전환』, 한울, 1998.

한국 기계공구상 연합회 자료(미간행).

Castells, Manuel, *The Rise of the Network Society*, Oxford: Blackwell, 1996.